Karin Pittner
Einführung in die germanistische Linguistik

Karin Pittner

Einführung
in die germanistische Linguistik

Die Deutsche Nationalbibliothek verzeichnet diese Publikation
in der Deutschen Nationalbibliografie;
detaillierte bibliografische Daten sind im Internet über
http://dnb.d-nb.de abrufbar.

© 2013 by WBG (Wissenschaftliche Buchgesellschaft), Darmstadt
Die Herausgabe dieses Werkes wurde durch
die Vereinsmitglieder der WBG ermöglicht.
Satz: Lichtsatz Michael Glaese GmbH, Hemsbach
Einbandgestaltung: schreiberVIS, Bickenbach
Printed in Germany

Besuchen Sie uns im Internet: www.wbg-wissenverbindet.de

ISBN 978-3-534-25800-0

Elektronisch sind folgende Ausgaben erhältlich:
eBook (PDF): 978-3-534-73605-8
eBook (epub): 978-3-534-73606-5

Inhalt

Dank   8

1. Einleitung   9
   1.1 Was ist Linguistik?   9
      1.1.1 Die Linguistik und ihre Nachbarwissenschaften   9
      1.1.2 Prinzipien der modernen Sprachwissenschaft   10
   1.2 Was ist deutsch?   13
      1.2.1 Das Deutsche als germanische Sprache   13
      1.2.2 Standardsprache, Umgangssprache, Dialekte   14
      Übungen   17
      Tipps zum Weiterlesen   17
      Literaturhinweise   17

2. Phonologie   18
   2.1 Die phonetischen Grundlagen der Phonologie   18
   2.2 Das Lautinventar des Deutschen   19
      2.2.1 Konsonanten   20
      2.2.2 Vokale   22
   2.3 Phon, Phonem, Allophon   25
   2.4 Der Aufbau von Silben   27
   2.5 Phonologische Prozesse   29
      2.5.1 Merkmalverändernde Prozesse   30
      2.5.2 Silbenstrukturverändernde Prozesse   32
   2.6 Suprasegmentale Merkmale: Akzent und Ton   33
      Übungen   33
      Tipps zum Weiterlesen   34
      Literaturhinweise   34

3. Graphematik   36
   3.1 Graphematik und Phonologie   36
   3.2 Graphem und Phonem   37
   3.3 Die Ermittlung der Grapheme durch eine
      Minimalpaaranalyse   39
   3.4 Probleme der Vokalschreibung   40
      3.4.1 Schärfung   41
      3.4.2 Dehnung   42
   3.5 Prinzipien der Schreibung   43
      Übungen   44
      Tipps zum Weiterlesen   45
      Literaturhinweise   45

4. Morphologie   47
   4.1 Der Aufbau von Wörtern   47

4.2	Morphe und Morpheme	49
4.3	Die Bildung von Wortformen: Flexion	51
4.4	Die Bildung von Wortstämmen: Wortbildung	54
	4.4.1 Komposition	55
	4.4.2 Derivation (Ableitung)	60
	4.4.3 Afffixoidbildungen	65
	4.4.4 Steigerungsbildungen	65
	4.4.5 Lexikalische Konversion	66
	4.4.6 Syntaktische Konversion	67
	4.4.7 Partikelverbbildung	68
	4.4.8 Kurzwortbildung	69
	4.4.9 Wortkreuzung	70
	4.4.10 Zusammenrückungen	71
	Übungen	71
	Tipps zum Weiterlesen	71
	Literaturhinweise	72

5. Syntax		73
5.1	Mittel zum Aufbau syntaktischer Strukturen	73
5.2	Die Bausteine der Syntax: Wörter und Wortgruppen (Phrasen)	74
	5.2.1 Wortarten	74
	5.2.2 Phrasentypen	84
5.3	Syntaktische Funktionen	89
	5.3.1 Subjekt	90
	5.3.2 Objekt	91
	5.3.3 Adverbial	93
	5.3.4 Prädikativ	94
	5.3.5 Die Rolle des Prädikats	94
	5.3.6 Attribut	95
5.4	Wortstellung	96
5.5	Komplexe Sätze	99
	5.5.1 Kordination und Subordination	100
	5.5.2 Formen der Nebensätze	101
	5.5.3 Funktionen der Nebensätze	102
	Übungen	106
	Tipps zum Weiterlesen	107
	Literaturhinweise	107

6. Semantik		108
6.1	Was bedeutet „Bedeutung"?	108
	6.1.1 Bedeutung als Bezug auf Gegenstände in der Welt	109
	6.1.2 Bedeutung als mentales Konzept	109
6.2	Wortsemantik	110
	6.2.1 Semantische Relationen	110
	6.2.2 Merkmalssemantik	114
	6.2.3 Prototypensemantik	116
6.3	Grundbegriffe der Satzsemantik	120
	6.3.1 Was heißt es, die Bedeutung eines Satzes zu kennen?	121

6.3.2 Wahrheit und Falschheit von Sätzen. 123
6.3.3 Semantische Relationen zwischen Sätzen 124
Übungen 126
Tipps zum Weiterlesen 127
Literaturhinweise 127

7. Pragmatik 128
7.1 Womit beschäftigt sich die Pragmatik? 128
7.2 Sprachliches Handeln: Sprechakttheorie 128
7.2.1 Konstative und performative Äußerungen 128
7.2.2 Die Teilakte eines Sprechakts 130
7.2.3 Sprechaktregeln 131
7.2.4 Woran erkennt man, welche Sprechhandlung
ausgeführt wird? Illokutionäre Indikatoren 133
7.2.5 Klassifikation von Sprechakten 133
7.2.6 Indirekte Sprechakte 135
7.3 Sagen und Meinen: Konversationelle Implikaturen 138
7.3.1 Das Kooperationsprinzip und die
Konversationsmaximen 138
7.3.2 Die Eigenschaften von konversationellen
Implikaturen 140
Übungen 141
Tipps zum Weiterlesen 142
Literaturhinweise 142

Antworten zu den Übungen 144

Glossar 154

Bibliographie und Links 163

Register 166

Dank

Zum Entstehen dieses Buches hat eine ganze Reihe von Leuten auf unterschiedliche Weise beigetragen. Judith Berman, Daniela Elsner und Robert Pittner haben frühere Versionen einzelner Kapitel gelesen und kommentiert. Philipp Dorok, Marta Jakubietz, Renate Kunze, Alina Pottmann und Daniel Pottmann haben auf vielfältige Weise bei der Herstellung des Manuskripts mitgewirkt. Frau Jasmine Stern übernahm die Betreuung durch den Verlag. Nicht zuletzt ermöglichte die Ruhr-Universität Bochum durch die Gewährung eines Forschungsfreisemesters die Fertigstellung der vorliegenden Einführung.

Ihnen allen gilt mein herzlicher Dank.

Bochum, im August 2013   Karin Pittner

1. Einleitung

1.1 Was ist Linguistik?

1.1.1 Die Linguistik und ihre Nachbarwissenschaften

Linguistik ist eine andere Bezeichnung für Sprachwissenschaft. Sie setzt sich mit Sprachen allgemein (allgemeine Sprachwissenschaft), mit dem Vergleich von Sprachen (vergleichende Sprachwissenschaft) oder mit einzelnen Sprachen auseinander. Die germanistische Linguistik ist der Zweig der Sprachwissenschaft, der sich mit der deutschen Sprache beschäftigt.

Die Linguistik hat unterschiedliche Teildisziplinen ausgebildet, die die verschiedenen Beschreibungsebenen der Sprache behandeln. Die Phonologie untersucht die Lautstruktur einer Sprache. Den Aufbau von Wörtern untersucht die Morphologie. Die Syntax behandelt den Aufbau von Sätzen. Die Semantik untersucht die Bedeutung von Wörtern und Sätzen. Neben diesen vier Kerndisziplinen der Linguistik berücksichtigt dieses Buch noch die Pragmatik. Sie untersucht, wie die Sprache in bestimmten Kontexten verwendet und interpretiert wird.

Einige Gebiete der Linguistik stehen in enger Verbindung zu anderen Wissenschaften. Die Soziolinguistik ist an der Schnittstelle zur Soziologie angesiedelt, sie untersucht die Beziehungen zwischen Sprache und Gesellschaft. An der Schnittstelle zur Psychologie liegt die Psycholinguistik, die sich z.B. mit dem Spracherwerb und mit den Vorgängen bei der Verarbeitung und der Produktion von Sprache beschäftigt. Sie steht in enger Verbindung zur Neurolinguistik, die untersucht, wie die Sprache im Gehirn verankert ist, welche Teile des Gehirns für bestimmte Komponenten von Sprache zuständig sind. Die Klinische Linguistik befasst sich mit Sprachstörungen, den sog. Aphasien, die meist durch Unfälle oder Krankheiten zustande kommen und entwickelt Therapien. Die Computerlinguistik hat das Ziel, die menschliche Sprachfähigkeit auf dem Computer zu simulieren. Praktische Ziele sind dabei die Entwicklung von Programmen für maschinelle Übersetzungen oder Programmen, die gesprochene Sprache verstehen können.

Die Linguistik ist eine Grundlagenwissenschaft, deren Ergebnisse in eine Reihe von Anwendungen einfließen. Unter der Bezeichnung Angewandte Sprachwissenschaft werden Gebiete der Sprachwissenschaft zusammengefasst, die sich mit konkreten Problemen der Anwendung und Verwendung von Sprache beschäftigen. Ursprünglich behandelt dieses Gebiet im Kern die Anwendungen im Fremdsprachenunterricht, es umfasst jedoch inzwischen alle Fragestellungen, die bei der konkreten Verwendung von Sprache auftreten.

Marginalien:
Sprachwissenschaft

Teildisziplinen

Interdisziplinäre Gebiete

Angewandte Sprachwissenschaft

1.1.2 Prinzipien der modernen Sprachwissenschaft

de Saussure

Als Begründer der modernen Sprachwissenschaft gilt der Genfer Linguist Ferdinand de Saussure (1857–1913). In seinem Werk *Cours de linguistique générale,* das auf der Basis von Vorlesungsmitschriften seiner Studenten zusammengestellt wurde und nach seinem Tod 1916 erschien, hat de Saussure wichtige Grundprinzipien der modernen Sprachwissenschaft dargelegt.

Synchronie vs. Diachronie

Ein wichtiger Aspekt, den de Saussure in die Sprachwissenschaft eingeführt hat, ist die Unterscheidung zwischen Synchronie und Diachronie. Synchron ist die Beschreibung des Zustands einer Sprache zu einem bestimmten Zeitpunkt (gr. *syn* ‚zusammen, gemeinsam', *chronos* ‚Zeit'). Eine diachrone Betrachtung (gr. *dia* ‚verschieden') beschreibt die Sprache in ihrer geschichtlichen Entwicklung, sie vergleicht verschiedene Sprachstufen miteinander. De Saussure gibt der Analyse unter streng synchronischem Aspekt den Vorrang. Er verdeutlicht die synchrone Betrachtungsweise anhand eines Vergleichs mit einem Schachspiel. In einer Schachpartie kann man jeden Zustand auf dem Brett beschreiben, ohne zu wissen, wie er zustande gekommen ist.

Seine Befürwortung einer synchronen Betrachtungsweise kann als Reaktion auf die bis dahin übliche Wissenschaftstradition gesehen werden, die sich allein mit der Beschreibung des geschichtlichen Wandels der Sprache beschäftigte. Inzwischen hat sich die diachrone Betrachtungsweise ihren Platz zurückerobert. Diachrone Untersuchungen basieren jedoch heute meist auf genauen Beschreibungen verschiedener synchroner Sprachzustände.

De Saussure gibt dem gesprochenen Wort den Vorrang. Während sich die Linguistik im 19. Jahrhundert fast ausschließlich auf die geschriebene Sprache bezieht, hält de Saussure die gesprochene Sprache für vorrangig und sieht die Rolle der Schrift lediglich darin, gesprochene Sprache zu repräsentieren.

deskriptiv vs. präskriptiv

Eine weitere wichtige Unterscheidung, die auf ihn zurückgeht, ist die Unterscheidung zwischen einer präskriptiven und einer deskriptiven Betrachtungsweise. De Saussure sieht die Aufgabe des Sprachwissenschaftlers nicht darin, festzulegen, was richtig oder falsch ist oder was als guter Stil zu gelten hat, wie das bei einer präskriptiven (lat. *prae-scribere* ‚vorschreiben') oder normativen Grammatik der Fall ist. Vielmehr soll die Sprachwissenschaft wertfrei die unterschiedlichen Formen des Sprachgebrauchs beschreiben (lat. *de-scribere* ‚beschreiben').

langue vs. parole, langage

De Saussure unterscheidet drei verschiedene Aspekte von Sprache. Als langue bezeichnet er das Sprachsystem, welches im Gehirn aller Sprecher einer bestimmten Sprache gespeichert ist. Sie ist zu unterscheiden von der Sprechtätigkeit in konkreten Situationen, die er als parole bezeichnet. Daneben gibt es noch die (faculté de) langage, die die generelle Fähigkeit zum Gebrauch und Erwerb von Sprache darstellt. Als Gegenstand der Linguistik bestimmt de Saussure die langue, das Sprachsystem, das allerdings nur über die parole, d. h. über konkrete sprachliche Äußerungen erfasst werden kann.

Strukturalismus

Da de Saussure als erster die Struktur des Sprachsystems in den Mittelpunkt rückt, wird er als Begründer des Strukturalismus gesehen. Die strukturalistische Linguistik verfolgt das Ziel, alle Elemente einer Sprache und ihre Relationen untereinander zu beschreiben. Dabei werden alle Ebenen der Sprachbeschreibung (Laute, Wörter und Sätze) einbezogen.

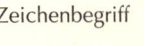

Nach de Saussure ist Sprache „ein System von Zeichen, in dem einzig die Verbindung von Sinn und Lautzeichen wesentlich ist" (de Saussure 1967:18). Die Zeichen haben zwei Seiten, die wie die beiden Seiten einer Münze untrennbar miteinander verbunden sind: einen Signifikant (franz. *signifiant* ‚Bezeichnendes', auch Ausdrucksseite, Zeichenkörper genannt) und ein Signifikat (franz. *signifié* ‚Bezeichnetes', auch Inhaltsseite, Konzept genannt).

Zeichenbegriff

Abbildung 1: Das Zeichenmodell bei de Saussure

Es gibt nun keinen zwingenden Grund, ein bestimmtes Konzept durch eine bestimmte Lautform zu bezeichnen. De Saussure spricht davon, dass das Zeichen arbiträr (franz. *arbitraire* ‚zufällig') ist. Das wird schon daran deutlich, dass der *Baum* auf Englisch *tree* und auf Französisch *arbre* genannt wird. Die Zuordnung von einem *signifiant* zu einem *signifié* beruht auf einer Konvention innerhalb einer Sprachgemeinschaft.

Arbitrarität des Zeichens

Nicht alle Zeichen sind jedoch völlig arbiträr. Manche Wörter haben eine gewisse Ähnlichkeit mit dem Bezeichneten, nämlich lautmalende (onomatopoetische) Wörter. Sie treten gehäuft in der Sprache von Kindern auf, wie etwa *Kikeriki* oder *Wauwau*, die jeweils für bestimmte Tiere charakteristische Laute nachahmen. Onomatopoetika stellen demnach eine Ausnahme zur Arbitrarität der Zeichen dar.

De Saussure begreift Sprache als ein System von Zeichen, die durch ihre Beziehungen untereinander beschrieben werden können. Dabei sind zwei grundlegende Betrachtungsweisen möglich: Syntagmatische Beziehungen bestehen zwischen miteinander vorkommenden Zeichen. Paradigmatische Beziehungen bestehen zwischen Elementen, die in einer bestimmten Position austauschbar sind. Diese Elemente können potentiell im selben Kontext vorkommen, schließen sich im aktuellen Kontext jedoch gegenseitig aus.

syntagmatisch vs. paradigmatisch

syntagmatisch →

z.B. Ein Dieb wird verhaftet.
Ein Einbrecher wird verhaftet.
Der Dieb wird verhaftet.
Der Einbrecher wird gefasst.
Der Mörder ist gefasst.

paradigmatisch ↓

Zeichen, die in einer paradigmatischen Austauschbeziehung zueinander stehen, stehen in einer Opposition. In unseren Satzbeispielen sind das a) *ein* und *der*, b) *Einbrecher, Dieb* und *Mörder*, c) *wird* und *ist* sowie d) *verhaftet* und *gefasst*. Die Beziehung der Opposition gibt es nicht nur zwischen Wörtern, sondern auch auf anderen sprachlichen Ebenen. In den Wörtern *mein* und *dein* beispielsweise stehen die Anlautkonsonanten in Opposition zueinander.

Opposition

Klassifizierung und
Segmentierung

Zu den Methoden der strukturalistischen Sprachanalyse gehören die Segmentierung und die Klassifizierung. Unter Segmentierung versteht man die Isolierung kleinster sprachlicher Einheiten, also z. B. die Zerlegung eines Wortes in einzelne Laute. Die Klassifizierung ist die Zuordnung der Einheiten zu Klassen aufgrund gemeinsamer Eigenschaften. So lassen sich z. B. alle Wörter, die an die Stelle von *Dieb* treten können, als Substantive klassifizieren.

Funktionalismus

De Saussure hat eine Reihe von linguistischen Schulen entscheidend beeinflusst, von denen hier nur einige erwähnt werden können. Die sog. Prager Schule arbeitete in den 1920er Jahren strukturalistische Sprachanalyse zunächst vor allem in der Phonologie aus. Darüber hinaus wurde jedoch neben der Struktur der Sprache auch stärker ihre Funktion einbezogen, weswegen diese Richtung auch als Funktionalismus bezeichnet wird.

Funktionen
der Sprache

Die Funktionen von Sprache hat Karl Bühler (1934) in dem sog. Organon-Modell (griech. *organon* ,Werkzeug') dargestellt. Das sprachliche Zeichen ist „Symptom", es dient zum Ausdruck von Gedanken und Gefühlen des Senders (Ausdrucksfunktion der Sprache). Es ist „Signal", richtet einen Appell an den Empfänger (Appellfunktion der Sprache) und es ist „Symbol", da es sich auf Gegenstände und Sachverhalte in der Welt bezieht (Darstellungsfunktion der Sprache).

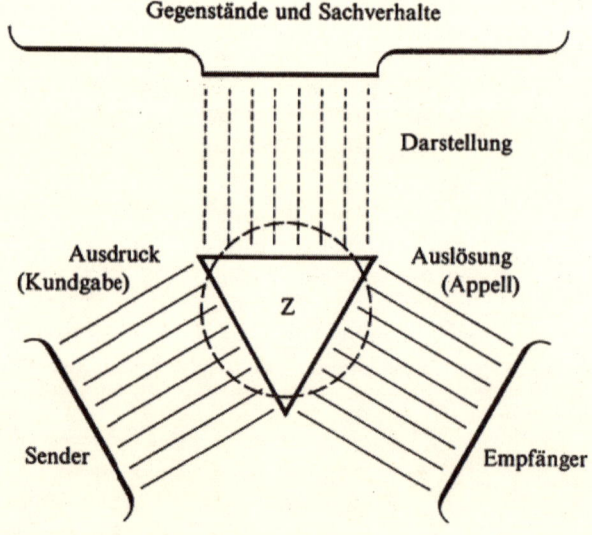

Abbildung 2: Das Organon-Modell
(aus: K. Bühler 1934/1999, S. 28)

Generative
Grammatik

In einem weiteren Sinn können alle Richtungen der Sprachwissenschaft als strukturalistisch gelten, die die Sprache als System in den Blick nehmen. Unter diesem Gesichtspunkt kann auch eine weitere seit der Mitte des letzten Jahrhunderts sehr einflussreiche Richtung dazu gerechnet werden, die sog. generative Grammatik, deren prominentester Vertreter Noam Chomsky (*1928) ist.

Kompetenz vs.
Performanz

Chomsky unterscheidet die Kompetenz der Sprecher/innen von der Performanz, der konkreten Verwendung von Sprache. Sprecher/innen einer Sprache können aufgrund ihrer Sprachkompetenz Wörter und Sätze bilden, die sie vorher noch nie gehört haben. Die generative Grammatik (generativ heißt „erzeugend") will diese Fähigkeit abbilden, sie stellt Regeln auf, mit deren Hilfe Wörter und Sätze gebildet werden können. Die generative Grammatik setzt sich zum Ziel, diejenigen Regeln zu formulieren, über die kompetente Sprecher/innen einer Sprache verfügen. Dabei wird angenommen, dass im Spracherwerb bestimmte angeborene grammatische Prinzipien (die Universalgrammatik) zum Tragen kommen, die allen Sprachen gemeinsam sein müssen und im menschlichen Genom verankert sind.

1.2 Was ist deutsch?

1.2.1 Das Deutsche als germanische Sprache

Deutsch ist Muttersprache von ca. 90 Millionen Sprechern und Sprecherinnen. Es ist Amtssprache in Deutschland, Österreich, Liechtenstein, Luxemburg (neben anderen) sowie in Teilen der Schweiz, Italiens (Südtirol) und in Ostbelgien. In verschiedenen Staaten gibt es deutschsprachige Minderheiten, z. B. in Rumänien, Ungarn, Brasilien, Namibia und in den USA.

Verbreitung

Der historischen Sprachwissenschaft im 18. und 19. Jahrhundert verdanken wir Kenntnisse über die Verwandtschaft und die Abstammungsverhältnisse zwischen Sprachen. Das Deutsche gehört zur indogermanischen Sprachfamilie, innerhalb dieser zu den germanischen Sprachen und hier wiederum zum Zweig der westgermanischen Sprachen, zu dem auch Englisch, Niederländisch, Afrikaans und Friesisch gehören. Durch die hochdeutsche Lautverschiebung, die zwischen dem 5. und 8. Jahrhundert n. Chr. stattgefunden hat, hat sich das Althochdeutsche von den übrigen germanischen Sprachen und Dialekten differenziert. Auf diese Lautverschiebung weisen zahlreiche Entsprechungen zwischen englischen und deutschen Wörtern hin, wie *pan – Pfanne, penny – Pfennig, ten – zehn, to – zu, twitter – zwitschern, make – machen*. Am besten kann man sich die Auswirkung dieser Lautverschiebung auf den deutschen Sprachraum verdeutlichen, wenn man niederdeutsche, englische und hochdeutsche Wörter vergleicht.

Sprachfamilie

Lautverschiebung	Schreibung	Englisch	Niederdeutsch	Hochdeutsch
/p/ → /f/	\<f> oder \<ff>	sleep ship	slepen Schipp	schlafen Schiff
/p/ → /pf/	\<pf>, auch \<ph> im Althochdeutschen	pepper apple	Peper Appel	Pfeffer Apfel
/t/ → /s/	\<s> oder \<ss>	that/what eat	dat/wat eten	was essen
/t/ → /ts/	\<z> oder\<tz>	tide (Gezeiten) tell	Tied ver-tellen	Zeit er-zählen
/k/ → /x/	\<ch>	make	maken auk	machen auch

Tabelle 1: Einige Lautveränderungen bei der Hochdeutschen Lautverschiebung

Wie im nächsten Abschnitt näher ausgeführt wird, ist die zweite Lautverschiebung nicht im ganzen deutschen Sprachraum einheitlich durchgeführt worden. Im niederdeutschen Raum ist sie gar nicht, im mitteldeutschen Raum in verschiedenen Graden und im oberdeutschen Raum vollständig erfolgt.

1.2.2 Standardsprache, Umgangssprache, Dialekte

Varietät

Die deutsche Sprache ist kein homogenes Gebilde, sondern existiert in ganz verschiedenen Ausprägungen. Wenn ein Bayer seinen Dialekt spricht, so klingt das ganz anders, als wenn jemand Plattdeutsch spricht. Am Arbeitsplatz redet jemand vielleicht Standarddeutsch, zuhause jedoch Umgangssprache oder Dialekt. Wie viele andere Sprachen zeichnet sich „das Deutsche" durch eine große Heterogenität aus. Es handelt sich um ein Gesamtsprachsystem, das in sehr unterschiedlichen Ausprägungen existiert, den sog. Varietäten. Solche Varietäten sind beispielsweise Dialekte oder die Sprache bestimmter Gruppen wie die Jugendsprache oder Fachsprachen.

Varianten

Zu einer Varietät gehören bestimmte Varianten. Varianten sind unterschiedliche Ausdrucksmöglichkeiten für das Gleiche. Das zugrunde liegende abstrakte Konzept nennt man Variable. Die Ausdrucksvarianten können sich auf die Lexik (den Wortschatz), die Phonologie (Lautung) oder auch auf syntaktische Strukturen beziehen.

(1) a. Brötchen – Semmeln – Schrippen – Rundstücke – Wecken
     b. was – wat, das – dat
     c. Schmidts Katze – die Katze von Schmidt – dem Schmidt seine Katze

Variation

Sprachliche Variation lässt sich in drei Hauptgruppen gliedern:

– die *diatopische Variation* umfasst räumlich bedingte Unterschiede, wie sie sich vor allem in Dialekten zeigen
– die *diastratische Variation* erfasst Unterschiede, die mit bestimmten sozialen Gruppen in Verbindung stehen wie z.B. in der Jugendsprache oder in der sog. Gaunersprache
– die *diaphasische Variation* umfasst situationsbezogene Unterschiede im Sprechen, wie stilistische Unterschiede und unterschiedliche Register (z.B. formell vs. informell)

Dialekte

Die Dialekte lassen sich in die beiden großen Dialekträume Niederdeutsch und Hochdeutsch gliedern. Diese Bezeichnungen nehmen auf die Höhe der entsprechenden Regionen Bezug. Das Hochdeutsche umfasst das Mitteldeutsche und das Oberdeutsche. Die Bezeichnungen für die Dialekte orientieren sich an unterschiedlichen Regionen wie Mecklenburg, Thüringen, Sachsen, Westfalen, Hessen, Bayern etc. Die folgende Karte gibt einen Überblick über die deutschen Dialekte und deren Verteilung.

Niederdeutsch und Hochdeutsch

Die Grenze zwischen dem Niederdeutschen und dem Hochdeutschen wird aufgrund der hochdeutschen Lautverschiebung gezogen, die im Niederdeutschen nicht und im Mitteldeutschen in unterschiedlichen Graden durchgeführt worden ist. Die Grenze zwischen dem Niederdeutschen und dem Hochdeutschen stellt die sog. Benrather Linie dar, die nach einem Vorort von Düsseldorf benannt ist. Diese Linie wird auch *maken-machen-*Linie genannt,

Abbildung 3: Die Dialekte im deutschen Sprachraum
(nach Fleischer 1983:411)

da sie die Grenze der Lautverschiebung beim Verb *machen* markiert. Solche Linien, die die Grenzen der Ausbreitung eines sprachlichen Phänomens markieren, werden Isoglossen genannt. Weitere wichtige Isoglossen in Zusammenhang mit der zweiten Lautverschiebung sind die Uerdinger Linie (*ik-ich*-Linie) und die Speyerer Linie (*Appel-Apfel*-Linie).

Da sich diese Linien zum Rhein hin auffächern, spricht man vom Rheinischen Fächer, den die Karte in Abb. 4 illustriert. Der Rheinische Fächer erfasst die unterschiedlichen Grade der Durchführung der zweiten Lautverschiebung im Mitteldeutschen. Südlich des Rheinischen Fächers liegt das Oberdeutsche, in dem die Lautverschiebung vollständig durchgeführt ist.

Rheinischer Fächer

Unter den Varietäten kommt dem Standarddeutschen eine besondere Rolle zu. Es ist die Varietät, an die wir meistens denken, wenn wir von „dem Deutschen" sprechen. Aus historischer Sicht ist die Standardvarietät zunächst eine regionale Varietät, die überregionale Geltung erlangt. Die oft synonym verwendete Bezeichnung „Hochdeutsch" nimmt auf die Region Bezug, in der sich das Standarddeutsche entwickelt hat. Auf ostmitteldeutscher-ost-

Standarddeutsch

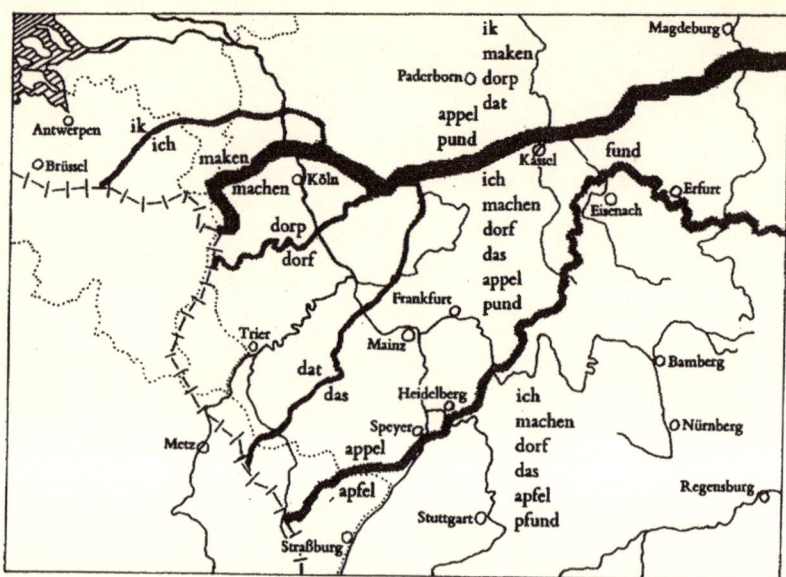

Abbildung 4: Rheinischer Fächer (aus: Niebaum/Macha 2006:107)

oberdeutscher Grundlage begann sich im 16. Jahrhundert eine überregionale Schriftsprache herauszubilden. Im 17. und 18. Jahrhundert wurde die Schriftsprache weiter ausgebaut und in der zweiten Hälfte des 19. Jahrhunderts schließlich durchgesetzt und normiert. In der gesprochenen Sprache bestand lange eine Diglossie-Situation. Diglossie bezeichnet eine Verwendung unterschiedlicher Varietäten, von denen dialektale Varietäten im privaten, gesprochene Standardsprache dagegen in offiziellen Bereich verwendet wird.

Normierung   Da die Standardvarietät der öffentlichen, überregionalen Verständigung dient, ist sie sowohl in ihrer schriftlichen als auch in ihren mündlichen Ausprägungen normiert. Diese Normen werden durch das Bildungssystem und auch durch die Medien vermittelt. Die Normierung der geschriebenen Sprache bezieht sich auf die Orthographie und die Grammatik, die Normierung der gesprochenen Standardvarietät dagegen auf die Aussprache. Als erster Normierungsversuch der gesprochenen Sprache gilt das Wörterbuch zur „Deutschen Bühnenaussprache" von Theodor Siebs aus dem Jahr 1898. Nach dem Duden-Aussprachewörterbuch (2005:34f.) ist die Standardlautung etwas deutlicher als die Umgangslautung, doch etwas schwächer differenziert als die Bühnenaussprache. Die Standardlautung ist eine Gebrauchsnorm, die sich an der Sprachwirklichkeit orientiert, sie ist überregional und enthält möglichst wenige Varianten.

Umgangssprache   Es gibt keine klare Trennung zwischen Dialekt und Standardsprache, vielmehr ist von einem Kontinuum auszugehen, mit den Dialekten an einem und der Standardsprache am anderen Ende, wobei die Umgangssprache im Übergangsbereich liegt. Die Umgangssprache kann stärker als die Standardsprache bestimmte regionale Varianten enthalten, weswegen auch von Regiolekten die Rede ist.

✍ Übungen

1. Erläutern Sie die Bedeutungen von Hochdeutsch und den Zusammenhang zwischen diesen Bedeutungen!

✍ Tipps zum Weiterlesen

Der Artikel zum Strukturalismus im Lexikon der Sprachwissenschaft von Hadumod Bußmann (2008) und die Artikel, auf die dort verwiesen wird, geben einen kompakten Überblick über die Grundlagen strukturalistischer Sprachanalyse. Eine gute Überblicksdarstellung über sprachliche Variation im Deutschen bietet Girnth (2007).

Literaturhinweise

Ammon, Ulrich (2004): *Variantenwörterbuch des Deutschen*. Berlin: de Gruyter.
Bußmann, Hadumod (2008): *Lexikon der Sprachwissenschaft*. 4., durchgesehene und bibliographisch ergänzte Auflage. Stuttgart: Kröner.
Bühler, Karl (1934): *Sprachtheorie. Die Darstellungsfunktion der Sprache*. Jena: Verlag von Gustav Fischer. Ungekürzter Neudruck 1999 erschienen bei Stuttgart: Lucius und Lucius (UTB).
de Saussure, Ferdinand (1967): *Grundfragen der allgemeinen Sprachwissenschaft*. 2. Aufl. Berlin: de Gruyter. (Original: *Cours de linguistique générale* 1916).
DUDEN. *Das Aussprachewörterbuch*. (2005): Hg. von der Dudenredaktion. 6. Aufl. Mannheim: Dudenverlag.
Fleischer, Wolfgang et al. (1983): *Kleine Enzyklopädie. Deutsche Sprache*. Leipzig: Bibliographisches Institut.
Fleischer, Wolfgang et al. (Hrsg.) (2001): *Kleine Enzyklopädie. Deutsche Sprache*. Frankfurt a.M.: Lang.
Girnth, Heiko (2007): Variationslinguistik. In: Steinbach, Markus et al. (Hgg.): *Schnittstellen der germanistischen Linguistik*. Stuttgart/Weimar: Metzler, S. 187–218.
König, Werner (2011): *dtv-Atlas zur deutschen Sprache. Tafeln und Texte*. 17. Auflage. München: dtv.
Niebaum, Hermann/Macha, Jürgen (2006): *Eine Einführung in die Dialektologie des Deutschen*. 2. Auflage. Tübingen: Niemeyer.
Siebs, Theodor (1898): *Deutsche Bühnenaussprache*. Bonn: Ahn.
Sinner, Carsten (2013): *Varietätenlinguistik*. Tübingen: Narr.
Wunderli, Peter (Hg.) (2013): *Ferdinand de Saussure: Cours de linguistique générale*. Zweisprachige Ausgabe französisch-deutsch. Tübingen: Narr.

2. Phonologie

2.1 Die phonetischen Grundlagen der Phonologie

Phonetik und Phonologie

Die Phonetik beschreibt die materiellen Aspekte der Sprachlaute, die Phonologie dagegen ihre Funktion in einem Sprachsystem. Die Phonologie ist eine Teildisziplin der Linguistik, die das Lautsystem der einzelnen Sprachen untersucht. Die Phonetik dagegen untersucht die lautliche Seite menschlicher Äußerungen unter naturwissenschaftlichem Aspekt, und zwar

a) vom Sprecher aus: Artikulatorische Phonetik
b) vom Hörer aus: Auditive Phonetik
c) auf den Kanal bezogen: Akustische Phonetik

Teilgebiete der Phonetik

Die artikulatorische Phonetik beschreibt die Bildung der Laute. Die akustische Phonetik untersucht die physikalischen Eigenschaften der Schallwellen, wie ihre Dauer, Frequenz und Intensität. Die auditive (oder perzeptive) Phonetik untersucht, wie die Laute wahrgenommen und im Gehirn verarbeitet werden.

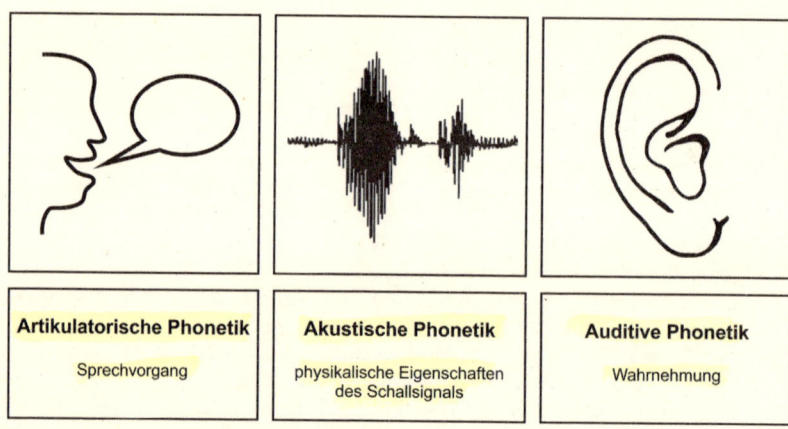

Artikulatorische Phonetik	Akustische Phonetik	Auditive Phonetik
Sprechvorgang	physikalische Eigenschaften des Schallsignals	Wahrnehmung

Abbildung 1: Teilgebiete der Phonetik

Wir werden uns hier näher mit der artikulatorischen Phonetik beschäftigen, da sie wesentliche Grundlagen für die Phonologie liefert. Die artikulatorische Phonetik untersucht, wie die Laute gebildet werden.

Artikulationsorgane

An der Artikulation von Lauten sind eine Reihe von Organen beteiligt. Die Lunge stellt den Luftstrom bereit, der bei der Artikulation geformt wird. Eine wichtige Rolle spielt das Ansatzrohr, das den Luftraum vom Kehlkopf bis zu den Lippen bzw. zur Nase umfasst. Die beweglichen Artikulationsorgane werden auch Artikulatoren genannt. Dazu gehören die Zunge, die Lippen, der Unterkiefer, das Gaumensegel mit dem Zäpfchen sowie der Rachen und der Kehlkopf mit den Stimmlippen, auch Stimmbänder genannt (Glottis).

Der Kehldeckel stellt die Weiche zwischen Luft- und Speiseröhre dar. Nur bei geöffnetem Kehldeckel ist Atmung und somit Stimme möglich. Die Stimmbänder bestimmen durch ihr Schwingen oder Nichtschwingen über die Stimmhaftigkeit bzw. Stimmlosigkeit der Laute. Das Gaumensegel (Velum) schließt oder öffnet den Nasenraum und bestimmt damit die Nasalität bzw. Oralität der Laute. Die Zunge reguliert den Luftdurchgang durch die Mundhöhle von relativ unbehindert bis zum völligen Verschluss und formt den Luftstrom.

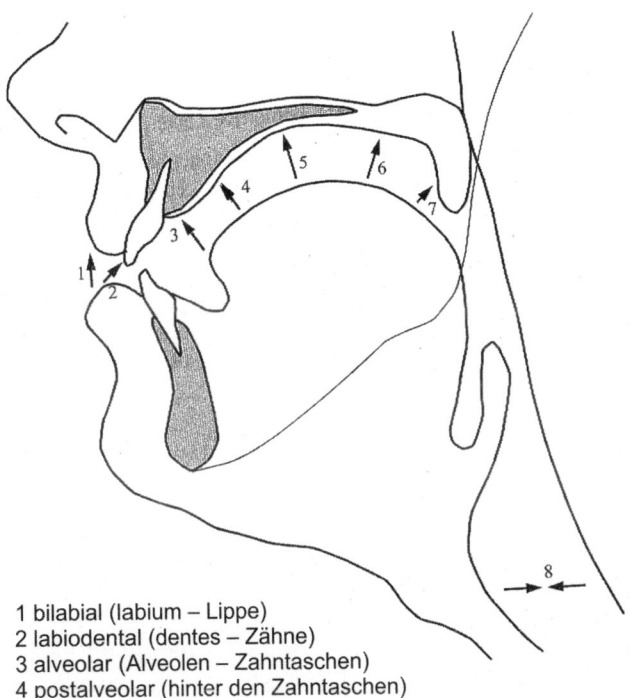

1 bilabial (labium – Lippe)
2 labiodental (dentes – Zähne)
3 alveolar (Alveolen – Zahntaschen)
4 postalveolar (hinter den Zahntaschen)
5 palatal (palatum – harter Gaumen)
6 velar (velum – Gaumensegel, weicher Gaumen)
7 uvular (uvula – Zäpfchen)
8 glottal/laryngal (glottis – Stimmritze, larynx – Kehlkopf)

Abbildung 2: Artikulationsorte der Konsonanten im Deutschen (adaptiert nach Pompino-Marschall 2009:183)

2.2 Das Lautinventar des Deutschen

Der kontinuierliche Schallstrom lässt sich aufgrund kleiner wahrnehmbarer Veränderungen in einzelne Laute zerlegen, die Phone oder auch Segmente genannt werden. So können z.B. kompetente Sprecher/innen des Deutschen die Lautfolge des Wortes *Mann* mühelos in drei Segmente zerlegen, nämlich [man]. Phone werden in eckigen Klammern notiert. Phone

Dabei entspricht nicht immer einem Segment ein Buchstabe. So enthält das Word *Schach* sechs Buchstaben, jedoch nur drei Laute. Da es keine 1:1- Lautschrift

Entsprechung von Laut und Buchstabe gibt (z. B. enthalten *Stil, Stiel, stiehl* alle den Laut [i:], eine langes i), ist eine Lautschrift notwendig. Am häufigsten verwendet wird die Lautschrift der *International Phonetic Association*, das *International Phonetic Alphabet* (kurz IPA-Lautschrift).

Vokale und Konsonanten

Im Folgenden werden wir uns mit dem Lautinventar des Deutschen und seiner Wiedergabe in IPA befassen. Eine erste grobe Klassifikation von Lauten ist ihre Unterteilung in Vokale und Konsonanten. Vokale heißen diejenigen Laute, bei denen der Luftstrom oberhalb der Glottis nicht behindert wird, weswegen sie eine größere Schallfülle aufweisen als die Konsonanten, bei deren Bildung der Luftstrom behindert wird. Die unterschiedlichen Vokale entstehen durch verschiedene Formungen des Resonanzraumes.

2.2.1 Konsonanten

Bei der Artikulation der Konsonanten wird der Luftstrom in unterschiedlichem Maß behindert. Konsonanten werden nach verschiedenen Eigenschaften klassifiziert:

– Wo wird der Luftstrom behindert? (Artikulationsstelle bzw. artikulierendes Organ)
– Auf welche Weise wird der Luftstrom behindert? (Artikulationsart)
– Schwingen die Stimmbänder mit? (Stimmhaftigkeit)

Artikulationsort

Der Artikulationsort der Konsonanten ist die Stelle, an der die Behinderung des Luftstroms stattfindet.

Bilabial:	die beiden Lippen berühren sich: [p], [b], [m]
Labiodental:	die untere Lippe berührt die oberen Zähne: [f], [v]
Alveolar:	die Zungenspitze berührt den oberen Zahndamm: [t], [d], [s], [z], [n], [l], [r]
Postalveolar:	die Zunge bewegt sich an die Rückseite des oberen Zahndamms oder den vorderen Teil des harten Gaumens: [ʃ], [ʒ]
Palatal:	der Zungenrücken bewegt sich in Richtung harter Gaumen: [ç], [j]
Velar:	der hintere Teil der Zunge hebt sich gegen das Gaumensegel (den weichen Gaumen): [k], [g], [x], [ŋ]
Uvular:	beim Zäpfchen (uvula) gebildet: [χ], [ʁ], [ʀ]
Glottal/laryngal:	durch die Stimmbänder im Kehlkopf gebildet: [ʔ], [h]

Artikulationsart

Nach ihrer Artikulationsart können die Konsonanten wie folgt klassifiziert werden:

Plosive

Bei den Plosiven („Verschlusslauten") wird eine Barriere im Mundraum aufgebaut, die dann wieder gelöst wird:

[p]	Puste
[b]	Büste
[t]	Tänzer
[d]	dünn
[k]	Kasse
[g]	Gasse
[ʔ]	_in (Glottisverschlusslaut)

Der Glottisverschlusslaut wird durch Öffnen und Schließen der Stimmritze gebildet. Er steht im Deutschen anlautend vor Vokal und im Inlaut zwischen Vokalen, wenn die Silbe, die er einleitet, betont ist, z.B. innerhalb von Wörtern wie *be_inhalten* [bə?ɪnhaltn̩]. Das lateinische Alphabet enthält jedoch – anders als etwa das arabische – keinen Buchstaben für diesen Laut. Dass er nicht verschriftet wird, trägt wohl dazu bei, dass sich die Sprecher/innen dieses Lauts in der Regel nicht bewusst sind.

Glottisverschlusslaut

Bei Frikativen („Reibelauten") wird eine Verengung im Mundraum gebildet und die Luft hindurch gepresst, so dass ein Reibegeräusch entsteht:

Frikative

[f]	Vieh, fiel
[v]	Vase, Wasser
[s]	As, reißen
[z]	Sonne, reisen
[ʃ]	Scheune
[ʒ]	Genie
[ç]	ich, Chemie
[ʝ]	jung
[x]	ach
[h]	Haus
[ʁ]	Recht

Statt [ʝ] wird von einigen Autoren der Halbvokal (Approximant) [j] angesetzt, da zwar eine Engebildung stattfindet, jedoch kein Reibegeräusch wie bei Frikativen produziert wird.

Halbvokal

Bei den Nasalen ist das Gaumensegel geschlossen, die Luft entweicht durch den Nasenraum:

Nasale

[m]	mein
[n]	nein
[ŋ]	singen

Bei Lateralen (Seitenlauten) findet ein Verschluss in der Mitte des Mundraums statt, die Luft kann an den Seiten entweichen. Im Deutschen gibt es nur einen Lateral:

Laterale

[l]	lache

Vibranten (auch: Vibrationslaute, Zitterlaute) werden durch Vibrationen z.B. der Zunge erzeugt. Im Deutschen gehören dazu das gerollte r (apikales r, erzeugt durch Vibration der Zungenspitze) und das uvulare [ʀ] („Zäpfchen-r"), das dem Laut beim Gurgeln ähnelt.

Vibranten

[r], [ʀ]	Rache

Bei den Affrikaten handelt es sich um eine Kombination von einem Verschluss- und einem Reibelaut (Plosiv plus Frikativ), die homorgan (d.h. am gleichen Artikulationsort) gebildet werden:

Affrikaten

[pf]	Pfau
[ts]	Zahn
[tʃ]	Matsch
[dʒ]	Gin

Affrikaten werden häufig als ein Laut aufgefasst, die enge Verbindung kann in der Transkription durch einen Bogen angezeigt werden. Da Affrikaten sich prinzipiell jedoch aus Kombination von einem Plosiv und einem an der gleichen Stelle artikulierten Frikativ beschreiben lassen, führen wir sie in dem folgenden Konsonantenschema nicht gesondert auf.

	bi-labial	labio-dental	alveolar	post-alveolar	palatal	velar	uvular	glottal
Plosive	p b		t d			k g		ʔ
Frikative		f v	s z	ʃ ʒ	ç j	x	χ ʁ	h
Nasale	m		n			ŋ		
Laterale			l					
Vibranten			r				R	

Tabelle 1: Konsonanten im Deutschen

Treten in diesem Schema Paare von Konsonanten auf, so bezeichnet das rechte Symbol jeweils einen stimmhaften Konsonanten. Der Konsonant [ʒ] tritt nur in Fremdwörtern auf, wie in *Garage* oder *Gin* [dʒin].

Lenis und Fortis   Das Schwingen oder Nicht-Schwingen der Stimmbänder entscheidet über die Stimmhaftigkeit der Laute. Stimmhafte Konsonanten werden häufig auch als Lenis (lat. ‚schwach, ungespannt') , stimmlose als Fortis (lat. ‚stark, gespannt') bezeichnet. Dahinter steht die Vorstellung, dass bei den stimmhaften Konsonanten weniger Muskelanspannung vorliegt als bei den stimmlosen, was sich allerdings mit den Mitteln der Phonetik nicht nachweisen lässt (Pompino-Marschall 2009:191).

Sonanten und Obstruenten   Bei den Konsonanten unterscheidet man nach dem Grad der Behinderung des Luftstroms und damit der Schallfülle der Laute zwischen Sonanten und Obstruenten. Zu den Sonanten gehören die Nasale, Laterale und Vibranten, während die Plosive, Frikative und Affrikaten, bei denen der Luftstrom stärker behindert wird, zu den Obstruenten gehören.

2.2.2 Vokale

Eigenschaften   Bei den Vokalen wird der Luftstrom nicht wie bei den Konsonanten behindert. Vokale sind stimmhaft und weisen mehr Schallfülle auf als die Konsonanten. Der Luftstrom wird wesentlich durch die Stellung der Zunge geformt. Vokale werden unterschieden nach der

– **Zungenlage**: Wo ist der höchste Punkt der Zunge? (horizontale Lage)
– **Zungenhöhe**: Wie hoch ist der höchste Punkt der Zunge? (vertikale Lage)
– **Form der Lippen**: Sind die Lippen gerundet oder nicht?
– **Länge**: Ist der Vokal lang oder kurz?
– **Spannung**: Sind die Muskeln im Mundtrakt angespannt oder eher nicht?

Abbildung 3: Vokaltrapez im Mundraum
(aus: Bieswanger/Becker 2010, S. 49)

Die Zungenhöhe kann (nach der Vokalklassifikation der IPA) hoch (bzw. ge- Position der Zunge
schlossen), obermittelhoch (bzw. halbgeschlossen), untermittelhoch (bzw.
halb offen) oder tief (bzw. offen) sein. Die Zungenlage meint die horizontale
Lage des höchsten Zungenpunkts: Sie kann vorne, zentral oder hinten sein.

Der Artikulationsort der Vokale wird meist in einem Vokalviereck oder Vo- Vokaltrapez
kaltrapez dargestellt, das den Mundraum schematisch abbildet. Die Vokale
sind an der Stelle eingezeichnet, an der die höchste Hebung der Zunge loka-
lisiert ist:

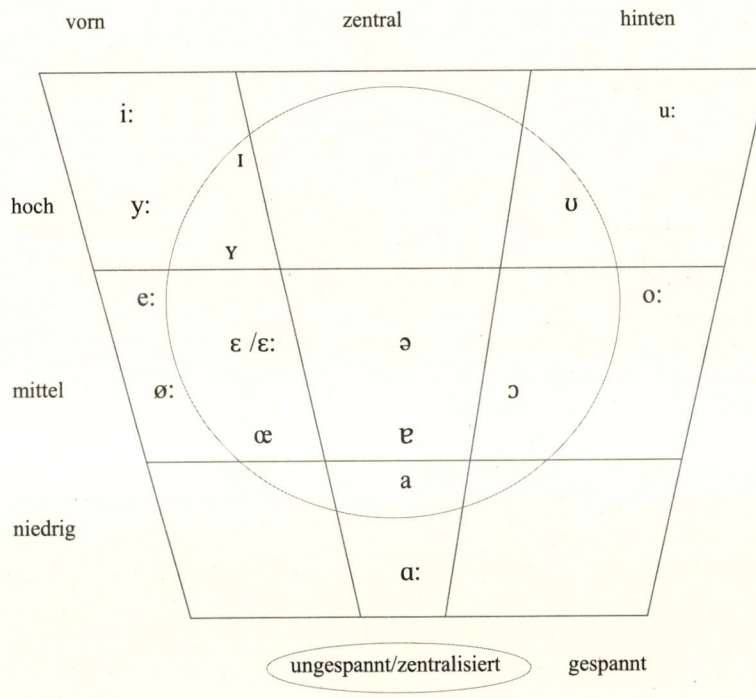

Abbildung 4: Die Vokale im Deutschen (nach Ramers 2007:78)

Beispiele:

[i:]	Lid, Lied	[e:]	Ehre	[o:]	groß
[ɪ]	Wippe	[ɛ:]	Ähre	[ɔ]	Ross
[u:]	Mus	[ɛ]	Wette	[ɐ]	Tür
[ʊ]	muss	[ə]	Suppe	[a]	in Massen
[y:]	Wüste	[ø:]	Möhre	[ɑ:]	in Maßen
[ʏ]	müsste	[œ]	Plörre		

Gerundete Vokale liegen etwas zentraler im Mundraum als ihre ungerunde- Rundung
ten Pendants. Vgl. die folgenden Beispiele für ungerundete und gerundete
Vokale:

liegen [i:]	lügen [y:]
missen [ɪ]	müssen [ʏ]
Besen [e:]	bösen [ø:]
Helle [ɛ]	Hölle [œ]

Gespanntheit

Umstritten ist die Rolle der Spannung der Zunge. Sie gilt häufig als eines der zentralen Merkmale von Vokalen, das an die Stelle der Unterscheidung nach der Quantität in lange und kurze Vokale tritt, da lange Vokale meist gespannt seien, d.h. dass bei gespannten Vokalen ein größerer Grad der Muskelanspannung im Mundraum vorliegen soll, wofür bislang allerdings kein überzeugendes phonetisches Korrelat nachgewiesen werden konnte (Pompino-Marschall [3]2009:227). Ungespannte Vokale liegen zentraler im Mundraum, sie tragen das Merkmal [zentralisiert], während gespannte Vokale eine periphere Position einnehmen. In der Abbildung des Vokalvierecks finden sich die zentralisierten Vokale innerhalb des Kreises.

Länge und Gespanntheit

Bezüglich der Zahl der Vokale im Deutschen und bezüglich ihrer Beschreibung besteht keine Einigkeit. Manchen gilt die Unterscheidung zwischen langen und kurzen Vokalen als grundlegend, andere halten die Unterscheidung zwischen gespannten und ungespannten Vokalen für zentral. Einig ist man sich darin, dass ungespannte Vokale kurz ausgesprochen werden, mit der Ausnahme von [ɛ:] wie in *Ähre* [ɛ:rə], das einen langen ungespannten Vokal darstellt. In unbetonten Silben werden gespannte Vokale kurz realisiert. Wir halten daher sowohl die Länge als auch die Gespanntheit für unverzichtbar für die Beschreibung der Vokale.

Beispiele für Gespanntheit vs. Ungespanntheit bei Vokalen:

Miete [i:]	Mitte [ɪ]
Hüte [y:]	Hütte [ʏ]
Beet [e:]	Bett [ɛ]
Höhle [ø:]	Hölle [œ]
Pute [u:]	Putte [ʊ]
Ofen [o:]	offen [ɔ]
Bahn [ɑ:]	Bann [a]

Zentralvokale

Alle kurzen Vokale sind ungespannt und daher zentralisiert. Der zentralste Vokal ist [ə], der sogenannte Schwa-Laut. Er wird auch als Reduktionsvokal oder Murmelvokal bezeichnet, da er den geringsten artikulatorischen Aufwand bedingt. Etwas tiefer liegt der Vokal [ɐ], der als r-Variante auftritt.

Bei [a] und [ɑ:] besteht keine Einigkeit darüber, wo diese beiden Vokale zu lokalisieren sind. [ɑ:] wird gelegentlich als hinterer Vokal, [a] als vorderer Vokal eingeordnet, andere sehen beide als mittlere Vokale an. Die Lokalisation dieser Laute ist aus phonetischer Sicht wenig eindeutig, weswegen hier vor allem die Länge zur Unterscheidung dient. Daher verwenden einige Autoren nur eines der beiden Transkriptionszeichen, meist [a].

Diphthonge

Diphthonge sind Kombinationen von zwei Vokalen, die innerhalb einer Silbe auftreten:

[aʊ] *Haus*
[aɪ] *Eis, Mais*
[ɔɪ] *Eule, Häuser*

Die Artikulationsbewegung bei diesen Diphthongen im Standarddeutschen führt von einem niedrigeren zu einem höheren Vokal hin, man spricht von schließenden Diphthongen. Fallende (oder öffnende) Diphthonge treten in deutschen Dialekten auf, wie z.B. im Bairischen [lɪɐb] *lieb* oder [guɐt] *gut*. Zentrierende Diphthonge können durch die Vokalisierung von /r/ entstehen:

[biːɐ̯] *Bier.* Ein Bogen unter einem Vokal [̯] (z. B. bei [ɐ̯]) zeigt an, dass dieser Vokal nicht silbisch ist, d. h. keine eigene Silbe bildet.

2.3 Phon, Phonem, Allophon

Bisher haben wir die Laute oder die Phone nach bestimmten artikulatorischen Merkmalen beschrieben. Damit ist aber noch nichts über ihre Funktion in einer Sprache gesagt. Die Sprachen unterscheiden sich u. a. darin, welche Laute sie zur Bedeutungsunterscheidung nutzen. In bestimmten Varianten des Chinesischen macht es z. B. keinen Unterschied, ob [r] oder [l] gesprochen wird, die Wörter bedeuten in jedem Fall dasselbe. Im Deutschen dagegen gibt es Wörter, die sich nur durch diese Laute unterscheiden, z. B. *laufen* [lau̯fn̩] vs. *raufen* [rau̯fn̩]. Im Deutschen gehören diese Laute zu unterschiedlichen Phonemen, in den chinesischen Dialekten dagegen nicht. Das Phonem ist definiert als die kleinste bedeutungsunterscheidende Einheit in der gesprochenen Sprache.

Während bestimmte Laute frei gegeneinander austauschbar sind, weil sie nie ein anderes Wort ergeben (z. B. [r] und [ʀ]), können sich beim Austausch anderer Laute neue Wörter ergeben. Diese Laute gehören zu verschiedenen Phonemen. Man sagt auch, dass diese Laute in Opposition zueinander stehen.

Phoneme können mithilfe des Minimalpaartests ermittelt werden. Bei diesem Test werden Wörter gegenübergestellt, die sich nur in einem Laut unterscheiden. Die bedeutungsunterscheidenden Laute in solchen Minimalpaaren gehören zu verschiedenen Phonemen. Phoneme werden in Schrägstrichen notiert.

Beispiele für Minimalpaare

Gasse – Kasse	[gasə] – [kasə]	/g/ – /k/
dir – Tier	[diːɐ̯] – [tiːɐ̯]	/d/ – /t/
reisen – reißen	[raɪzn̩] – [raɪsn̩]	/z/ – /s/
biete – Bitte	[biːtə] – [bɪtə]	/iː/ – /ɪ/
Masse – Maße	[masə] – [mɑːsə]	/a/ – /ɑː/
Falter – Halter	[faltɐ] – [haltɐ]	/f/ – /h/

Durch den Minimalpaartest kann also nachgewiesen werden, dass zwei Laute zu unterschiedlichen Phonemen gehören.

Unterschiedliche Laute, die jedoch nie bedeutungsdifferenzierend wirken, heißen Allophone. Allophone sind unterschiedliche Realisierungen des gleichen Phonems. Ein Allophon ist also ein Laut, der als Variante eines Phonems klassifiziert wurde. Bei den Allophonen eines Phonems kann es sich entweder um kombinatorische Varianten handeln, die in einer bestimmten lautlichen Umgebung auftreten oder aber um freien Varianten, die unabhängig von der lautlichen Umgebung vom Sprecher frei gewählt werden können.

Nehmen wir ein Beispiel: Möchte man z. B. untersuchen, ob [x] und [ç] im Deutschen verschiedene Phoneme repräsentieren, so gilt es, Wörter zu finden, die sich nur in diesem Laut unterscheiden. Betrachtet man Wörter mit diesen Lauten, so zeigt sich, dass diese Laute jeweils in einer bestimmten

Marginalien

Phoneme

Minimalpaartest

Allophone

kombinatorische Varianten

Umgebung auftreten. Sie treten in Abhängigkeit von der lautlichen Umgebung auf, wobei [ç] nach vorderen Vokalen steht (z.B. bei *ich*, daher auch „*ich*-Laut" genannt) und [x] nach nicht-vorderen Vokalen, z.B. in *ach*, weswegen er auch „*ach*-Laut" genannt wird. Man spricht hier daher auch von komplementärer Distribution (Distribution bezeichnet die Umgebungen, in denen ein Element auftreten kann). Je nach lautlicher Umgebung kann nur das eine oder das andere Allophon auftreten. Die Laute [ç] und [x] sind somit ein Beispiel für kombinatorische Varianten eines Phonems.

Freie Varianten   Als Beispiele für freie Varianten werden häufig die verschiedenen Möglichkeiten der Aussprache von /r/ im Deutschen genannt. Ob man ein gerolltes [r], ein uvulares [ʀ] oder den uvularen Frikativ [ʁ] ausspricht, trägt nichts zur Bedeutungsunterscheidung bei. Die Wahl einer dieser Varianten ist auch nicht an eine bestimmte lautliche Umgebung geknüpft, es liegen also freie Varianten vor. Etwas anders verhält es sich jedoch mit der vokalisierten r-Variante [ɐ] (wie z.B. in *Uhr* [uːɐ̯] oder *Bruder* [bruːdɐ̯]). Für diese Variante existiert die Beschränkung, dass sie nicht am Anfang einer Silbe auftreten kann.

Phoneme als Bündel distinktiver Merkmale   Phoneme sind abstrakte Einheiten, die als Bündel von Merkmalen dargestellt werden können. Sie unterscheiden sich jeweils durch mindestens ein Merkmal von anderen Phonemen. In dem folgenden Beispiel ist die Rundung das distinktive Merkmal der Phoneme, die in Opposition stehen:

Biene	*Bühne*
/biːnə/	/byːnə/
/iː/	/yː/
[+hoch]	[+hoch]
[+vorn]	[+vorn]
[+lang]	[+lang]
[+gespannt]	[+gespannt]
[-rund]	[+rund] ← distinktives Merkmal

Nicht in allen Fällen ist klar, ob ein Laut oder eine Lautkombination als ein Phonem zu werten sind. Problemfälle sind hier die Affrikaten und Diphthonge, die entweder als ein oder als zwei Phoneme gewertet werden können.

Wertung von Diphthongen   Betrachten wir zunächst die Diphthonge. Wendet man die Minimalpaarmethode an, so lassen sich die Lautverbindungen in Diphthongen als separate Phoneme nachweisen: Es gibt Minimalpaare zu Wörtern mit Diphthongen, die sich nur in einem Segment unterscheiden, wie *kaute* [kaʊ̯tə] – *kannte* [kantə] oder *Haube* [haʊ̯bə] – *Halbe* [halbə]. Gegen eine biphonematische Wertung von Diphthongen wurde angeführt, dass ihre Länge die Länge eines Langvokals nicht überschreitet (z.B. *Bahn* [baːn] – *Bein* [baɪn]). Wir halten es jedoch für entscheidend, dass durch den Minimalpaartest nachgewiesen werden kann, dass Diphthonge keine minimalen bedeutungsunterscheidenden Einheiten sind.

Wertung von Affrikaten   Auch für Affrikaten lassen sich Minimalpaare finden, in denen jeweils nur einer der beiden Teile der Affrikate ersetzt wird, *hübsche* [hypʃə] – *hüpfe* [hypfə], *Putz* [pʊts] – *Putsch* [pʊtʃ], *Zeche* [tsɛçə] – *Tscheche* [tʃɛçə]. Für eine Wertung als ein Phonem spricht, dass Affrikaten sowohl am Wortanfang als auch am Wortende vorkommen können, während viele andere Lautkombinationen am Wortende spiegelbildlich auftreten: *Pfennig – Topf, Zahn –*

Netz, dagegen: *Plan – Alp, Trog – Ort, Knecht – Dank*. Die Lautkombination [ts] ist dagegen gut zerlegbar und tritt auch umgekehrt als [st] sowohl am Wortanfang wie am Wortende auf wie in *Stil* und *Fest*. Insgesamt überwiegen auch bei den Affrikaten die Argumente für eine biphonematische Wertung, insbesondere der Minimalpaartest spricht dafür.

Unklar ist auch der Phonemstatus des Schwa-Lauts, da er als eine reduzierte Variante verschiedener Vokale auftreten kann und zudem häufig weglassbar ist (s. 2.5.2). Es gibt jedoch eine Reihe von Minimalpaaren, in denen der Schwa-Laut distinktiv ist, wie *Alter – Alte* [altɐ] – [altə], *Motto – Motte* [mɔtɔ] – [mɔtə], *Bube – Bubi* [bu:bə] – [bu:bɪ]. Dies spricht dafür, den Schwa-Laut als Phonem zu werten.

Schwa-Laut

2.4 Der Aufbau von Silben

Die suprasegmentale Phonologie beschäftigt sich mit Einheiten und lautlichen Eigenschaften, die über das einzelne Segment hinausgehen. Dazu gehören zum einen Silben, aber auch lautliche Eigenschaften wie Akzente und Veränderungen der Stimmtonhöhe.

Nach dem einzelnen Segment ist die Silbe die nächstgrößere Einheit, die intuitiv gut erfassbar ist. Nach einer Silbe lässt sich bei sehr deutlicher Aussprache jeweils eine Sprechpause machen. Auch die Trennregeln nehmen weitgehend Bezug auf Silben.

Silbe

Eine Silbe besteht in der Regel aus mehreren Teilen. Jede Silbe weist einen Silbenkern oder Nukleus auf. In der Regel ist dies ein Vokal, seltener ein silbischer Konsonant/Sonant. Vor und nach dem Nukleus können Segmente stehen, die den Anfangsrand bzw. Endrand der Silbe bilden. Der Anfangsrand wird auch Onset genannt, der Endrand Koda. Nukleus und Koda bilden den Reim der Silbe:

Bestandteile von Silben

	Silbe		
Anfangsrand (Onset)	Reim		
	Silbenkern (Nukleus)	Endrand (Koda)	
b	ɑ:	n	*Bahn*
t	e:		*Tee*
ʔ	ɑ:	l	*Aal*
pf	u	ʃ	*Pfusch*
tr	ɑ:	tʃ	*Tratsch*
h	ɛ	rpst	*Herbst*
ʔ	ɑ:		A

Abbildung 5: Silbenstruktur

Da in diesem Modell der Silbe zwei Einheiten zusammengefasst werden, nämlich Nukleus und Koda, die zusammen den Reim bilden, spricht man auch vom Konstituentenmodell der Silbe. Eine Silbe enthält immer einen Nukleus, der Anfangs- und der Endrand können dagegen fehlen.

Optimale Silbe   Die einzig universale (d. h. in allen Sprachen vorkommende) Silbenstruktur, in manchen Sprachen die einzige Silbenstruktur überhaupt, ist Konsonant-Vokal (CV). Dies ist auch die Silbenstruktur, die im kindlichen Spracherwerb zu Beginn auftritt (*mama, baba* u. ä.). Man spricht daher auch von der unmarkierten oder optimalen Silbe.

Sonoritätshierarchie   Für den Aufbau einer Silbe spielt die Schallfülle (Sonorität) der beteiligten Laute eine Rolle. Die im Anfangs- bzw. Endrand der Silbe auftretenden Laute haben eine geringere Sonorität als der Nukleus, die Sonorität fällt meist zum Anfangs- bzw. Endrand hin ab. Die Laute mit der geringsten Sonorität sind die Plosive, da hier der Luftstrom bei der Artikulation am stärksten behindert wird, die größte Sonorität haben Vokale. Die Laute lassen sich nach ihrer Artikulationsart auf der folgenden Sonoritätshierarchie anordnen:

Zunehmende Behinderung des Luftstroms

→

| Vokale | /r/ /l/ | Nasale | Frikative | Plosive |

←

Zunehmende Schallfülle (Sonorität)

Abbildung 6: Sonoritätshierarchie

Silbifizierung   Intuitiv ist es meist gut möglich, ein Wort in Silben zu zerlegen. Gelegentlich ist es nach der Sonoritätsskala möglich, einen Laut der einen oder der anderen Silbe zuzuschlagen. In IPA-Umschrift können die Silbengrenzen durch Punkte gekennzeichnet werden wie in *Liebe* [liː.bə], *laufen* [laʊ.fn̩].

Ein Prinzip der Bildung von Silben (Silbifizierung) ist, dass so viele Laute wie nach der Sonoritätsskala möglich dem Onset einer Silbe zugeschlagen werden (Prinzip der Onset-Maximierung). Im folgenden Beispiel werden daher beide Konsonanten zwischen den Vokalen der zweiten Silbe zugeschlagen: *lieblich* [liː.blich].

Phonotaktik   Die Konsonantenverbindungen in einer Silbe, die durch Onset-Maximierung entstehen würden, müssen aber mit den phonotaktischen Regeln der Sprache in Einklang sein. Die Phonotaktik befasst sich mit den Regeln, nach denen Segmente kombiniert werden. Sprachen unterscheiden sich darin, welche Lautkombinationen an bestimmten Stellen einer Silbe vorkommen können. Z. B. kann in einem Onset im Deutschen die Kombination [kn] vorkommen (z. B. in *Knecht*), nicht jedoch im Englischen.

Das Deutsche verfügt offensichtlich über viel komplexere Silben als CV-Silben. Es lässt im Onset bis zu drei Konsonanten zu, wie in *Straße, Pflanze* und *Pfropf*. In der Koda können bis zu fünf Konsonanten auftreten, wie etwa in (*des*) *Herbsts*.

Silbengelenke   Nicht immer lässt sich ein Laut eindeutig einer Silbe zuordnen. Zwischen Vokalen auftretende Laute oder Lautfolgen nach einem kurzen Vokal können sowohl zum Endrand einer Silbe als auch zum Anfangsrand der nächsten Silbe gehören. Solche Konsonanten sind ambisilbisch (oder ambisyllabisch), man spricht auch vom Silbengelenk. In IPA-Umschrift können Gelenkkonsonanten dadurch gekennzeichnet werden, dass die Silbengrenze durch einen Punkt unter dem betreffenden Laut [.] (z. B. bei *Hammer* [ˈhamɐ]) angezeigt wird. In der Schreibung werden die Gelenkkonsonanten durch einen Doppelkonsonant oder <ck> angezeigt, gesprochen wird jedoch nur ein Laut.

	Silbe			Silbe	
	Onset	Reim		Onset	Reim
		Nukleus	Koda		Nukleus
bitte	[b	ɪ	t̩		ə]
Stelle	[st	ɛ	l̩		ə]
Hummer	[h	ʊ	m̩		ɐ]
Männer	[m	ɛ	n̩		ɐ]
Acker	[ʔ	a	k̩		ɐ]
Kappe	[k	a	p̩		ə]
Egge	[ʔ	ɛ	g̩		ə]
Ebbe	[ʔ	ɛ	b̩		ə]

Abbildung 7: Silbengelenke

Auch bezüglich des Auftretens einzelner Laute gibt es bestimmte Beschränkungen, z. B. bei der Verteilung der s-Laute. Im Onset tritt in der Standardaussprache wortinitial nur der stimmhafte Laut [z], nicht jedoch [s] auf, in der Silbenkoda dagegen kann nur [s] auftreten. Wir werden sehen, dass einige phonologische Prozesse in bestimmten Silbenpositionen stattfinden, wie z. B. die Auslautverhärtung (s. nächster Abschnitt).

2.5 Phonologische Prozesse

Phonologische Prozesse können Segmente hinzufügen, tilgen und umstellen und Merkmale verändern. Diese Veränderungen können synchron auftreten, z. B. beim schnelleren Sprechen, oder im Verlauf der Sprachentwicklung diachron stattfinden.

Betrachten wir die Aussprache des Wortes *Senf*, das als [zɛnf] ausgesprochen wird. Man kann jedoch vor allem auch bei schnellerem Sprechen und in der Umgangssprache [zɛmf] oder gar [zɛmpf] hören. Hier wird die zugrunde liegende phonologische Gestalt durch verschiedene phonologische Prozesse verändert. Zum einen wird der Nasal in seinem Artikulationsort an den nachfolgenden Frikativ angepasst, zusätzlich kann noch ein [p] eingefügt werden.

Phonologische Prozesse sind systematische Ausspracheveränderungen einer zugrunde liegenden phonologischen Form. Sie verändern entweder nur Merkmale einzelner Laute (Assimilation, Dissimilation, Neutralisation) oder sie können die Silbenstruktur verändern, indem Laute eingefügt, getilgt oder umgestellt werden.

2.5.1 Merkmalverändernde Prozesse

Assimilation

Ein häufig auftretender Prozess ist die Assimilation, die partielle oder vollständige Angleichung von Lauten. Durch Assimilation wird die Menge gemeinsamer Merkmale zusammen auftretender Segmente erhöht. Wir werden zwei häufige, aber sehr unterschiedliche Formen von Assimilation betrachten, die Nasalassimilation und den Umlaut. Die Nasalassimilation lässt sich bei der Aussprache der folgenden Wörter beobachten:

(1) anbinden [nb]   → [mb]
     anpumpen [np]   → [mp]
     ankaufen [nk]   → [ŋk]
     ungut [ng]   → [ŋg]
     unbezahlbar [nb]   → [mb]

regressive vs. progressive Assimilation

Die Nasale werden hier in ihrem Artikulationsort an den folgenden Laut angeglichen. Da ein vorangehender Laut von einem nachfolgenden beeinflusst wird, spricht man auch von regressiver Assimilation. Die Assimilation von Nasalen kann jedoch auch in der umgekehrten Richtung stattfinden. Da der vorangehende Laut den nachfolgenden beeinflusst, liegt eine progressive Assimilation vor:

(2) haben [bn̩]   → [bm̩]
     hupen [pn̩]   → [pm̩]
     Haken [kn̩]   → [kŋ̩]

Bei der Nasalassimilation im Deutschen werden die Nasale an einen benachbarten Konsonanten im Artikulationsort angeglichen, es entsteht eine homorgane (d.h. am gleichen Ort artikulierte) Konsonantenverbindung, die eine Ausspracheerleichterung darstellt. In den bislang betrachteten Fällen stehen die Laute, die aneinander angeglichen werden, direkt nebeneinander. Man spricht daher auch von Kontaktassimilation.

Umlaut

Auch beim Umlaut handelt es sich ursprünglich um eine Assimilation. Als „Umlaut" werden meist diejenigen Vokalbuchstaben bezeichnet, die ein Trema aufweisen <ä, ö, ü>. Hier geht es jedoch um einen phonologischen Prozess, bei dem ein Vokal durch einen eng verwandten vorderen Vokal ersetzt wird. Wir finden den Umlaut im heutigen Deutsch in Pluralformen (*Hut – Hüte*), in Vergleichsformen von Adjektiven (*groß – größer – am größten*), in Verbformen (*trage – trägst*) und bei bestimmten Ableitungen (*Reform – Reförmchen, dumm – dümmlich*).

Der Umlaut war ursprünglich ein rein phonologischer Prozess, der sich anhand von althochdeutschen Wortpaaren wie den folgenden belegen lässt:

(3) Umlaut im Althochdeutschen [a] → [ɛ]:
     gast – gesti   (Gast – Gäste)
     kalb – kelbir   (Kalb – Kälber)
     lamb – lembir   (Lamm – Lämmer)
     apful – epfili   (Apfel – Äpfel)

i-Umlaut

Der Umlaut wurde durch das [i] der folgenden Silbe ausgelöst. Da [i] ein vorderer Vokal ist und [ɛ] im Gegensatz zu [a] auch ein vorderer Vokal ist, findet eine partielle Angleichung des Artikulationsorts statt. Anders als bei der Nasalassimilation stehen die beiden Laute nicht direkt nebeneinander, es handelt sich um eine Fernassimilation.

In der weiteren Sprachentwicklung wurde [i] zu einem Schwa-Laut reduziert oder verschwand ganz, der frontierte Vokal blieb jedoch erhalten. Damit verselbständigte sich der Umlaut und wurde zu einer Markierung für Pluralformen oder die Vergleichsformen von Adjektiven. Anfangs bezog sich dieser Prozess nur auf [a]. Später wurde er auf andere Vokale ausgeweitet, wie an den folgenden Beispielen aus dem heutigen Deutsch ersichtlich ist:

(4) Hass → hässlich   [a] → [ɛ]
     froh → fröhlich   [o:] → [ø:]
     dumm → dümmlich   [ʊ] → [ʏ]
     Tod → tödlich   [o:] → [ø:]
     Gott → göttlich   [ɔ] → [œ]

Das Gegenteil der Assimilation ist die Dissimilation. Dissimilatorisch sind Prozesse, durch die die Menge gemeinsamer Merkmale zusammen auftretender Segmente verringert wird. Dissimilation ist wesentlich seltener als Assimilation. Dies mag damit zusammenhängen, dass Assimilation in der Regel eine Ausspracheerleichterung darstellt. Dissimilation kann hier an einem diachronen Beispiel illustriert werden. Bei einer Reihe von Wörtern wurde die Verbindung [xs] zu [ks]:

Dissimilation

(5) ahd. *wahsan* [xs] → nhd. *wachsen* [ks]
     mhd. *fuchs* [fʊxs] → nhd. *Fuchs* [fʊks]

Es kann vermutet werden, dass die Dissimilation hier auch eine Ausspracheerleichterung brachte, da zwei Frikative hintereinander schwerer zu artikulieren sind als der Plosiv [k] gefolgt von dem Frikativ [s]. Als eine Form von Dissimilation wird auch die Beseitigung ähnlicher Silben (Haplologie) gesehen, wie in bei mlat. *Camomilla* → nhd. *Kamille* oder *Zaubererin* → *Zauberin*.

Bei einer Neutralisierung wird ein ansonsten phonologisch relevanter Unterschied aufgehoben. Ein für das Deutsche charakteristischer phonologischer Prozess ist die sog. Auslautverhärtung, von der stimmhafte Obstruenten in der Silbenkoda betroffen sind. Sie werden nicht stimmhaft, sondern stimmlos ausgesprochen.

Auslautverhärtung

(6) lieben [b]   lieb [p]
     Tage [g]   Tag [k]
     Räder [d]   Rad [t]
     primitive [v]   primitiv [f]
     lesen [z]   lies [s]
     oranges [ʒ]   orange [ʃ]

Durch die Auslautverhärtung in der Silbenkoda wird die Opposition zwischen stimmhaften und stimmlosen Obstruenten aufgehoben, wie sie z. B. in *des Rates* und *des Rades* auftritt, wo /t/ und /d/ in Opposition stehen. In der Silbenkoda von *Rat* und *Rad*, die beide als [rɑ:t] ausgesprochen werden, ist dieser Unterschied neutralisiert.

Es stellt sich aber die Frage, warum man von Auslautverhärtung spricht und nicht von „Inlauterweichung". Welche Hinweise gibt es darauf, dass der

zugrunde liegende Form

stimmhafte Obstruent zu einem stimmlosen wird und nicht etwa umgekehrt? Warum nimmt man als zugrunde liegende Form für *rund* /rʊnd/ an und nicht /rʊnt/? Der Grund dafür ist, dass sich die Umgebungen, in denen der stimmlose Obstruent auftritt, problemlos angeben lassen, während sich für den umgekehrten Prozess keine Regel formulieren ließe.

Es ist jedoch nicht ganz unumstritten, ob durch Auslautverhärtung tatsächlich stimmlose Obstruenten entstehen. Eine Aspiration (Behauchung) des Konsonanten bei Auslautverhärtung scheint nicht so akzeptabel zu sein wie bei einem von vornherein stimmlosen Konsonanten. Zudem wird der Konsonant bei Auslautverhärtung nicht mit der gleichen Energie wie ein von vornherein stimmloser Obstruent ausgesprochen (zur Diskussion s. Wiese 2011).

2.5.2 Silbenstrukturverändernde Prozesse

Weitere phonologische Prozesse bestehen darin, dass ein Laut getilgt oder hinzugefügt wird, dass Laute umgestellt oder zusammengezogen werden. Diese Prozesse können die Silbenstruktur verändern.

Epenthese   Die Hinzufügung eines Lautes wird Epenthese genannt, am Wortanfang auch Prothese. Die Einfügung eines Plosivs dient in den folgenden Beispielen der Ausspracheerleichterung.

(7) *manch* [manç] → [mantç]
     Mensch [mɛnʃ] → [mɛntʃ]
     Senf [zɛmf] → [zɛmpf]

Tilgung   Die Tilgung eines Lautes wird Elision genannt, bei Vokalen im Inlaut auch Synkope, im Anlaut Prokope, im Auslaut Apokope. Im Deutschen wird der Schwa-Laut häufig getilgt. Schwa-Tilgung lässt sich sowohl diachron als auch synchron beobachten. Wörter wie *Dienst, Haupt* und *Magd* gehen auf die frühneuhochdeutschen Wörter *dienest, houbet, maget* zurück. Im heutigen Deutsch finden wir Schwa-Tilgung in bestimmten Wortformen und Ableitungen. Z. B. in *du segelst – ich segle, Segel – Segler*.

Schwa-Tilgung   Schwa-Tilgung ist in vielen Fällen optional, wobei die Form mit dem Schwa-Laut häufig einem gehobenen Stil angehört:

(8) Weltumseg(e)lung
     gern(e)
     in diesem Sinn(e)
     des Tuch(e)s

Bei der Aussprache von Wörtern entfällt häufig ein Schwa, vor allem in Verbindung mit Nasalen. Beim Wegfall des Schwa-Lauts wird der folgende Nasal silbisch:

(9) laufen: [laʊ̯fən]   [laʊ̯fn̩]
     singen: [zɪŋən]   [zɪŋŋ̩]
     blauem: [blaʊ̯əm]   [blaʊ̯m̩]

Metathese   Bei der Metathese (auch Inversion genannt) werden Laute umgestellt. Für diesen Prozess lassen sich nur wenige Beispiele finden, meist werden diachrone Beispiele genannt:

(10) it. *Orlando* → dt. *Roland*
fr. *aéroplane* → fr.pop. *aréoplane*
ahd. *elira* → nhd. *Erle*

Metathese findet sich in etymologisch verwandten Wörtern wie *Born* und *Brunnen*. Relativ häufig tritt Metathese synchron bei Versprechern auf. So wird beispielsweise *Odoardo* aus Emilia Galotti von Schülern und Studenten gerne *Odorado* genannt.

2.6 Suprasegmentale Merkmale: Akzent und Ton

Silben sind auch die Träger von Akzent. Innerhalb eines Wortes trägt eine Sil-be den stärksten Akzent, den sogenannten Wortakzent. Ein Akzent ist allge-mein gesprochen eine durch verschiedene intonatorische Mittel hervorgeho-bene Silbe. Einige Wörter im Deutschen unterscheiden sich lediglich durch den Wortakzent: *Káffee – Kaffée/Café, Ténor – Tenór, Aúgust – Augúst; per' fekt – 'Perfekt*. Die Regeln für den Wortakzent sind im Deutschen relativ kompliziert und werden im Zusammenhang mit der Wortbildung in Kapitel 4 behandelt.

Eine große Anzahl von (vor allem asiatischen und afrikanischen) Sprachen unterscheidet Wörter auch nach dem Tonhöhenverlauf (kurz Ton). Diese Sprachen heißen auch Tonsprachen. So hat z.B. im Chinesischen die Lautfol-ge [ma] je nach Ton eine völlig andere Bedeutung, mit einem hohen Ton be-deutet sie ,Mutter', mit einem hohen steigenden Ton ,Hanf', mit einem fal-lend-steigenden Ton ,Pferd' und mit einem fallenden Ton ,schimpfen'.

Das Deutsche ist keine Tonsprache, der Tonhöhenverlauf wirkt bei Wör-tern nicht bedeutungsunterscheidend. Tonhöhenverläufe spielen im Deut-schen eine Rolle bei der Bestimmung der Satztypen, bei denen sich grob drei Tonmuster (= schematische Darstellung des Tonhöhenverlaufs) unterschei-den lassen:

(11) a. Du bist krank [ˇ] steigend: Fragesatz (Entscheidungsfrage)
b. Du bist krank [`] fallend: Aussagesatz
c. Du bist krank [¯] progredient: Teilsatz, der einer Fortsetzung bedarf

Wortakzent

Ton

Übungen

1. Segmentieren Sie die folgenden Wörter und geben Sie an, wie viele Laute sie je-weils enthalten: (Es kann nützlich sein, diese Wörter zuerst zu transkribieren)
   Schrift, Stiel, roh, schossen, Schnee, Z, Sahne, Waage, schwach

2. Welche Merkmale haben die Konsonanten in den folgenden Reihen gemeinsam?
   a) /p/ /b/ /m/   d) /s/ /z/ /t/
   b) /k/ /ŋ/ /g/   e) /ʃ/ /ç/ /f/
   c) /m/ /n/ /ŋ/

3. Geben Sie jeweils den Konsonanten (in IPA-Umschrift) an, der die folgenden Merk-male aufweist.

a) bilabialer stimmhafter Plosiv
b) velarer Nasal
c) alveolarer stimmhafter Frikativ
d) alveolarer stimmloser Plosiv

4. Geben Sie an, ob es sich bei den folgenden Wortpaaren um Minimalpaare handelt. (Beachten Sie dabei, dass die Schreibung nicht entscheidend ist).

a) Nie – Vieh   f) Schwamm – klamm
b) Ofen – offen   g) gut – Blut
c) Lok – log   h) Ehre – Ähre
d) heute – Meute   i) fiel – viel
e) mißt – Mist   j) sagt – sackt

5. Finden Sie Minimalpaare für die folgenden Oppositionen (transkribieren Sie diese Wörter und überprüfen Sie Ihre Ergebnisse anhand des Aussprache-Dudens).
/t/ – /d/
/r/ – /z/
/s/ – /z/

6. Geben Sie die distinktiven Merkmale der in Opposition zueinander stehenden Phoneme in den folgenden Minimalpaaren an.

a) Bier – wir   f) sie – See
b) Mein – nein   g) Bier – Pier
c) Leise – reise   h) wohne – Wonne
d) Hefe – Höfe   i) Masse – Matte
e) Nackt – Nacht   j) stehlen – stählen

7. Transkribieren Sie das Wort *Straßenbahnhaltestelle* und zerlegen Sie es in Silben. Bestimmen Sie für jede Silbe den Onset, den Nukleus und die Koda.

8. Geben Sie eine Transkription des Worts *toben* für eine deutliche Aussprache an. Welche Veränderungen treten bei etwas undeutlicherer Aussprache auf?

9. Welche phonologischen Prozesse lassen sich in den folgenden Beispielen beobachten?

a) *ebenem* [eːbənəm] → [eːbn̩m] (Das diakritische Zeichen unter den Nasalen zeigt an, dass diese Nasale silbisch geworden sind.)
b) Bairisch: *Seppi* → *Beppi*
c) *rot – rötlich*

Tipps zum Weiterlesen

Eine gut lesbare und fundierte Überblicksdarstellung der deutschen Phonetik und Phonologie bietet Wiese (2011). Alle in Zusammenhang mit der Transkription stehenden Fragen werden ausführlich von Rues et al. (²2009) behandelt. Mithilfe des frei zugänglichen Programms PRAAT lassen sich Schallsignale darstellen und phonetisch analysieren, eine kurze Anleitung dazu findet sich bei Pompino-Marschall (2009:133 ff.).

Literaturhinweise

Altmann, Hans/Ziegenhain, Ute (2010): *Prüfungswissen Phonetik, Phonologie und Graphemik fürs Examen. Studien- und Arbeitsbuch.* 3., durchgesehene Auflage. Göttingen: Vandenhoeck & Ruprecht (Linguistik fürs Examen, 3).

Becker, Thomas (2013): *Einführung in Phonetik und Phonologie des Deutschen*. Darmstadt: Wissenschaftliche Buchgesellschaft.

Bieswanger, Markus/Becker, Annette (2010): *Introduction to English Linguistics*. 3. Aufl. Tübingen/Basel: Francke (UTB).

DUDEN. *Das Aussprachewörterbuch*. (2005) Hg. von der Dudenredaktion. 6. Aufl. Mannheim: Dudenverlag.

Grassegger, Hans (2004): *Phonetik, Phonologie*. 2. Auflage. Idstein: Schulz-Kirchner.

Hall, Tracy Alan (2000): *Phonologie. Eine Einführung*. Berlin: de Gruyter.

Kohler, Klaus J. (1995): *Einführung in die Phonetik des Deutschen*. 2. Auflage. Berlin: Erich Schmidt (Grundlagen der Germanistik 20).

Maas, Utz (2006): *Phonologie. Einführung in die funktionale Phonetik des Deutschen*. 2. Auflage. Göttingen: Vandenhoeck & Ruprecht. (Studienbücher zur Linguistik 2).

Meinhold, Gottfried/Stock, Eberhard (1982): *Phonologie der deutschen Gegenwartssprache*. 2. Auflage. Leipzig: Bibliographisches Institut.

Noack, Christina (2010): *Phonologie*. Heidelberg: Winter. (Kurze Einführungen in die germanistische Linguistik 10).

Pompino-Marschall, Bernd (2009): *Einführung in die Phonetik*. 3. Auflage. Berlin: de Gruyter. (de Gruyter Studienbuch).

Ramers, Karl-Heinz (2007): Phonologie. In: Meibauer, Jörg et al.: *Einführung in die germanistische Linguistik*. 2., akt. Auflage. Stuttgart/Weimar: Metzler, S. 70–118.

Ramers, Karl-Heinz (2008): Einführung in die Phonologie. 2. Auflage. München: Fink (UTB).

Rues, Beate et al. (2009): *Phonetische Transkription des Deutschen. Ein Arbeitsbuch*. 2., überarbeitete und ergänzte Auflage. Tübingen: Narr. [mit CD-ROM].

Siebs, Theodor (1969): *Deutsche Aussprache. Reine und gemäßigte Hochlautung mit Aussprachewörterbuch*. Hg. v. Helmut de Boor, Hugo Moser und Christian Winkler. 19. Auflage. Berlin: de Gruyter. Nachdruck 2000, Wiesbaden: VMA-Verlag.

Staffeldt, Sven (2010): *Einführung in die Phonetik, Phonologie und Graphematik des Deutschen. Ein Leitfaden für den akademischen Unterricht*. Tübingen: Stauffenburg. (Stauffenburg Einführungen 21).

Ternes, Elmar (i.E.): *Einführung in die Phonologie*. 3. Auflage. Darmstadt: Wissenschaftliche Buchgesellschaft.

Trubetzkoy, Fürst Nikolaj S. (1939): *Grundzüge der Phonologie*. Prag (TCLP 7). Wieder erschienen 1958 (6. Aufl. 1977) Göttingen: Vandenhoeck und Ruprecht.

Wiese, Richard (1996): *The phonology of German*. Oxford: University Press.

Wiese, Richard (2011): *Phonetik und Phonologie*. Paderborn: Fink (UTB).

Wurzel, Wolfgang Ullrich (1981): Phonologie: Segmentale Struktur. In: Heidolph, Karl Erich et al. (Hg.): *Grundzüge der deutschen Grammatik*. Berlin: Akademie-Verlag, S. 898–990.

www.praat.org

3. Graphematik

3.1 Graphematik und Phonologie

Graphematik und Orthografie

Die Graphematik ist das Pendant zur Phonologie für die geschriebene Sprache. Graphematik wird dabei häufig von der Orthografie abgegrenzt. Der Begriff „Graphematik" hebt hervor, dass es sich bei den untersuchten Regularitäten um einen Teil des Sprachsystems handelt. Die Orthografie behandelt dagegen Regeln für „richtiges Schreiben" (griech. *ortho-graphia* ‚Rechtschreibung'), welche einer teilweise willkürlichen Normierung unterliegen.

Bezüglich der Graphematik stellen sich zunächst zwei Fragen: Ist Schrift ein sekundäres Zeichensystem, das der Notation von Lauten dient, wie de Saussure meint, oder ist sie ein der Phonologie gleichwertiges System und von dieser prinzipiell unabhängig? Die erste Auffassung wird auch Dependenzhypothese (lat. *dependere* ‚abhängen'), die letztere Autonomiehypothese genannt.

Dependenz-hypothese

Für die Dependenzhypothese können eine Reihe von Gründen angeführt werden. Es ist unstrittig, dass die gesprochene Sprache der geschriebenen Sprache sowohl in der Sprachentwicklung des Individuums als auch einer Sprachgemeinschaft vorangeht. Das Wissen über Schrift setzt Kenntnisse der Sprache voraus. Man kann ein kompetenter Sprecher einer Sprache sein, ohne sie schreiben zu können und in der Tat existieren viele Sprachen nur mündlich. Umgekehrt kann man jedoch kein kompetenter Schreiber einer Sprache sein, ohne das Wissen über die anderen Komponenten der Sprache zu haben. Schrift kann aus dieser Perspektive als ein sekundäres System gesehen werden.

Autonomie-hypothese

Andererseits lässt sich zeigen, dass Schrift nicht nur der Visualisierung von Lauten dient, sondern durchaus eigene Gesetzmäßigkeiten entwickelt. Ein Beispiel ist die Großschreibung von Substantiven, die keine Entsprechung in der gesprochenen Sprache hat. Zudem kann sich die Schreibung auf die Aussprache auswirken. Dies ist zum Beispiel der Fall bei bestimmten Akronymen wie *EDV* oder *ARD*, die nach den Bezeichnungen für die einzelnen Buchstaben ausgesprochen werden (e-de-vau und a-er-de).

Interdependenz

Wie sich zeigen wird, ist die Autonomiehypothese in ihrer reinen Form kaum aufrechtzuerhalten. Glück schlägt eine „Interdependenzhypothese" vor, bei der „gegenseitige Abhängigkeit bzw. nur relative Autonomie beider Sprachformen voreinander" sowie eine „synchrone Dominanz der gesprochenen über die geschriebene Sprachform" angenommen wird (Glück 2010:299).

Logogramm

Schriftsysteme können sich in sehr unterschiedlichen Graden auf die gesprochene Sprache beziehen. Bei logographischen Systemen werden Konzepte durch Bilder repräsentiert, es gibt keine Beziehung zur Lautebene. Ein Beispiel dafür sind die frühen ägyptischen Hieroglyphen. Auch heute ergänzen Logogramme unser Schriftsystem. Beispiele dafür sind +, −, €, $\sqrt{}$, @. Diese Logogramme stehen jeweils für ein Wort, ohne jedoch irgendeine Beziehung zu einer bestimmten Aussprache herzustellen. Handelt es sich um international verwendete Logogramme, so können sie in verschiedenen Sprachen unterschiedlich ausgesprochen werden.

Phonographische Systeme beziehen sich in unterschiedlichen Graden auf die Lautung. Im Fall von Silbenschriften existieren Zeichen für ganze Silben, bei Alphabetschriften beziehen sich Zeichen auf einzelne Laute. Dabei kann die Beziehung zwischen Laut und Buchstabe sehr eindeutig oder weniger eindeutig sein.

Je nachdem, wie eng diese Beziehung zwischen Laut und Buchstabe ist, können flache oder tiefe Systeme unterschieden werden. Bei flachen Systemen gibt es eine sehr enge Beziehung zwischen Laut und Buchstabe. Ein Beispiel hierfür ist das Türkische, dessen Schreibung Anfang des letzten Jahrhunderts von der arabischen auf die lateinische Schrift umgestellt wurde und sich eng an der Lautung des heutigen Türkischen orientiert. Ein Beispiel für ein relativ tiefes System ist das Englische, das aufgrund einer frühen orthographischen Normierung und späteren Lautwandelprozessen vor allem im Vokalbereich sehr vielfältige Beziehungen zwischen bestimmten Lauten und Buchstaben aufweist.

Phonographische Systeme

flache und tiefe Systeme

3.2 Graphem und Phonem

Wie bei der Phonologie stellt sich die Frage, was die kleinsten Einheiten der Beschreibung geschriebener Sprache sind und wie sie klassifiziert werden können. Zunächst einmal gibt es die Einheit „Buchstabe", die auch Graph genannt wird. Daneben gibt es die Einheit „Graphem", die durch spitze Klammern markiert und auf unterschiedliche Weise definiert wird.

Einen weiten Graphembegriff vertritt Nerius (2007), der das Graphem als materielle Einheit der schriftlichen Sprache auffasst und neben den Buchstaben auch Ziffern und Interpunktionszeichen dazu rechnet. Ein Bezug zur Lautebene ergibt sich erst beim „Phonographem". Ein Phonographem besteht aus einem Buchstaben oder einer Buchstabenverbindung und einem damit wiedergegebenen Phonem. So bezeichnet <a/a/> den Buchstaben <a>, der das Phonem /a/ wiedergibt, <ah/a:/> die Buchstabenkombination <ah>, die das Phonem /a:/ wiedergibt usw. Die Zuordnung von Vokalphonemen zu Buchstaben sieht nach Nerius (2007:122ff.) wie folgt aus:

Buchstabe und Graphem

Phonographem

Phonem bzw. Phonemverbindung	Buchstabe bzw. Buchstabenverbindung	Beispiel
/a/	<a>	<alt>
/a:/	<a> <aa> <ah>	<Wal> <Saal> <kahl>
/e:/	<ee> <eh> <e>	<Beet> <Wehr> <wer>
/ə/	<e>	<bitte>

Phonem bzw. Phonemverbindung	Buchstabe bzw. Buchstabenverbindung	Beispiel
/ɛ/	<e> <ä>	<Bett> <lässt>
/ɛ:/	<ä> <äh>	<sät> <fährt>
/ɪ/	<i> <ie>	<ist> <Viertel>
/i:/	<i> <ie> <ieh> <ih>	<wir> <vier> <sieh> <ihr>
/ɔ/	<o>	<Post>
/o:/	<o> <oo> <oh>	<vor> <Moor> <Ohr>
/ʊ/	<u>	<um>
/u:/	<u> <uh>	<nur> <Uhr>
/œ/	<ö>	<Hölle>
/ø/	<ö> <öh>	<hört> <Möhre>
/ʏ/	<ü>	<küsst>
/y:/	<ü> <üh>	<für> <führt>
/aɪ/	<ai> <ei>	<Saite> <Weise>
/aʊ/	<au>	<aus>
/ɔɪ/	<eu> <äu>	<Heu> <täuschen>
/ʊɪ/	<ui>	<pfui>

Tabelle 1: Zuordnung von Vokalphonemen zu Buchstaben (adaptiert nach Nerius 2007:122 f.)

Das Graphem wird in dieser Konzeption nicht als von Phonemen unabhängige Einheit gesehen, sondern mit Bezug auf Phoneme definiert. Im nächsten Abschnitt werden wir sehen, wie Grapheme nach der Autonomiehypothese definiert werden.

3.3 Die Ermittlung der Grapheme durch eine Minimalpaaranalyse

Im Rahmen einer Autonomiehypothese, die der Schrift eine von der Lautseite der Sprache unabhängige Existenz zuschreibt, ist versucht worden, die Grapheme einer Sprache mit den gleichen Mitteln zu identifizieren wie die Phoneme in der gesprochenen Sprache, d.h. mithilfe von Minimalpaaren die kleinsten bedeutungsunterscheidenden Einheiten zu identifizieren und auf diese Weise das Grapheminventar einer Sprache zu erstellen.

autonome Konzeption

Das Graphem ist nach dieser Konzeption die kleinste bedeutungsunterscheidende Einheit der schriftlichen Sprache. Mithilfe des Minimalpaartests ermittelt Günther (1988:82) folgende Grapheme im Deutschen:

\<a\>	tasten – testen	\<p\>	pest – nest
\<b\>	bein – dein	\<q\>	quell – duell
\<c\>	sank – sack	\<r\>	pest – nest
\<d\>	dort – wort	\<s\>	sohn – hohn
\<e\>	echt – acht	\<t\>	tier – bier
\<f\>	fett – nett	\<u\>	um – am
\<g\>	gast – hast	\<v\>	voll – toll
\<h\>	heiß – weiß	\<w\>	wahr – jahr
\<i\>	ist – ost	\<x\>	axt – amt
\<j\>	jagt – sagt	\<y\>	yoga – toga
\<k\>	kann – wann	\<z\>	zorn – dorn
\<l\>	leer – heer	\<ä\>	äst – ist
\<m\>	mehr – wehr	\<ö\>	ölt – alt
\<n\>	nein – wein	\<ü\>	übt – abt
\<o\>	ohr – ihr	\<ß\>	reißen – reisen

Tabelle 2: Liste der deutschen Grapheme mit Minimalpaaren

Jeder Buchstabe des Alphabets sowie die Umlaute \<ä\>, \<ö\>, \<ü\> und \<ß\> repräsentieren demnach ein Graphem.

Obwohl \<q\> mithilfe des Minimalpaars \<quell\> \<duell\> als Graphem identifiziert werden kann, geht Günther davon aus, dass nicht \<q\> alleine, sondern nur in der Buchstabenverbindung \<qu\> als Graphem zu werten ist, da \<q\> nur in dieser Kombination auftritt. Weitere Buchstabenkombinationen (auch Mehrgraphen genannt), die Grapheme repräsentieren, sind der Digraph \<ch\> und der Trigraph \<sch\>. Mit diesen Buchstabenkombinationen korrespondiert ein Laut, der sich nicht aus dem Lautwert der einzelnen Buchstaben ableiten lässt. Hier wird bereits deutlich, dass auch in einer autonomen Konzeption der Schrift ein Bezug auf die Lautebene nicht unterbleiben kann.

Mehrgraphen

Allographen   Wenn man Groß- und Kleinbuchstaben als Allographen des gleichen Graphems wertet, ergibt sich folgende Liste der Grapheme im Deutschen.

> **Die Grapheme des Deutschen**
>
> <a> <b> <c> <d> <e> <f> <g> <h> <i> <j> <k> <l> <m> <n> <o> <p>
> <r> <s> <t> <u> <v> <w> <x> <y> <z> <ä> <ö> <ü> <ß> <qu> <ch>
> <sch>

Eisenberg (2010) klammert <c>, <y>, <v> und <x> aus dem Kernbestand der Grapheme aus, da <c> und <y> nur in Fremdwörtern auftreten, <v> betrachtet er als markierte Variante zu <f> und <x> schließt er aufgrund seines seltenen Auftretens dem Kernbestand der Grapheme aus (z. B. in *Hexe, mixen*).

Auch in einer autonomen Konzeption werden Korrespondenzen zwischen Graphemen und Phonemen hergestellt, vgl. die folgenden Phonem-Graphem-Zuordnungen bei Eisenberg (2006:307 ff.). Eisenberg betont, dass diese Zuordnungen erst hergestellt werden, nachdem die Phoneme und die Grapheme jeweils unabhängig mithilfe einschlägiger Minimalpaartests identifiziert wurden.

/p/ → <p>	/f/ → <f>	/h/ → <h>
/t/ → <t>	/s/ → <ß>	/m/ → <m>
/k/ → <k>	/z/ → <s>	/n/ → <n>
/b/ → <b>	/ʃ/ → <sch>	/ŋ/ → <ng>
/d/ → <d>	/ç/ → <ch>	/l/ → <l>
/g/ → <g>	/v/ → <w>	/ʀ/ → <r>
/kv/ → <qu>	/j/ → <j>	/ts/ → <z>

Tabelle 3: Phonem-Graphem-Korrespondenzen bei Konsonanten
(nach Eisenberg 2006)

Mit einer Zuordnung von Phonemen zu Graphemen nimmt man quasi die Perspektive des Schreibenden ein. Neef dagegen hält nicht die Zuordnung von Phonemen zu Graphemen für primär, sondern sieht die Aufgabe der Schrift prinzipiell darin, eine bestimmte Lautung „rekodierbar" zu machen und nimmt damit die Perspektive des Lesers ein. Er erstellt Korrespondenzen zwischen Buchstaben und Buchstabenkombinationen und den Lauten, die dadurch wiedergegeben werden (s. Neef 2005).

3.4 Probleme der Vokalschreibung

Im Bereich der Vokale stehen 13 Phoneme 9 Graphemen gegenüber. Schon daran wird deutlich, dass es keine 1:1-Entsprechung von vokalischen Phonemen und Graphemen geben kann. Lang- und Kurzvokale müssen in der Regel mit dem gleichen Graphem wiedergegeben werden. Langvokale können durch Dehnungszeichen, Kurzvokale durch nachfolgende Doppelkonsonanten in der Schreibung angezeigt werden, was auch als „Schärfung" bezeichnet wird. Das letztere Phänomen spielt auch in der Schreibdidaktik eine große Rolle.

3.4.1 Schärfung

Die Kennzeichnung von Kurzvokalen durch Doppelkonsonanz in der Schreibung wird unter den Bezeichnungen „Schärfungsschreibung" und „Schreibgeminaten" behandelt. Fast alle Konsonanten können in der Schreibung verdoppelt werden.

Doppelkonsonanz

> <m> Flammen, <n> Pfanne, <s> hassen, <t> Schotte, <p> Pappel,
> <f> Waffel, <b> Ebbe, <g> Egge, <r> knurren, <d> verheddern, <l> Wolle

Ausnahmen stellen die Mehrgraphen <ch> und <sch> dar, die nicht verdoppelt und bei Silbentrennung auf die nächste Zeile gesetzt werden. Auf diese Weise können Konsonantenhäufungen vermieden werden. Anstelle von <zz> wird <tz> geschrieben. Eine weitere Ausnahme stellt <k> dar, da statt <kk> <ck> geschrieben wird. Vor der Rechtschreibreform wurde bei der Silbentrennung durch die Schreibung <k-k> sichtbar, dass <ck> für die Verdopplung von <k> steht. Nach der neuen Regelung bleibt <ck> auch bei Silbentrennung erhalten und wird auf die nächste Zeile gesetzt.

Ausnahmen

Für die Schärfungsschreibung gibt es zwei Erklärungsansätze:

1) Die Doppelkonsonanzschreibung signalisiert die Kürze bzw. Ungespanntheit des vorangehenden Vokals.
2) Die Doppelkonsonanzschreibung kennzeichnet den Konsonanten als ambisilbisch.

Der erste Ansatz wird „quantitätsbasiert" oder „segmentbasiert" genannt, der zweite Ansatz „silbenbasiert".

Der quantitätsbasierte Ansatz wird u.a. von Neef (2005) vertreten und findet sich auch in der Amtlichen Regelung der Rechtschreibung. Neef (2005:129) kommt zu dem Schluss, dass die Doppelkonsonanz „letztlich der Determinierung von Vokalqualitäten dient", die ansonsten durch die Schreibung nicht eindeutig markiert sind. Er formuliert die Regel, dass ein „Vokalbuchstabe nicht mit einem peripheren Vokal oder mit Schwa korrespondieren [kann], wenn ihm unmittelbar eine Schärfungsschreibung folgt" (Neef 2005:147). Dabei rechnet er zu den Schärfungsschreibungen neben Konsonantenverdopplung auch <ck>, sowie <x> und <tz>, da sie für zwei Konsonanten in der gesprochenen Sprache stehen.

quantitätsbasierter Ansatz

Nach dem Amtlichen Regelwerk (§ 2) markiert die Doppelkonsonanzschreibung das Auftreten eines betonten kurzen Vokals. Wenn auf einen betonten Vokal nur ein Konsonantengraphem folgt, wird der vorangehende Vokal lang gesprochen, folgen mehrere Konsonanten, wird er kurz gesprochen (d.h. geschärft). Zu dieser Regel vermerkt das Regelwerk (§§ 4 und 5) eine Reihe von Ausnahmen. Dazu gehören u.a. einsilbige Wörter aus dem Englischen (z.B. *Job, Chip, Gag*), Wörter mit grammatischer Funktion (z.B. *ab, mit, das*) und Fremdwörter, die auf -*ik* und -*it* enden, die mit langem oder kurzen Vokal gesprochen werden können (z.B. *Kritik, Kredit*). Weitere Ausnahmen bestehen darin, dass Konsonantenbuchstaben verdoppelt werden, obwohl der vorangehende kurze Vokal nicht betont ist und zwar in Wörtern auf -*in* und -*nis* (z. B. *Freundinnen, Ereignisse*), in Fremdwörtern wie *Kassette* und *passieren* und in Fremdwörtern, die auf -*as, -is, -os* oder -*us* enden (z. B. *Ananasse, Kürbisse, Albatrosse* und *Globusse*).

silbenbasierter Ansatz

Wenden wir uns nun dem silbenbasierten Ansatz zu. Diesem Erklärungsansatz zufolge markiert die Konsonantenverdopplung nicht die Länge des Vokals, sondern die Position des Konsonanten in der Silbenstruktur. In Zusammenhang mit den Gelenkkonsonanten wurde schon erwähnt, dass ambisilbische Konsonanten in der Schreibung durch Verdopplung des Konsonantenbuchstabens angezeigt werden können (s. 2.4). In dem Wort *Pappe* beispielsweise gehört der Konsonant zwischen den Vokalen zur zweiten Silbe aufgrund der Regel für Onsetmaximierung. Zur ersten Silbe gehört er aufgrund einer anderen Beschränkung für Silben: Eine betonte Silbe kann nicht auf einen kurzen, zentralisierten Vokal enden, d. h. diese Silben können nicht offen sein, sondern müssen auf mindestens einen Konsonanten enden (Eisenberg 2006:32 f.). Nach Eisenberg markiert Ambisilbizität immer, dass das vorangehende Segment ein silbischer zentralisierter Vokal ist.

Ausnahmen

Nach dem silbenbasierten Ansatz lassen sich einige der Ausnahmen im Amtlichen Regelwerk besser erfassen, da in einsilbigen grammatischen Wörtern (z. B. *an, in, bis*) eben kein Silbengelenk vorliegt, ebenso in Wörtern aus dem Englischen wie *Chip, Gag, Grog*. Ausnahmen sind Wörter wie *Bus, fit, Jet, Job, Mob, Pop, Tip, Slip*, da zu diesen Wörtern Formen existieren, in denen der Konsonant ein Silbengelenk darstellt (*Busse, fitter, jetten, jobben* etc.). Allerdings lässt sich auch hier argumentieren, dass in diesen Wörtern in der Grundform eben kein Silbengelenk vorliegt. Anders verhält es sich mit Wörtern wie *denn, wann, dann, wann, statt, anstatt* und *bisschen*, die kein Silbengelenk aufweisen und damit nach dem silbenbasierten Ansatz als Ausnahmen gelten müssen (Eisenberg 1997:333).

3.4.2 Dehnung

Während die Konsonantenverdopplung ziemlich regulär ist, ist die Anzeige der Vokallänge, meist als Dehnung bezeichnet, im Deutschen uneinheitlich geregelt. Als Dehnungszeichen treten vor allem die Buchstaben <h> und <e> sowie die Verdopplung von Vokalbuchstaben auf.

Dehnungszeichen	Beispiele
<h>	*Reh, Mohn, Draht, ihr*
<e>	*hier, sieben, Liebe*
<eh>	*stiehlt, Vieh*
Vokalverdopplung	
<aa>	*Aal, Haar, Maat, Paar, Staat, Waage*
<oo>	*Boot, doof, Moor, Moos, Zoo*
<ee>	*Allee, Armee, Gelee, Beere, Beet, Fee, Heer, Meer, Schnee, Seele*

Tabelle 4: Dehnungszeichen

Dehnung tritt meist in betonten Silben auf, in unbetonten Silben findet sie sich eher selten. Im Wesentlichen handelt es sich dabei um Ableitungen mit einem betonten Suffix (*Gähnerei, Vielstaaterei, Liebelei*).

Die Kennzeichnung von Dehnung ist weit weniger regulär und vorhersagbar als die Schärfungsschreibung. Trotzdem lassen sich einige Tendenzen feststellen. Mit /iː/ korrespondiert in der Schreibung sehr häufig <ie>, das einige Autoren daher als eigenes Graphem behandeln (cf. Eisenberg 2010). Dehnungs-*h* kann auftreten, „wenn in der zugehörigen morphologischen Wortform ein einzelner Sonorant [r, l, n, m] zwischen einem betonten gespannten und einem unbetonten Vokal steht" (Eisenberg 2010:436), wie in *mahnen* oder *Kohle.* Es muss jedoch nicht stehen, wie die Beispiele *Pole* und *Blume* zeigen. Vom Dehnungs-*h* unterscheidet Eisenberg das „silbeninitiale *h*", das immer auftritt, „wenn in der phonologischen Explizitform ein gespannter betonter und ein unbetonter Vokal als Silbenkerne unmittelbar aufeinander folgen wie in [dʀoː.ən] <drohen>, [fryː.əʀ] <früher>, [nɑː.əm] <nahem>" (Eisenberg 2010:436). Auch dieses silbeninitiale <h> steht nach einem langen Vokal und kann unter diesem Aspekt als Dehnungszeichen gelten.

Zusammenfassend lässt sich festhalten, dass Dehnung und Schärfung in gewissem Sinn komplementär sind. Beide dienen dazu, die Qualität des vorangehenden Vokals festzulegen. Ein Vokal vor einer Schärfungsschreibung ist ein kurzer bzw. zentralisierter Vokal, während ein Vokal vor einem Dehnungszeichen ein langer bzw. peripherer Vokal ist. Damit werden die Vokalbuchstaben, die prinzipiell jeweils für lange und kurze Vokale stehen können, eindeutiger auf jeweils eine bestimmte Lautentsprechung festgelegt.

3.5 Prinzipien der Schreibung

Gegenüber dem Begriff „Prinzip" der Schreibung ist eine gewisse Skepsis angebracht, da die Gefahr besteht, relativ willkürliche Regelungen nachträglich mit einer theoretischen Erklärung zu versehen. Dennoch sind einige grundlegende Tendenzen zu beobachten, die häufig als „Prinzipien der Schreibung" bezeichnet werden.

Das phonologische Prinzip haben wir bereits kennengelernt. Es besagt, dass Phonemen Grapheme zugeordnet werden und wird daher auch phonographisches Prinzip genannt. Auf diesem Grundprinzip basieren Alphabetschriften. Im Idealfall handelt es sich dabei um eine Eins-zu-eins-Entsprechung von Phonem und Graphem, die jedoch kaum in einer Sprache erreicht wird. Ein Grund dafür ist, dass diesem Prinzip andere Prinzipien entgegenstehen können. Ein weiterer Grund liegt darin, dass die Schrift meist konservativ ist und häufig einen früheren Lautstand einer Sprache wiedergibt, wie beispielsweise im Englischen.

Das morphologische Prinzip sieht vor, dass Wortstämme in ihrer Schreibung konstant sein sollen. Daher wird dieses Prinzip auch Stammschreibung oder Stammprinzip genannt. Durch das morphologische Prinzip wird die Erkennbarkeit eines Stammes für Leser und Schreiber erleichtert. Dürscheid (2006:141) spricht von „Schemakonstanz". Das Stammprinzip wird berücksichtigt, wenn die Auslautverhärtung in der Schreibung nicht wiedergegeben

Regeln

phonologisches Prinzip

morphologisches Prinzip

wird. Wir schreiben <tag> und <tages>, obwohl in einem Fall ein stimmloser, im anderen Fall ein stimmhafter Plosiv vorliegt. Im Mittelhochdeutschen wurde dagegen die Auslautverhärtung bei der Schreibung berücksichtigt: <tac> vs. <tages>. In Bezug auf die Auslautverhärtung hatte das phonologische Prinzip im Mittelhochdeutschen also Vorrang vor dem morphologischen Prinzip, während es im heutigen Deutsch umgekehrt ist.

In seltenen Fällen wird dieses Prinzip auch dahingehend angewandt, dass unterschiedliche Wörter, obwohl sie gleich lauten, in der Schreibung unterschieden werden. Solche Homophone sind z. B. *Weise – Waise, Laib – Leib, Lied – Lid* und auch *das – dass*.

etymologisches Prinzip

Dem etymologischen Prinzip wird Rechnung getragen, wenn Wörter ihrer Herkunft entsprechend geschrieben werden. Dies ist häufig der Fall bei Fremdwörtern, deren Schreibung sich an der Schreibung in ihrer Herkunftssprache orientieren kann. Durch die Schreibung von Fremdwörtern entsprechend ihrer Herkunftssprache werden die Graphem-Phonem-Korrespondenzen im Deutschen erweitert, z. B. steht <ph> für /f/ in Entlehnungen aus dem Griechischen, wie etwa in *Philosophie*. Es besteht jedoch eine Tendenz, dass Fremdwörter in ihrer Schreibung und Lautung angepasst werden, je länger sie schon im Deutschen auftreten. Ein Beispiel für ein Wort, das in Schreibung und Lautung an das Deutsche völlig angepasst wurde, ist *Keks*, das auf englisch *cakes* zurückgeht. Auch die Schreibung mit Umlaut, die die Herkunft eines Wortes verdeutlicht, wie etwa *behände* (zu *Hände*), trägt dem etymologischen Prinzip Rechnung.

grammatisches Prinzip

Das grammatische Prinzip nimmt Bezug auf die Wortarten und Funktionen von Wörtern im Satz. Die Großschreibung kennzeichnet Substantive und das erste Wort in einem Satz. Auch die Zusammen- und Getrenntschreibung dient dazu, die Einheiten zu markieren, die als Wörter fungieren. Zusammenschreibung signalisiert, dass etwas als ein Wort aufzufassen ist, während die Getrenntschreibung im allgemeinen separate Wörter markiert.

silbisches Prinzip

In letzter Zeit wird von einigen Autoren ein silbisches Prinzip der Schreibung postuliert, das bei Schreibungen zum Tragen kommt, die auf die Position von Lauten in der Silbe Bezug nehmen. Ein Beispiel dafür ist die Schärfungsschreibung, bei der durch Doppelkonsonanz in der Schreibung ein Silbengelenk und ein vorangehender kurzer Vokal angezeigt wird.

Weitere Prinzipien, die vorgeschlagen wurden, sind ein Ökonomieprinzip, das bestimmte Buchstaben eliminiert, die für die Aussprache nicht notwendig sind (z. B. *du reiß-st > du reißt*). Ein ästhetisches Prinzip wird dafür verantwortlich gemacht, dass z. B. bestimmte Buchstabenhäufungen vermieden werden sollen, wie in *Schifffahrt*, das vor der Rechtschreibreform nur als *Schiffahrt* geschrieben werden konnte. Die Rechtschreibreform gab in diesen Fällen dem morphologischen Prinzip den Vorrang, das die Konstanz der einzelnen Stämme bewahrt.

✍ Übungen

1. Geben Sie an, welche Laute die Buchstabenfolge <ch> in den folgenden Wörtern repräsentiert: *Reich, Dach, Chor, Milch, Chef, Christ, Fuchs, Couch, Kuchen, Chemie, Chiffre, Chinchilla, Chamäleon*

2. Was ist der Grund, dass Neef auch <x> zu den Schärfungsschreibungen rechnet? Inwiefern entspricht <x> einer Konsonantenverdopplung? Betrachten Sie dazu die folgenden Wörter: *Haxe, mixen, Fax, hexen*

3. Geben Sie an, in welchen der folgenden Wörter <e> als Dehnungszeichen auftritt! *Ferien, See, Eier, (das) Knie, (die) Knie, Karriere, lieben, sehen, Papier, beeilen*

4. Unterstreichen Sie in den folgenden Wörtern diejenigen Buchstaben, die als Dehnungszeichen auftreten! *Boot, Aas, Zoologie, Vieh, (er) stiehlt*

5. Welche Prinzipien der Schreibung können das Motiv für folgende Änderungen durch die letzte Rechtschreibreform gewesen sein?

Alt	Neu
Kuß	*Kuss*
Schiffahrt	*Schifffahrt*
plazieren	*platzieren*
numerieren	*nummerieren*

6. Warum ist das „scharfe s" <ß> kein Fall von Schärfungsschreibung?

7. Während der letzten Rechtschreibreform wurde auch erwogen, statt *Paket* nun *Packet* zu schreiben. Erläutern Sie, wieso diese Schreibung nicht systemkonform gewesen wäre.

Tipps zum Weiterlesen

Eine gut lesbare, umfassende Darstellung zu allen in Zusammenhang mit Schrift stehenden Fragen bietet Dürscheid (2006).

Literaturhinweise

Altmann, Hans/Ziegenhain, Ute (2010): *Prüfungswissen Phonetik, Phonologie und Graphemik fürs Examen. Studien- und Arbeitsbuch*. 3., durchgesehene Auflage. Göttingen: Vandenhoeck & Ruprecht (Linguistik fürs Examen, 3).

Amtliche Regelung der Rechtschreibung. In: DUDEN (2009): *Die deutsche Rechtschreibung. Das umfassende Standardwerk auf der Grundlage der neuen amtlichen Regeln*. Band 1. 25., völlig neu bearb. und erw. Auflage. Mannheim: Bibliographisches Institut, 25–98.

Bußmann, Hadumod (2008): *Lexikon der Sprachwissenschaft*. 4., durchgesehene und bibliographisch ergänzte Auflage. Stuttgart: Kröner.

Bredel, Ursula (2011): *Interpunktion*. Heidelberg: Winter.

Coulmas, Florian (1981): *Über Schrift*. Frankfurt a.M.: Suhrkamp.

Dehaene, Stanislas (2012): *Lesen. Die größte Erfindung der Menschheit und was dabei in unseren Köpfen passiert*. München: btb.

Duden (2013): *Die deutsche Rechtschreibung. Das umfassende Standardwerk auf der Grundlage der neuen amtlichen Regeln*. Band 1. 26., völlig neu bearb. und erw. Auflage. Mannheim: Bibliographisches Institut.

Dürscheid, Christa (2006): *Einführung in die Schriftlinguistik*. 3., überarbeitete und ergänzte Auflage. Göttingen: Vandenhoeck & Ruprecht.

Eisenberg, Peter (1997): Die besondere Kennzeichnung der kurzen Vokale – Vergleich und Bewertung der Neuregelung. In: Augst, Gerhard et al. (Hg.): *Zur Neuregelung der deutschen Orthographie. Begründung und Kritik*. Tübingen: Niemeyer, 323–335.

Eisenberg, Peter (2006): *Grundriss der deutschen Grammatik. Das Wort.* 3. durchgesehene Aufl. Stuttgart/Weimar: Metzler.

Eisenberg, Peter (2010): Das deutsche Schriftsystem. In: Hoffmann, Ludger (Hg.), *Sprachwissenschaft. Ein Reader.* 3., akt. und erw. Auflage. Berlin: de Gruyter, 431–439.

Fuhrhop, Nanna/Peters, Jörg (2013): *Einführung in die Phonologie und Graphematik.* Stuttgart/Weimar: Metzler.

Fuhrhop, Nanna (2009): *Orthografie.* 3., aktualisierte Auflage. Heidelberg: Winter.

Glück, Helmut (Hg.) (2010): *Metzler Lexikon Sprache.* 4. Auflage. Stuttgart/Weimar: Metzler.

Günther, Hartmut (1988): *Schriftliche Sprache. Strukturen geschriebener Wörter und ihre Verarbeitung beim Lesen.* Tübingen: Niemeyer.

Kohrt, Manfred (1987): *Theoretische Aspekte der deutschen Orthographie.* Tübingen: Niemeyer.

Neef, Martin (2005): *Die Graphematik des Deutschen.* Tübingen: Niemeyer.

Nerius, Dieter (Hg.) (2007): *Deutsche Orthographie.* 4., neu bearbeitete Auflage. Hildesheim etc.: Olms.

4. Morphologie

4.1 Der Aufbau von Wörtern

Der Begriff *Morphologie* wurde zuerst von Goethe verwendet als Bezeichnung für die Lehre von der Form und der Struktur lebender Organismen. Im 19. Jahrhundert wurde der Begriff in die Sprachwissenschaft übertragen und bezeichnet die Teildisziplin der Linguistik, die den internen Aufbau von Wörtern untersucht, bis hin zu den kleinsten Bedeutungsbausteinen, den Morphemen. Ein Wort wie *unbeschreibliche* enthält fünf Morpheme: *un – be – schreib – lich – e*.

Zunächst stellt sich die Frage, wie die Einheit „Wort" definiert werden kann. Die Einheit „Wort" ist intuitiv gut erfassbar, doch kaum wissenschaftlich exakt zu definieren. Alle Definitionsversuche sind mehr oder weniger unbefriedigend.

Wörter sind isolierbare Einheiten, die in der gesprochenen Sprache durch Grenzsignale wie Pausen phonetisch voneinander abgegrenzt werden. Andererseits können bei schnellem Sprechen diese Pausen entfallen oder bei sehr langsamem, deutlichem Sprechen auch wortintern Pausen auftreten.

In der geschriebenen Sprache werden Wörter durch Leerzeichen (Spatien) voneinander getrennt. Nach diesem Kriterium enthält der folgende Satz sechs Wörter: *Das hört nicht so schnell auf.*

Auf und *hören* werden jedoch, wenn sie nebeneinander stehen, zusammengeschrieben: *Das wird nicht so schnell aufhören.* *Aufhören* gehört zu den trennbaren Verben, deren Wortstatus umstritten ist, da es für ein Wort sehr untypisch ist, dass es keine stabile, untrennbare Einheit bildet.

Vorgeschlagen wurde auch, dass Wörter als kleinste verschiebbare Einheit aufgefasst werden können. Allerdings sind nicht alle Wörter in einem Satz alleine verschiebbar. In dem Satz *Er ist leider sehr frech* lässt sich zwar *leider* alleine verschieben, nicht jedoch *sehr*.

Ein weiterer Vorschlag besteht darin, dass Wörter die kleinsten Einheiten sind, die frei auftreten können. Ein Problem dieses Definitionsversuchs ist, dass Wörter ihrerseits wieder Einheiten enthalten können, die frei auftreten können. Beispielsweise enthält das Wort *Fremdsprache* die Einheiten *fremd* und *Sprache*, die selbständig als Wörter auftreten können.

Von allen genannten Kriterien ist das Kriterium der Schreibung als heuristisches Kriterium zur Identifizierung von Wörtern am geeignetsten. Man muss allerdings im Hinterkopf behalten, dass die Schreibung nicht als Definitionskriterium gelten kann, da die Rechtschreibregel, dass Wörter zusammengeschrieben und durch Leerzeichen von anderen Wörtern abgetrennt werden, auf ein (weitgehend intuitives) Verständnis des Wortbegriffs rekurriert.

Die Frage ist auch, wie verschiedene Formen eines Worts zu behandeln sind. Sind *Frau* und *Frauen* dasselbe Wort? Ja und nein. Zum einen finden wir in einem Wörterbuch des Deutschen dazu nur einen Eintrag, nämlich *Frau*.

Wort

Lexem

Es handelt sich um dieselbe Lexikoneinheit, die man auch Lexem nennt. In diesem Sinn handelt es sich also um dasselbe Wort.

Wortform
Zum anderen hat die Form *Frauen* andere grammatische Eigenschaften als *Frau*. *Frauen* bezeichnet mehrere Frauen, ist eine Pluralform, während *Frau* eine Singularform ist. *Frau* und *Frauen* sind verschiedene Formen desselben Wortes mit unterschiedlichen grammatischen Eigenschaften. Es handelt sich um zwei verschiedene Wortformen (auch grammatische Wörter genannt), die dasselbe Lexem realisieren.

Flexion
Frau ist nicht weiter zerlegbar, *Frauen* lässt sich in zwei sehr unterschiedliche Einheiten zerlegen (segmentieren). Es enthält zum einen den Stamm *Frau*, der allen Formen dieses Worts gemeinsam ist und die lexikalische Bedeutung ‚erwachsene weibliche Person' trägt. Die Einheit *-en* trägt dagegen die wesentlich abstraktere, grammatische Bedeutung ‚Plural'. Diese Markierung von grammatischen Bedeutungen an Wortstämmen bezeichnet man als Flexion.

Stamm
Ein Wortstamm kann nicht weiter zerlegbar sein oder er kann sich aus mehreren bedeutungstragenden Einheiten zusammensetzen. Grob gesprochen ist der Wortstamm das, was von einem Wort übrigbleibt, wenn man die Flexionsendungen abtrennt, vgl. die folgenden Beispiele:

(1) *Stamm* vs. Flexiv
Frau – en
Unsinn – s
machbar – e
lieb – en
ge – *lach* – t

Die Morphologie beschäftigt sich damit, wie die Wortstämme und wie die verschiedenen Formen von Wörtern gebildet werden. Die Bildung von Wortstämmen wird als Wortbildung bezeichnet. Die Morphologie umfasst also die beiden Zweige Wortbildung und Flexionsmorphologie.

(2) Die beiden Hauptbereiche der Morphologie:

Wort(stamm)bildungslehre = lexikalische Morphologie	Wortformbildungslehre = Flexionsmorphologie
untersucht den Aufbau von **Wortstämmen**	untersucht die Bildung von **Wortformen**
schreib- Schreibpapier Schreiber Schreiberling	(ich) schreibe (du) schreibst (das) Schreibpapier (des) Schreibpapiers
verschreib- beschreib- abschreib-	verschreib-st beschreib-t abschreib-en
unbeschreiblich	unbeschreiblich-es unbeschreiblich-e

4.2 Morphe und Morpheme

Während wir in der Phonologie die kleinsten bedeutungsdifferenzierenden Einheiten identifiziert haben, geht es in der Morphologie um die kleinsten bedeutungstragenden Einheiten, die Morphe.

Morphe sind wie Phone konkrete sprachliche Einheiten, sie können wie Phone abstrakten Einheiten zugeordnet werden, den Morphemen.

Die kleinsten bedeutungstragenden Einheiten lassen sich durch Segmentierung (Zerlegung) von Wörtern ermitteln. Wörter können im Grenzfall mit Morphen identisch sein, wie etwa das Wort *Frau*, das nicht weiter zerlegbar ist, da keine kleinere Einheit in diesem Wort eine eigenständige Bedeutung trägt. *Frauen* dagegen besteht aus zwei Morphen, dem Stamm *Frau*, der die Bedeutung ‚erwachsene weibliche Person' trägt und -*en*, das die Bedeutung ‚Plural' trägt.

Eine bestimmte Lautfolge kann Teil eines Morphs sein oder sie kann selber Morph, also bedeutungstragend sein. Betrachten wir dazu die folgenden Beispiele:

Wort und Morph

(3) *Frau-en* (zwei Morphe)   aber *Segen* (ein Morph)
     Lehr-er (zwei Morphe)   aber *Eber* (ein Morph)

Die Lautfolge -*en* trägt in *Frauen* eine eigene Bedeutung, nicht jedoch in dem Wort *Segen*, das keine kleineren bedeutungstragenden Einheiten enthält. In *Lehrer* steckt der Verbstamm *lehr-* und -*er*, das aus dem Verbstamm ein Substantiv ableitet. Ein *Lehrer* ist derjenige, der lehrt. Bei *Eber* ist dagegen keine Segmentierung möglich: Ein *Eber* ist nicht jemand, der ‚ebt'.

Eine Lautfolge kann zu mehreren Morphemen gehören, wenn man ihr mehrere Bedeutungen zuordnen kann. So kann z.B. -*en* unterschiedliche grammatische Bedeutungen ausdrücken: In (*des*) *Fremd-en* ist es eine Genitivendung, in (*die*) *Verwechslung-en* dagegen eine Pluralendung.

Morphe, die das gleiche Morphem realisieren, sind Allomorphe. Zum Beispiel gibt es verschiedene Formen der Flexionsendung für Verben mit der grammatischen Bedeutung „2. Person Singular". Besonders vielfältig sind im Deutschen die Möglichkeiten, den Plural zu markieren.

Allomorphe

(4) Beispiele für Allomorphe:
     a. Allomorphe des Morphems „2. Person Singular": *gib-**st**, hatt-**est***
     b. Allomorphe des Morphems „Plural": *Pfeil-**e**, Bote-**n**, Mensch-**en**, Auto-**s**, Kind-**er**, Meister-* Ø („Nullallomorph")

Pluralformen können im Deutschen mit den Flexionsendungen -*e*, -(*e*)*n*, -*s* und -*er* gekennzeichnet werden oder sie können mit der Singularform identisch sein. Die fehlende Pluralendung wird häufig als Allomorph gewertet, in diesem Fall spricht man von einem Nullallomorph. Umstritten ist die Rolle der Umlautung, bei vielen Pluralformen tritt ein Umlaut auf, in einigen Fällen ist er sogar die einzige Pluralmarkierung (z.B. *Bogen – Bögen*).

Häufig wird nicht zwischen dem Morphem als abstrakter Einheit und seinen konkreten Realisierungsformen unterschieden, so dass z.B. von einem Pluralmorphem -*er* die Rede ist.

Morphemtypen

Morpheme weisen unterschiedliche Eigenschaften und Funktionen auf. Sie können wie folgt klassifiziert werden:

Nach ihrer Distribution: freie vs. gebundene Morpheme
Freie Morpheme können alleine als Wörter in einem Satz auftreten (z.B. *nur, heute, aber, Haus*). Sie heißen auch Grundmorpheme, Basismorpheme oder Wurzeln. Dagegen können gebundene Morpheme nur zusammen mit anderen Morphemen auftreten (z.B. *zer-, -lich, -e, -st, -en*).

Nach ihrer Bedeutung: lexikalische vs. grammatische Morpheme
Morpheme mit lexikalischer Bedeutung (z.B. *Tür, morgen, renn-*)
Morpheme mit grammatischer Bedeutung (z.B. *-e, -t, auf, ein*)

Gebundene Morpheme kann man klassifizieren nach ihrer Funktion und ihrer Position im Wort.

Derivations-
morpheme und
Flexionsmorpheme

Nach der Funktion unterscheidet man bei den gebundenen Morphemen:
Derivationsmorpheme (kurz: Derivative) dienen der Bildung von Wortstämmen (z.B. *zer-, be-, -ig*)
Flexionsmorpheme (kurz: Flexive) dienen der Bildung von Wortformen (z.B. *-e, -st, -t, ge–t*).

Nach ihrer Position unterscheidet man bei den gebundenen Morphemen (Affixen):

Affixe
Präfixe werden vorangestellt (z.B. *be-arbeiten, ver-laufen, Un-lust*)
Suffixe werden nachgestellt (z.B. *Heiter-keit, Verehr-ung, Wag-nis, lieb-lich, kant-ig, buchstab-ier, gut-e, Kind-er, geh-st*)
Zirkumfixe bestehen aus zwei Teilen, von denen einer vorangestellt, der andere nachgestellt wird (z.B. *Ge–e* in *Ge-birg-e* oder *ge–t* in *gemacht*). Beide Teile tragen zusammen eine Bedeutung.

Morpheme, die nur in einer einzigen Verbindung auftreten (z.B. *Him* in *Himbeere*, *Schorn* in *Schornstein*) werden unikale Morpheme genannt.

Konfixe
Zu den gebundenen Morphemen gehören auch die Konfixe. Sie haben mehr lexikalische Bedeutung als die Affixe und sind meist positionsfest. Es handelt sich dabei fast ausschließlich um entlehnte Einheiten, wie in ***Biblio-thek***, ***Therm-o-stat***, ***log-isch***. Da dieses Kapitel sich nicht mit der Bildung von Fremdwörtern beschäftigt, werden die Konfixe hier nicht weiter berücksichtigt.

Aufbau eines komplexen Wortes: freies Morphem vs. Affix (Präfix, Suffix, Zirkumfix)

Präfix	freies Morphem	Suffix	(Flexions-)Suffix
Be-	*schreib*	*-ung-*	*-en*
ver-	*läss*	*-lich*	*-e*
	Rad-fahr	*-er*	*-s*
Ab-	*fahr*	*-t*	
ge-	*sag*	*-t*	

Zirkumfix

4.3 Die Bildung von Wortformen: Flexion

Das Deutsche ist eine flektierende Sprache. Was das bedeutet, kann durch einen Vergleich mit anderen Sprachtypen verdeutlicht werden. Nach der Art der Kombinierbarkeit von Morphemen zu Wörtern lassen sich folgende Sprachtypen unterscheiden:

(5) Morphologische Sprachtypen

Isolierende Sprachen (Beispiel: Chinesisch)
Ein Wort entspricht immer einem Morphem.
nǐ   men   de   huà   wǒ   bù   dōu   dǒng
du   Pl.   Poss.   Sprache   ich   nicht   ganz   verstehen
‚Ich verstehe eure Sprache nicht ganz' (Pl. steht für ‚Plural', Poss. für ‚besitzanzeigend')

Agglutierende Sprachen (Beispiel: Türkisch)
Morpheme (mit genauer Morphem-Morph-Entsprechung) werden zu mehrsilbigen Wörtern kombiniert (agglutinierend = ‚anklebend').
ev-   ler-   im
Haus   Pl.   mein
‚meine Häuser'

Flektierende Sprachen (Beispiel: Latein)
Morpheme werden zu Wörtern kombiniert. Flexionsmorpheme drücken häufig mehrere grammatische Bedeutungen aus, z. B. Akkusativ und Singular (IMP = Imperfekt).
Domin-us   mulier-em   pulchr-am   ama-ba- t.
Herr-NOM/SG   Frau-AKK/SG   schön-AKK/SG   lieb-IMP–3.PS.SG.
‚Der Herr liebte die schöne Frau.'

Im Deutschen werden – wie in vielen anderen flektierenden Sprachen – im Wesentlichen zwei Arten von Flexion unterschieden, die Deklination und die Konjugation.   *Arten der Flexion*

Zu den deklinierbaren Wortarten gehören Substantive, Adjektive, Pronomen und Artikel. Deklinierbare Wörter können Kasus-, Genus- und Numerusmarkierungen tragen.   *Deklination*

Kasus (‚Fall')   Nominativ, Genitiv, Dativ, Akkusativ
Numerus (‚Zahl'):   Singular, Plural
Genus (‚Geschlecht'): Maskulinum, Femininum, Neutrum

Die konjugierbaren Wörter sind allesamt Verben. Konjugierbare Wörter werden verändert nach Person, Numerus, Tempus (Zeitformen), Modus und Genus verbi. Sie können im Deutschen folgende Merkmale tragen: *Konjugation*

Person: 1., 2., 3.
Numerus: Singular, Plural
Tempus: Präsens, Präteritum, Perfekt, Plusquamperfekt, Futur I und II
Modus: Indikativ, Konjunktiv, Imperativ
Genus verbi: Aktiv, Passiv

Verbformen, die Person- und Numerusmarkierungen tragen, sind finite Verbformen (z.B. *(du) lachst, (er) ging*). Partizipien und Infinitivformen fehlen diese Merkmale, sie stellen infinite Verbformen dar (z.B. *(zu) lesen, gelacht*).

Komparation   Auch die Komparation von Adjektiven wird traditionell zur Flexion gerechnet. Unterschieden werden die Grundform (Positiv), die Vergleichsform (Komparativ) sowie die Form, die den höchsten Grad ausdrückt (Superlativ): z.B. *schön – schöner – am schönsten*.

Es ist umstritten, ob die Komparation eine Form der Flexion ist. Einiges spricht dafür, sie zur Wortbildung zu rechnen. Ein wichtiges Argument dafür ist, dass Komparativ- und Superlativformen innerhalb von komplexen Wörtern auftreten können, z.B. in *Höchsttemperatur, Verschlechterung,* was sonst für flektierte Wortformen nicht möglich ist. Da es sich bei der Komparation um sehr reguläre Veränderungen handelt, die einen Großteil der Adjektive betreffen, rechnen wir sie zur Flexion.

Flexionsparadigma   Sämtliche Flexionsformen eines Wortes bilden ein (Flexions-)Paradigma. Wir illustrieren dies am Beispiel des Flexionsparadigmas eines Substantivs. Substantive werden nach Kasus und Numerus flektiert, ihr Genus ist hingegen unveränderlich:

(6)   Flexionsparadigma eines Substantivs (Nomens)

	Singular	Plural
Nominativ	*Stier*	*Stier-e*
Akkusativ	*Stier*	*Stier-e*
Dativ	*Stier-(e)*	*Stier-en*
Genitiv	*Stier-(e)s*	*Stier-e*

In einem Flexionsparadigma bleibt in der Regel der Stamm konstant oder unterliegt nur kleineren Veränderungen wie z.B. der Umlautung in *Männer*. In seltenen Fällen wechselt der Wortakzent seine Stelle (z.B. *Dóktor – Doktóren*).

Flexion von Adjektiven   Während Substantive ein Flexionsparadigma haben, ist die Flexion von Adjektiven dadurch gekennzeichnet, dass sie sich in verschiedener Weise an ihre Umgebung anpasst. Adjektive sind, im Gegensatz zu Substantiven, auch im Genus veränderlich und weisen das gleiche Genus auf wie das Substantiv, bei dem sie stehen. Zudem richtet sich die Flexionsform der Adjektive nach dem vorangehenden Artikel oder Pronomen. Man unterscheidet zwischen schwacher, gemischter und starker Flexion. Nach dem bestimmten Artikel (und wie diesem deklinierten Wörtern) werden Adjektive schwach flektiert: *der gute Wein*, ohne vorangehenden Artikel werden sie stark flektiert (*ein guter Wein*), nach Elementen wie *ein* findet sich gemischte Flexion. Bei schwacher Flexion treten nur die Endungen *-e* und *-en* auf. Bei starker Flexion treten zusätzlich noch die Flexive *-er, -es* und *-em* auf. Bei gemischter Flexion treten die Endungen *-er* (Nominativ Singular Maskulin) und die Endung *-es* auf (bei Nominativ und Akkusativ Singular Neutrum), sonst jedoch immer *-en*.

schwache Flexion

	maskulin	feminin	neutral
Nominativ	der alte Mann	die alte Frau	das alte Auto
Akkusativ	den alten Mann	die alte Frau	das alte Auto
Dativ	dem alten Mann	der alten Frau	dem alten Auto
Genitiv	des alten Mannes	der alten Frau	des alten Autos

gemischte Flexion

	maskulin	feminin	neutral
Nominativ	ein alter Mann	eine alte Frau	mein altes Auto
Akkusativ	einen alten Mann	eine alte Frau	mein altes Auto
Dativ	einem alten Mann	einer alten Frau	meinem alten Auto
Genitiv	eines alten Mannes	einer alten Frau	meines alten Autos

starke Flexion

	maskulin	feminin	neutral
Nominativ	guter Wein	gute Speise	gutes Haus
Akkusativ	guten Wein	gute Speise	gutes Haus
Dativ	gutem Wein	guter Speise	gutem Haus
Genitiv	guten Weines	guter Speise	guten Hauses

Tabelle 1: Flexion von Adjektiven

Das komplette Flexionsparadigma eines Verbs können wir hier nicht wiedergeben, da es aufgrund der Vielzahl der verschiedenen Formen zu umfangreich wäre. Wir illustrieren die Verbflexion am Beispiel der Formen im Präteritum (Indikativ und Konjunktiv) Aktiv.

Flexion von Verben

	Indikativ Präteritum	Konjunktiv (Konjunktiv II)
1. Ps. Singular	(ich) lief	(ich) lief-e
2. Ps. Singular	(du) lief-st	(du) lief-est
3. Ps. Singular	(er) lief	(er) lief-e
1. Ps. Plural	(wir) lief-en	(wir) lief-en
2. Ps. Plural	(ihr) lief-t	(ihr) lief-et
3. Ps. Plural	(sie) lief-en	(sie) lief-en

Tabelle 2: Ausschnitt aus dem Flexionsparadigma des Verbs *laufen*

Affigierung

Die verschiedenen Flexionsformen eines Wortes werden meist durch Affigierung gebildet, und zwar mit wenigen Ausnahmen durch Suffigierung (z. B. *geh-st*). Einen Ausnahmefall stellt die Bildung der Verbform dar, die in Perfektformen auftritt, das Partizip Perfekt (auch Partizip II genannt), wie in *er hat geschlafen*. Das Partizip II kann durch Zirkumfigierung gebildet werden, wie etwa in *ge-schlaf-en, ge-such-t*.

Starke und schwache Verben

Bei der Flexion können Veränderungen des Stammes auftreten. Ein Vokalwechsel findet sich bei Verben wie z. B. *bind-, band-, bund-: Ich binde, ich band, ich habe gebunden*. Diese Verben werden starke Verben genannt. Teilweise ändert sich bei starken Verben auch noch ein Konsonant: z. B. *geh-, ging-, gegangen*. Bei den schwachen Verben bleibt dagegen der Vokal konstant, hier wird die Vergangenheitsform im Präteritum durch das Suffix *-t* gebildet, das auch im Partizip Perfekt der schwachen Verben auftritt (Präteritum: *er sagte*, Perfekt: *er hat gesagt*).

Insgesamt kann festgestellt werden, dass die starken Verben eher auf dem Rückzug sind und starke Formen durch schwache Formen ersetzt werden. Beispielsweise wird statt *buk*, das heute eher veraltet klingt, zunehmend *backte* verwendet. Neue Verben, die durch Entlehnung ins Deutsche kommen, werden ausnahmslos schwach flektiert (z. B. *joggen, chatten*). Viele häufig auftretende Verben aus dem Kernwortschatz sind jedoch stark, wie z. B. *gehen (ging – gegangen)*, so dass die starken Verben insgesamt noch nicht vom Aussterben bedroht sind.

Suppletion

Wenn ein Paradigma verschiedene Stämme enthält, spricht man von Suppletion. Ein Beispiel dafür ist das Verb *sein*, dessen Flexionsparadigma vier verschiedene Stämme enthält: ***bin – sei – war – ge-wes-en***. Diachron lässt sich das dadurch erklären, dass diese Stämme ursprünglich von verschiedenen Verben stammen. Weitere Beispiele für Suppletion finden sich bei den Vergleichsformen einiger Adjektive: z. B. *gut – besser – am besten*.

4.4 Die Bildung von Wortstämmen: Wortbildung

Wortbildung vs. Wortschöpfung

Wortbildung beinhaltet die „Untersuchung und Beschreibung von Verfahren und Gesetzmäßigkeiten bei der Bildung neuer komplexer Wörter auf der Basis vorhandener sprachlicher Mittel" (Bußmann 2008:795 f.). Wortschöpfung dagegen ist die Erfindung neuer Wörter quasi aus dem Nichts. Man kann spekulieren, dass bei der Entstehung von Sprache die Wörter zuerst auf diese Weise gebildet wurden (sog. Urschöpfung). Heutzutage wird dieser Weg zur Bildung neuer Wörter jedoch relativ selten gewählt. Er findet z. B. bei der Bildung bestimmter Markennamen statt, die quasi aus dem Nichts geschaffen werden, wie *Kodak* oder *Twix*.

Lexikalisierung und Idiomatisierung

Der Wortschatz von Sprachen unterliegt einem ständigen Wandel. Es werden neue Wörter gebildet, um neue Dinge und Sachverhalte zu bezeichnen. Jedem Sprecher einer Sprache ist es möglich, neue Wörter zu bilden. Dies setzt eine Kenntnis von Regeln der Wortbildung voraus. Ist ein Wort ein fester Bestandteil des Wortschatzes (der in der Linguistik auch als Lexikon bezeichnet wird), so liegt ein lexikalisiertes Wort vor. Meist sind solche Wörter auch in Wörterbüchern verzeichnet. Darüber hinaus können jedoch neue Wörter gebildet werden. Wird ein Wort zum ersten Mal neu gebildet, so spricht man auch von einer Augenblicksbildung oder Ad-hoc-Bildung. Relativ neue Wörter, die meist noch nicht Eingang in die Wörterbücher gefunden haben, bezeichnet man als Neologismen. Wenn ein Wort über einen längeren Zeitraum im Wortschatz vorhanden ist, kann eine Veränderung der Bedeutung stattfinden. Ein Beispiel dafür ist das Wort *Junggeselle*. Es bezeichnete ursprünglich einen jungen Handwerksgesellen, der meist unverheiratet war. Heutzutage bezeichnet es einen unverheirateten Mann im heiratsfähigen Alter. Die Bedeutung lässt sich nicht mehr aus der Bedeutung der einzelnen Bestandteile erschließen. Das Wort ist idiomatisiert oder demotiviert.

Die wichtigsten Wortbildungsverfahren im Deutschen sind:
Komposition: Zusammensetzung von Wortstämmen
Haarfarbe, Hochhaus, hellgrün
Derivation: Ableitung eines neuen Wortstammes mithilfe eines Affixes
Lehrer, machbar, Unlust, bequassel-
Konversion: Änderung der Wortart ohne Veränderung am Stamm:
Fisch$_N$ → fisch-$_V$, beweis-$_V$ → Beweis$_N$, grün$_{ADJ}$ → grün-$_V$

4.4.1 Komposition

Bei der Komposition handelt es sich um eine Zusammensetzung von mehreren Stämmen. Das Resultat dieses Prozesses ist ein Kompositum (Plural: Komposita). Komposita lassen sich unterscheiden nach der Wortart der kombinierten Stämme. Die Kombinationsmöglichkeiten sind im Deutschen vielfältig, daher erhebt die folgende Liste keinen Anspruch auf Vollständigkeit.

(7) Wortarten der Stämme in Komposita

Nomen + Nomen:	*Männerhose, Motorrad, Tennisschuh, Apfelsaft*
Verb + Nomen:	*Bratwurst, Haltestelle Faltkarte, Rennwagen*
Adjektiv + Nomen:	*Hochhaus, Schnellimbiss, Starkbier*
Präposition + Nomen:	*Umwelt, Vorgarten*
Pronomen + Nomen	*Ich-Erzähler*
Adjektiv + Adjektiv:	*hellgrün, blassblau*
Verb + Adjektiv:	*treffsicher, ausgehfertig*
Nomen + Adjektiv:	*grasgrün, himmelblau*
Präposition + Adverb:	*vorgestern, übermorgen*
Partikel + Nomen:	*Ja-Sager, Nur-Hausfrau*
Interjektion + Nomen:	*Aha-Erlebnis*

Eine weitere wichtige Unterscheidung bei Komposita bezieht sich auf die Art des Verhältnisses zwischen den Kompositionsgliedern. Am häufigsten treten Determinativkomposita auf, etwas seltener Kopulativkomposita.

4.4.1.1 Determinativkomposita

Zweitglied als Kopf/Kern

Bei einem Determinativkompositum werden zwei Stämme miteinander kombiniert, z.B. *Haus+schlüssel*. Das Zweitglied spielt in Determinativkomposita in mehrfacher Hinsicht eine zentrale Rolle. Zum einen bestimmt es die Wortart, bei Substantiven auch das Genus und die Flexionsklasse. Da sich seine grammatischen Eigenschaften auf das Ganze übertragen, spricht man davon, dass der zweite Teil der Kopf des Kompositums ist. Häufig ist das Zweitglied auch semantisch zentral (Kern des Kompositums). Das Zweitglied kann meist für das Ganze stehen: Ein *Hausschlüssel* ist ein Schlüssel, nicht jedoch ein Haus. Das Erstglied bestimmt das Zweitglied näher. So wird z.B. in der Bildung *Hausschlüssel Schlüssel* durch *Haus* näher bestimmt. Das Erstglied wird daher auch Bestimmungswort, das Zweitglied Grundwort genannt oder mit Begriffen aus dem Lateinischen Determinans (lat. ‚Bestimmendes‘) und Determinatum (lat. ‚Bestimmtes‘) bezeichnet.

(8)   Die Bestandteile eines Determinativkompositums

Haus	*schlüssel*
Erstglied	Zweitglied
Bestimmungswort	Grundwort
Determinans	Determinatum
Modifikator	Kopf/Kern

Determinativkomposita können im Deutschen sehr komplex sein, sie bestehen jedoch stets aus zwei unmittelbaren Konstituenten (Einheiten), d.h. sie lassen sich in zwei Teile zerlegen, die dann ihrerseits wieder weiter zerlegbar sein können.

Schreibtisch|lampe
Hochschul|lehrer
Edelstahl|wasserkocher
Motorrad|weltmeisterschaft

Baumdiagramm

Der Aufbau von komplexen Wörtern kann in einem Baumdiagramm dargestellt werden. Das folgende Baumdiagramm zeigt, wie das Kompositum *Motorradweltmeisterschaft* schrittweise zerlegt werden kann. Dieses Verfahren des schrittweisen Zerlegens wird nach der englischen Bezeichnung für die unmittelbaren Konstituenten *immediate constituents* auch IC-Analyse genannt.

(9)   Baumdiagramm

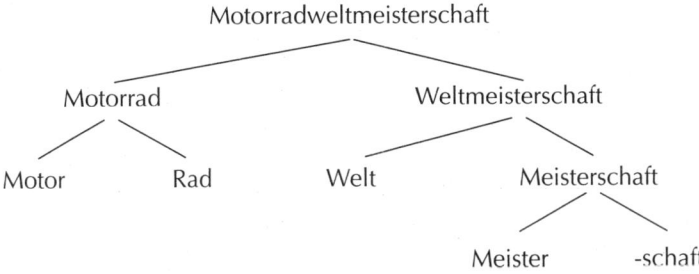

Abbildung 1: Baumdiagramm

Alternativ zu einem Baumdiagramm kann die Zusammengehörigkeit der einzelnen Bestandteile eines Wortes auch durch eine Klammerung angezeigt werden:

[Motor + Rad] + [Welt + [Meister-schaft]]

Die Klammerung ist zwar platzsparender, aber bei sehr komplexen Wörtern weniger übersichtlich als ein Baumdiagramm.

Die Frage ist nun, nach welchen Kriterien ein Wort schrittweise zerlegt werden kann. Warum sind die unmittelbaren Konstituenten in unserem Beispiel *Motorrad* und *Weltmeisterschaft* und nicht etwa *Motor* und *Radweltmeisterschaft*? Offensichtlich spielt dafür die Bedeutung eine wichtige Rolle, die durch eine Paraphrase verdeutlicht werden kann: Eine Motorradweltmeisterschaft ist eine Weltmeisterschaft, die mit Motorrädern durchgeführt wird. Nicht in allen Fällen muss die Konstituentenstruktur eines komplexen Wortes klar und eindeutig sein. Im Extremfall kann ein Wort zwei unterschiedliche Analysen zulassen, die mit unterschiedlichen Bedeutungen einhergehen. So kann man beispielsweise *Lebensmittelpunkt* entweder in *Lebens|mittelpunkt* oder *Lebensmittel|punkt* zerlegen und erhält zwei verschiedene Bedeutungen (,Mittelpunkt des Lebens' oder ,Punkt auf Lebensmitteln'). Ein ähnliches Beispiel ist *Mädchenhandelsschule,* das in *Mädchen|handelsschule* (,Handelsschule für Mädchen') oder *Mädchenhandels|-schule* (,Schule für Mädchenhandel') zerlegt werden kann.

4.4.1.2 Kopulativkomposita

Ein weiterer Typ von Kompositum im Deutschen ist das sog. **Kopulativkompositum**. Bei diesem Typ von Kompositum sind die kombinierten Stämme gleichrangig, sie stehen in einem additiven Verhältnis zueinander.

gleichrangige Teile

(10) rot-grün, blau-weiß, schwarz-weiß, blau-grün
      Baden-Württemberg, Mecklenburg-Vorpommern, Sachsen-Anhalt,
      Österreich-Ungarn

Die einzelnen Glieder eines Kopulativkompositums bezeichnen häufig Teile eines Ganzen. Etwas, das rot-grün ist, enthält sowohl rote als auch grüne Bestandteile. Das Land Baden-Württemberg umfasst die Einheiten Baden und Württemberg. Wegen der semantischen Gleichrangigkeit sind die Teile eines

Kopulativkompositums im Prinzip umstellbar (z. B. *weiß-blau, blau-weiß*). Meist ist es jedoch so, dass eine Reihenfolge üblich ist.

Wortakzent   Die semantische Gleichrangigkeit spiegelt sich auch in der Akzentuierung wider. Während Determinativkomposita den Wortakzent auf dem Erstglied tragen, liegt der Wortakzent bei Kopulativkomposita auf beiden Gliedern oder eher auf dem zweiten Glied. Manche Wörter lassen sich sowohl als Kopulativ- wie auch als Determinativkompositum interpretieren, hier wirkt die Akzentuierung bedeutungsunterscheidend:

(11) a. *BLAU-weiß* (‚bläulich weiß'), *GELBgrün* (‚gelblich grün')
      b. *blau-WEISS* (‚blau und weiß'), *gelbGRÜN* (‚gelb und grün')

Beschränkungen   Kopulativkomposita sind weitaus seltener als Determinativkomposita und auch viel stärker beschränkt in der Kombinierbarkeit verschiedener Elemente. Wie (7) zeigt, sind die Kombinationsmöglichkeiten verschiedener Wortarten bei Determinativkomposita sehr vielfältig. Bei Kopulativkomposita dagegen müssen die Glieder aus der gleichen Wortart und der gleichen semantischen Subklasse stammen, z. B. aus dem Bereich der Bezeichnungen für Farben oder politische Gebilde.

Dagegen gibt es keine strikte Beschränkung auf zwei Glieder wie bei Determinativkomposita. In einem Kopulativkompositum können auch drei oder in Extremfällen noch mehr Glieder auftreten: z. B. *schwarz-rot-gelb, rot-rot-grün*.

4.4.1.3 Possessivkomposita?

In einigen Wortbildungslehren findet sich ein dritter Typ von Kompositum, das sogenannte „Possessivkompositum", für das Beispiele wie die folgenden gegeben werden:

(12) *Eierkopf* (‚jmd., der einen Eierkopf hat'),
     Fettwanst (‚jmd., der einen fetten Wanst hat')
     Rotkehlchen (‚Vogel, der eine rote Kehle hat')

exozentrische   Diese Komposita heißen auch exozentrische Komposita, da ihr semantischer
Komposita   Kern quasi außerhalb der Bildung liegt (griech. *exo* ‚außerhalb'). Weder das Erstglied noch das Zweitglied kann für das Ganze stehen, sondern sie benennen etwas Drittes, das im Wort nicht auftritt. *Dummkopf* beispielsweise bezeichnet keinen Körperteil, sondern bezieht sich auf eine Person, der mangelnde Intelligenz zugeschrieben wird.

pars-pro-toto-   Es gibt jedoch gute Gründe dagegen, Possessivkomposita für das Deutsche
Bezeichnungen   als einen extra Kompositionstyp aufzufassen. Zum einen können viele Possessivkomposita auch als normale Determinativkomposita verwendet werden, z. B. *Er hat einen richtigen Eierkopf./Du hast eine Rotznase.* Zum anderen weisen die sog. Possessivkomposita rein morphosyntaktisch betrachtet die Eigenschaften von Determinativkomposita auf, da bei ihnen das Zweitglied Wortart und Genus bestimmt. Wie bei Determinativkomposita trägt das Erstglied den Wortakzent. Eine Besonderheit liegt bei diesen Bildungen nur in semantischer Hinsicht vor, da ein Teil stellvertretend für das Ganze steht. Man spricht auch von pars-pro-toto (lat. ‚Teil für das Ganze')-Bezeichnungen bzw. Synekdoche, die auch bei einfachen Wörtern vorkommt, wie z. B. in *er ist ein kluger Kopf.*

4.4.1.4 Fugenelemente

Zwischen den Kompositionsgliedern (in der Kompositionsfuge) bei Determinativkomposita können völlig bedeutungslose Elemente, sog. Fugenelemente auftreten. Diese Elemente können entweder mit einem Flexiv des Erstglieds identisch sein oder nicht. Im ersten Fall spricht man von paradigmischen (paradigmatischen), im zweiten Fall von unparadigmischen Fugen.

(13) a. Verkauf-**s**-schlager, Kind-**er**-wagen, Mann-**es**-kraft, Halt-**e**-stelle, Pfanne-**n**-gericht, Stern-**en**-himmel, Herz-**ens**-leid (paradigmische Fugen)
b. Zeitung-**s**-anzeige, Heiterkeit-**s**-erfolg, Schwan-**en**-gesang, Maus-**e**-falle (unparadigmische Fugen)

Kontrovers diskutiert wurde die Frage, ob Fugenelemente Flexive sind. Es ist unbestritten, dass sich einige Fugenelemente aus Flexiven entwickelt haben. So lässt sich beispielsweise das Fugenelement *n* in *Sonnenschein* auf eine alte Genitivendung zurückführen. *Sunnen* war im Mittelhochdeutschen zunächst ein vorangestellter Genitiv, der später als Teil eines Kompositums aufgefasst wurde: mhd. [[*der sunnen*] *schîn*] → [*der* [*sunnen schîn*]], nhd. *Sonnenschein*.

ursprüngliche Flexive

Aus synchroner Sicht spricht jedoch eine Reihe von Gründen dagegen, Fugenelemente als Flexive aufzufassen. Zum einen kann die Existenz von unparadigmischen Fugen als Argument dagegen angeführt werden. Zum anderen wären die Fugenelemente, wenn sie Flexive wären, in einer Reihe von Fällen semantisch unpassend. So ist z.B. ein *Freundeskreis* nicht der Kreis eines Freundes, sondern ein Kreis von mehreren Freunden. Ein *Hühnerei* ist das Ei von einem Huhn, nicht von mehreren, ein *Kinderwagen* in der Mehrzahl der Fälle der Wagen für ein Kind, nicht für mehrere. Umgekehrt ist eine *Anwaltskammer* nicht die Kammer eines Anwalts, sondern einer ganzen Reihe von Anwälten, eine *Buchhandlung* handelt nicht nur mit einem Buch und eine *Gaststube* ist für mehrere Gäste.

synchron keine Flexive

Gelegentlich scheint es sinnvoll zu sein, ein Fugenelement als Pluralmorph zu analysieren, und in seltenen Fällen kann das Fugenelement sogar bedeutungsunterscheidend wirken:

Bücherregal ('Regal für Bücher'), Häuserreihe ('Reihe von Häusern')
Landeskonferenz, Länderkonferenz
Volkskunde, Völkerkunde
Chipfabrik, Chipsfabrik

Die Bedeutung von Fugenelementen ist jedoch eher zufällig. Zwar ist eine *Landeskonferenz* eine Konferenz eines Landes, eine *Länderkonferenz* dagegen eine Konferenz, an der mehrere Länder beteiligt sind. Doch hat ein *Kindermörder* nicht zwingend mehr Kinder auf dem Gewissen als ein *Kindsmörder*. Ein entscheidendes Argument gegen eine Analyse von Fugenelementen als Flexive ist, dass sie keinen regulären Beitrag zur Bedeutung beisteuern, wie dies bei Flexiven der Fall ist.

Es gibt wenige feste Regeln für die Verwendung von Fugenelementen. Vor ein paar Jahren wurde das deutlich, als ein Vulkanausbruch den Flugverkehr in Europa behinderte und von einer *Aschewolke* oder einer *Aschenwolke* die

Rede war. Teilweise unterliegen Fugenelemente einer regionalen Variation: In Deutschland heißt es *Fabrikverkauf,* in Österreich *Fabriksverkauf,* in manchen Regionen spricht man vom *Schweinebraten,* in anderen vom *Schweinsbraten.* Feste Regeln für das Auftreten von Fugenelementen lassen sich am ehesten in Verbindung mit bestimmten Suffixen des Erstglieds aufstellen, z.B. tritt nach bestimmten Suffixen regelmäßig ein Fugen-*s* auf:

(14) Machbar**keit**-**s**-studie, Versicher**ung**-**s**-vertreter, Mann**schaft**-**s**-kapitän.

4.4.1.5 Schreibung von Komposita

Bindestriche   Prinzipiell werden Komposita im heutigen Deutsch zusammengeschrieben. Es ist jedoch auch erlaubt, Bindestriche einzufügen, z.B. um die einzelnen Bestandteile des Kompositums zu verdeutlichen. Wenn in den folgenden Komposita kein Bindestrich stehen würde, wäre es schwieriger, die Morphemgrenzen zu identifizieren.

(15) Druck-Erzeugnis, Rad-Artisten

Die Schreibung mit Bindestrich kann auch eingesetzt werden, um ein idiomatisiertes Kompositum zu remotivieren. Sowohl *Hochzeit* als auch *Augenblick* sind stark idiomatisierte Komposita, die durch die Schreibung mit Bindestrich in den folgenden Internetbelegen wieder auf die Bedeutung der einzelnen Komponenten zurückgeführt werden:

(16) a. Wann ist eine Hochzeit auch eine Hoch-Zeit?
     b. Flirt und Beziehungsschule Augen-Blick
     c. Knopfdruck per Augen-Blick

neuere Tendenzen   Neuere Tendenzen bei der Schreibung von Komposita, die vor allem in der Werbung und im Marketing zu beobachten sind, sind die Binnengroßschreibung und Getrenntschreibungen:

(17) a. BahnCard, TagesTicket, DaimlerChrysler,
        RundumSorglos-Reiseschutz (Binnengroßschreibung)
     b. Kunden Service, Opel Händler, Super Nanny (TV-Serie nach
        amerikanischem Vorbild) (Getrenntschreibungen)

4.4.2 Derivation (Ableitung)

Von Derivation spricht man, wenn mithilfe eines Affixes ein neuer Wortstamm gebildet wird. Der Stamm, an den das Affix angefügt wird, heißt auch Basis der Derivation. Nach der Position der Affixe lassen sich drei Haupttypen von Derivation unterscheiden:

Die Haupttypen von Derivaten sind

– Präfigierungen: *ver-senk-, ent-setz-, be-quassel-, Un-lust*
– Suffigierungen: *Versicher-ung, Lehr-er, Gelegen-heit, Dumm-chen, amt-ier-, normal-isier-, höf-lich, mach-bar, pelz-ig, herr-isch*
– Zirkumfigierungen: *Ge-johl-e, Ge-kreisch-e*

Indigene (einheimische) Affixe sind in der Regel nicht akzentuiert.

Derivationsaffixe sind reihenbildend, sie treten nicht nur in einer einzigen Bildung auf. Wenn sich mithilfe eines Affixes neue Wörter bilden lassen, liegt ein produktives Affix vor. Manche Affixe sind unproduktiv, wie das Affix *-t* in *Fahr-t*, denn mithilfe dieses Affixes können keine neuen Wörter gebildet werden.

4.4.2.1 Suffigierung

Ein Suffix legt die Kategorie (Wortart) des gebildeten Wortes fest. Dementsprechend kann man zwischen Nominalsuffixen, Verbalsuffixen, Adjektivsuffixen und Adverbsuffixen unterscheiden:

– Nominalsuffixe: *Lehr-er, Versicher-ung, Gelegen-heit, Dumm-chen,...*
– Verbalsuffixe: *läch-el-, amt-ier-, normal-isier-,...*
– Adjektivsuffixe: *höf-lich, pelz-ig, herr-isch,...*
– Adverbsuffixe: *nacht-s, kreuz-weise, dumm-erweise, rück-lings,...*

Sehr oft ändert sich durch Suffigierung die Wortart, es gibt jedoch Ausnahmen: z.B. *gelb-lich, Schreiber-ling*.

Wie bei der Komposition bestimmt auch bei der Derivation das am weitesten rechts stehende Element die Wortart. Daran wird eine allgemeine Gesetzmäßigkeit sichtbar, das sog. Kopf-rechts-Prinzip. Wie die Zweitglieder bei Komposita legen die Suffixe nicht nur die Wortart, sondern bei Substantiven auch das Genus und die Flexionsklasse fest. Kopf-rechts-Prinzip

(18) Kopf-rechts-Prinzip

Lehr$_V$	er$_{N\text{-Suffix}}$	→	Nomen
Lehrer$_N$	in$_{N\text{-Suffix (feminin)}}$	→	Nomen (feminin)
mach$_V$	bar$_{Adj\text{-Suffix}}$	→	Adjektiv
gründ$_N$	lich$_{Adj\text{-Suffix}}$	→	Adjektiv
haus$_N$	hoch$_{Adj}$	→	Adjektiv
Hoch$_{Adj}$	haus$_N$	→	Nomen

Das Nominalsuffix *-er*

Mithilfe des Suffixes *-er* können aus Verben maskuline Substantive abgeleitet werden. Das abgeleitete Substantiv bezeichnet häufig eine Person, die die im Verb bezeichnete Handlung ausführt (Nomen agentis, lat. *agens* ‚der Handelnde') oder das Instrument, das zur Ausführung der Handlung eingesetzt wird (Nomen instrumenti), gelegentlich auch die Handlung selbst (Nomen acti):

(19) Suffigierungen mit *-er*
    a. *Verkäufer, Lehrer, Tänzer, Sänger, Händler* (Nomen agentis)
    b. *Bohrer, Rasierer, Sauger* (Nomen instrumenti)
    c. *Seufzer, Rülpser, Lacher* (Nomen acti)

Seltener tritt ein Nomen als Basis der Ableitung auf, wie in *Gärtner* oder *Trompeter*. Das Suffix *-er* ist produktiv und sehr vielseitig verwendbar, in jedem Fall ist das abgeleitete Nomen jedoch maskulin.

Das Nominalsuffix *-ung*

Das Suffix *-ung* verbindet sich mit verbalen Basen und leitet daraus feminine Substantive ab. Die Substantive bezeichnen Prozesse oder Resultate der Verbalhandlung: *Verführung, Absicherung, Versicherung, Bearbeitung, Verarbeitung, Entschuldung* etc.

Das Nominalsuffix *-in*

Movierung

Das Suffix *-in* dient dazu, von maskulinen Substantiven, die Personen oder Tiere bezeichnen, feminine Substantive abzuleiten, zur expliziten Bezeichnung von weiblichen Vertretern der Klasse. Diesen Vorgang nennt man auch Movierung: *Lehrer-in, Sänger-in, Läufer-in, Löw-in, Tiger-in, Hünd-in* usw.

Die Nominalsuffixe *-heit/-keit/-igkeit*

Die Suffixe *-heit/-keit/-igkeit* leiten aus vorwiegend adjektivischen Basen feminine Substantive ab: *Schönheit, Dummheit, Wichtigkeit, Schludrigkeit* etc. Das erweiterte Suffix *-igkeit* ist dadurch entstanden, dass eine häufig auftretende Adjektivendung (zunächst *-e*, später *-ig*) als Bestandteil des Suffixes aufgefasst wurde: *Kleinigkeit* enthält das Adjektiv *klein* sowie das erweiterte Suffix *-igkeit*.

Das Nominalsuffix *-ei/-erei*

Lehnsuffix

Das Nominalsuffix *-ei/-erei* verbindet sich mit substantivischen und verbalen Basen und leitet daraus feminine Substantive ab, z. B. *Auskunftei, Bäckerei, Brauerei, Malerei, Heuchelei*. Wegen der häufigen Verbindung dieses Suffixes mit einem Substantiv auf *-er* tritt das Suffix in einigen Fällen zu *-erei* erweitert auf, wie in *Sauerei* oder *Schweinerei*. Dass es ein Lehnsuffix ist (das ursprünglich aus dem Lateinischen stammt), wird daran deutlich, dass dieses Suffix den Wortakzent trägt.

Die Suffixe *-chen* und *-lein*

Diminution

Die Suffixe *-chen* und *-lein* drücken eine Verkleinerung (Diminution) aus, die sich nicht immer auf die objektive Größe beziehen muss, sondern auch eine affektive Haltung des Sprechers ausdrücken kann. Diese ist meist positiv und liebevoll (z. B. *Mütterchen, Kätzchen*), kann jedoch auch negative Einstellungen wie Geringschätzung bis hin zur Verachtung ausdrücken (z. B. *Bürschchen, Freundchen*). Diminutivsuffixe verbinden sich überwiegend mit Substantiven und leiten aus ihnen neutrale Substantive ab: *Haus – Häuschen, Hans – Hänschen, Reform – Reförmchen, Frau – Fräulein, Mann – Männlein, Buch – Büchlein*. Selten verbinden sie sich auch mit anderen Wortarten, z. B. in *Tschüß – Tschüßchen, Hallo – Hallöchen*.

Das Adjektivsuffix *-bar*

Die Basis der Ableitung stellt meistens ein Verb dar, das eine Handlung bezeichnet, wie *machbar, lesbar, essbar, genießbar, begehbar, annehmbar, verantwortbar* etc. Das abgeleitete Adjektiv drückt die Möglichkeit aus, die Handlung auszuführen: Etwas, das man machen kann, ist machbar, etwas, das man lesen kann, ist lesbar usw. Nicht mehr produktiv sind die Bildungen mit nominaler Basis, wie sie in *fruchtbar, wunderbar* und *furchtbar* vorliegen.

Die folgende Tabelle gibt einen Überblick über häufig auftretende Suffixe, deren Basen und die Eigenschaften des derivierten Lexems:

Suffix	Basis	Derivationsprodukt
-er	adjektivisch	maskulines Substantiv: *Tänzer, Sänger, Bohrer, Eierkocher*
-ung	verbal	feminines Substantiv: *Achtung, Behandlung, Umleitung*
-heit/-keit/ -igkeit	verbal, nominal	feminines Substantiv: *Schönheit, Heiterkeit, Gelassenheit*
-ling	verbal	maskulines Substantiv: *Prüfling, Säugling, Setzling*
-e	verbal, adjektivisch, substantivisch	feminines Substantiv: *Bleibe, Bremse, Klatsche, Stärke, Breite, Schwede*
-in	nominal	feminines Substantiv: *Lehrerin, Polizistin, Präsidentin*
-ig	nominal, verbal, adjektivisch, adverbial	Adjektiv: *lustig, griffig, aufwendig, dortig,* Verb: *ängstig-, kreuzig-*
-lich	nominal, adjektivisch	Adjektiv: *hässlich, gelblich, zierlich, einvernehmlich*
-bar	verbal, nominal	Adjektiv: *machbar, lesbar, ungenießbar*
-erweise	adjektivisch	Adverb: *bemerkenswerterweise, dankenswerterweise*

Tabelle 3: Häufige Suffixe im Deutschen

4.4.2.2 Präfigierung

Die Präfigierung ist, wie nach dem Kopf-rechts-Prinzip zu erwarten, nicht kategorienverändernd, sondern sie bewirkt lediglich eine Veränderung der Bedeutung (semantische Modifikation), wie in den folgenden Beispielen: [*Un-ruhe*$_N$]$_N$, [*ver-senk*-$_V$]$_V$, [*ent-setz*-$_V$]$_V$.

Wie Suffixe sind Präfixe reihenbildend und in der Regel unakzentuiert. Ausnahmen zur Unbetontheit von Präfixen stellen das Präfix *un-* sowie einige Lehnpräfixe dar (z. B. *a-sozial, des-interessiert, dis-funktional, de-verbal*).

Das Präfix *un-*
Das Präfix *un-* verbindet sich mit Adjektiven und Substantiven sowie Adverbien, die Wortart wird jeweils von der rechts stehenden Basis bestimmt.

(20) a. *unschön, ungut, unattraktiv, uninteressant* (Adjektiv)
    b. *Undank, Unlust, Unwetter, Unkosten, Unmensch, Untier* (Substantiv)
    c. *ungerne* (Adverb)

semantische
Modifikationen

Die Basis wird durch *un-* in verschiedener Weise semantisch modifiziert:

– Umkehrung ins Gegenteil (Negation): *unabhängig, Undank, Unlust,...*
– Verstärkung/Steigerung: *Unmenge, Unsumme, Unzahl, Untiefe,...*
– negative Wertung: *Unfall, Unwort, Unkraut, Unsitte, Unwetter,...*

Das Präfix *ent-*

Präfixe spielen bei der Wortbildung der Verben eine wichtige Rolle. Als Beispiel betrachten wir das Präfix *ent-*, das sich vorwiegend mit verbalen, aber auch mit adjektivischen und nominalen Basen verbindet. Seine Semantik ist meist privativ, es drückt ein Fehlen, Entfernen und Rückgängigmachen aus, wie in *entlaufen, (sich) entloben, entfremden, entkernen*. Bei Bildungen wie *entkernen* entsteht ein Problem für das Kopf-rechts-Prinzip, da der rechte Bestandteil dieser Bildung kein Verb ist.

Weitere verbale Präfixe sind *be-, er-, miss-, ver-* und *zer-*. Verbale Präfixe, zu denen homonyme Präpositionen existieren, sind *durch-, über-, unter-, um-, hinter-* und *wider-*.

4.4.2.3 Zirkumfigierung

Bildungen mit *Ge–(e)*

Zirkumfigierung ist eher selten. Ein im heutigen Deutsch produktives Zirkumfix ist *Ge–(e)*, das sich mit verbalen Basen verbindet und neutrale Substantive ableitet. Bei vielen alten deverbalen *Ge-*Bildungen ist der rechte Teil des Zirkumfixes durch Apokope entfallen wie in (21a). Bei neueren Bildungen ist *-e* in bestimmten phonologischen Umgebungen fakultativ, nämlich nach unbetontem *-er, -el* und *-en* wie in (21b):

(21) a. Gebell, Gebet, Gebrüll, Geflüster, Gefühl, Gehalt, Geheul, Gehör, Gemisch, Gerücht, Geschenk, Geschrei, Geschwätz, Gespann, Gespür, Gesteck, Gesuch, Gewühl,...

b. Gealber(e), Gebabbel(e), Gejammer(e), Geklimper(e), Gepolter(e), Geplauder(e),...

c. Gerede, Gesinge, Gemurre, Gezerre, Getue, Geschnarche, Gemaule, Getanze,...

Diese neueren Bildungen in (21b und c) bezeichnen wiederholte Handlungen und sind häufig abwertend, die Handlungen werden als etwas lästig bewertet.

Es existieren auch denominale Bildungen, das Muster ist jedoch nicht mehr produktiv: *Gebirge* (von *Berg*), *Gefilde* (von *Feld*), *Gehäuse* (von *Haus*), *Gelände* (von *Land*), *Gerippe* (von *Rippe*). Bei den denominalen Bildungen handelt es sich um Kollektivbildungen, die eine Ansammlung von dem in der Basis Bezeichneten darstellen: Ein Gebirge ist eine Ansammlung von Bergen, ein Gebüsch eine Ansammlung von Büschen usw. Bei den denominalen Bildungen sind umlautfähige Vokale umgelautet und /e/ wird zu /i/ angehoben. Umlautung und Hebung setzen einen Auslöser im darauf folgenden Morphem voraus. Dies deutet darauf hin, dass dieses Bildungsmuster sehr alt ist und bis in die althochdeutsche Zeit zurückgeht, wo diese Bildungen auf *-ja* endeten, das zu *-e* reduziert wurde und schließlich durch Apokope wegfiel. Da bei vielen Bildungen mit dem Zirkumfix *Ge–(e)* ein ursprünglich rechts vorhandenes *-e* aus phonologischen Gründen entfällt, liegt nur eine scheinbare Verletzung des Kopf-rechts-Prinzips vor.

4.4.3 Afffixoidbildungen

Die Grenzen zwischen Komposition und Derivation sind nicht immer so scharf, wie es oft erscheinen mag. Diachron lässt sich das dadurch erklären, dass Derivationsmorpheme aus ursprünglich frei auftretenden Kompositionsstämmen entstehen können. Bestimmte Suffixe lassen sich in ihrer diachronen Entwicklung bis auf ein selbständiges Lexem zurückführen. Das Suffix -heit geht auf ein noch im Mittelhochdeutschen frei auftretendes Substantiv heit mit der Bedeutung ,Art und Weise, Eigenschaft, Person, Stand' zurück. Das Suffix -bar geht auf das germanische Verb *ber-a- ,tragen, bringen' zurück (der Stern zeigt an, dass es sich dabei um eine rekonstruierte Form handelt). Fruchtbar ist also ursprünglich etwas, das Frucht tragen kann. Das Suffix -lich geht auf ein germanisches Substantiv *lika ,Körper, Gestalt, Form' zurück. Dieses ursprüngliche Substantiv steckt auch in dem Wort Leiche, das ursprünglich ,Form des Körpers' bedeutete.

(Randglosse: zwischen Komposition und Derivation)

Da selbständige Lexeme sich zu Affixen entwickeln können, ist der Übergang zwischen Komposition und Derivation fließend. Im Übergangsstadium befindliche Elemente werden als Affixoide (Halbaffixe) bezeichnet. Bildungen mit Affixoiden liegen zwischen Komposition und Derivation und werden auch als Affixoidbildungen bezeichnet. Betrachten wir dazu die folgenden Beispiele:

(Randglosse: Affixoide)

(22) a. Schuh**werk**, Laub**werk**
     b. arbeits**los**, gedanken**los**
     c. Rechnungs**wesen**, Staats**wesen**

Zu den Affixoiden existiert noch ein gleichlautendes frei auftretendes Element, doch trägt das Affixoid nicht mehr die Bedeutung des frei auftretenden Lexems. Werk tritt zwar noch als freies Lexem auf, mit den Bedeutungen ,Produkt der Arbeit' oder ,Ort der Arbeit'. Doch es hat in den hier genannten Verbindungen nicht die gleiche Bedeutung wie als freies Lexem. Am ehesten ist eine Verbindung zur Bedeutung des freien Lexems noch in Schuhwerk erkennbar, da Schuhe ursprünglich Produkt eines Handwerks sind. Auch -los tritt zwar noch frei auf (etwa in die losen Blätter oder jemanden los sein), die ursprüngliche Bedeutung ist ,frei, ungebunden', diese Bedeutungskomponente ist jedoch in Bildungen wie arbeitslos verblasst.

4.4.4 Steigerungsbildungen

Häufig zu den Affixoidbildungen gerechnet werden sog. Steigerungsbildungen. Das Erstglied in diesen Bildungen drückt einen hohen Grad aus, der etwas unter dem höchsten Grad, dem Superlativ, liegt. Bildungen dieser Art wurden früher auch als „Volkssuperlative" oder „verstärkende Komposita" bezeichnet. Dieser Bildungstyp tritt bei Adjektiven und Substantiven auf:

(23) a. saukalt, erzkonservativ, stockfinster, hundsgemein, urgesund, grundverkehrt,…
     b. Affenhitze, Riesenfußballer, Bombenstimmung Affenschande, Bullenhitze, Höllentempo, Bombenerfolg, Riesentyp,…

keine Affixoid-
bildungen

Gegen die Kategorisierung als Affixoidbildung spricht jedoch, dass bei den Erstgliedern keine Entwicklung zu einem Präfix erkennbar ist und viele Erstglieder nicht reihenbildend sind, wie das von einem Affix bzw. Affixoid zu erwarten wäre. Einige Autoren setzen aufgrund der besonderen Eigenschaften dieser Bildungen einen eigenen Wortbildungstyp „Steigerungsbildung" an und nennen das Erstglied „Steigerungselement" (z.B. Altmann 2011). Steigerungsbildungen weisen eine Reihe von Eigenschaften auf, die einen eigenen Wortbildungstyp nahelegen.

Wortakzent

Die Bildungen tragen einen Doppelakzent:

vgl. *STEINREICH* (‚sehr reich') vs. *STEINreich* (‚reich an Steinen'),
BLUTARM (‚sehr arm') vs. *BLUTarm* (‚arm an Blut'),
SPITzenpoLItiker (‚sehr guter Politiker' vs. *SPITzenpolitiker* (‚Politiker an der Spitze')

keine Komposition

Gegen eine Zuordnung der Steigerungsbildungen zur Komposition spricht, dass das Steigerungselement nicht frei mit derselben Bedeutung auftritt, also kein frei auftretender Stamm ist. Dies unterscheidet die Steigerungsglieder von frei auftretenden Intensivierern wie etwa *sehr*. Der Unterschied wird bei dem folgenden Fragetest deutlich, in dem zwar *sehr*, aber nicht *sau* frei auftreten kann: z.B. *Ist er gut? Ja, sehr/*sau.*

In einer Steigerungsbildung können mehrere Steigerungsglieder auftreten, z.B. *nigelnagelneu, rippelrappelvoll, pechkohlrabenschwarz, ururalt, bitterbitterkalt*. Auch diese Eigenschaft spricht dagegen, Steigerungsbildungen zu einem anderen Wortbildungstyp zu rechnen.

4.4.5 Lexikalische Konversion

Bei den bisher behandelten Wortbildungstypen werden jeweils mehrere Einheiten miteinander kombiniert (= kombinatorische Wortbildung). Dagegen handelt es sich bei der Konversion um nicht-kombinatorische Wortbildung: Bei der lexikalischen Konversion wird am Stamm nichts verändert, es wird auch nichts hinzugefügt, sondern es ändert sich lediglich die Wortart:

(24) a. Nomen → Verb: *Fisch* → *fisch-, Mauer* → *mauer-,*
        Computer → *computer-, Rock* → *rock-, Schriftsteller* → *schriftsteller-,*
        Töpfer → *töpfer-, Berliner* → *berliner-*
    b. Verb → Nomen: *beweis-* → *Beweis, treff-* → *Treff,*
        schwenk- → *Schwenk, dreh-* → *Dreh*
    c. Adjektiv → Verb: *süß* → *süß-, faul* → *faul-, krank* → *krank-,*
        reif → *reif-, starr* → *starr-, schnell* → *schnell-* (nicht mehr produktiv)
    d. Nomen → Adjektiv: *Feind* → *feind, Schuld* → *schuld,*
        Orange → *orange, Hammer* → *hammer, Scheiße* → *scheiße,*
        Knaller → *knaller*

Das Verb *fischen* z.B. geht auf das Substantiv *Fisch* zurück, der Stamm ist in beiden Wörten gleich. Auf den ersten Blick sieht es so aus, als würde *-en* die Wortartänderung bewirken, dieses Element ist jedoch ein Flexionsmorphem, kein Derivationsmorphem.

Richtung der
Konversion

Es stellt sich die Frage nach der Konversionsrichtung. Gibt es Kriterien, die zeigen, welches Wort der Ausgangspunkt (die Basis) der Konversion ist? Wieso geht man z. B. davon aus, dass aus einem Verbstamm *beweis-* ein Substantivstamm *(der) Beweis* durch Konversion abgeleitet wird und nicht etwa umgekehrt? Für die Richtung der Konversion kann es verschiedene Hinweise geben. Ein eindeutiger Hinweis liegt vor, wenn das durch Konversion entstandene Wort ein für eine Wortart typisches Präfix enthält: z. B. enthält bei den Wörtern *beweisen – Beweis, verraten – Verrat, zerfallen – Zerfall* das Substantiv jeweils ein verbales Präfix, was darauf hindeutet, dass das Verb die Ausgangswortart darstellt.

Einen Hinweis auf die Konversionsrichtung kann auch die Form eines Worts geben, wenn sie einer starken Form eines Verbs entspricht. Aus den verschiedenen Stämmen eines starken Verbs können durch lexikalische Konversion Substantive abgeleitet werden. Ein Beispiel hierfür ist das starke Verb *binden* mit dem Stämmen *band* und *bund,* aus denen durch Konversion die Substantive *(das) Band, (der) Band* und *Bund* abgeleitet sind. Die entsprechenden Stammformen des starken Verbs können inzwischen nicht mehr existieren, wie z. B. bei *Bruch, Wurf* oder *Flug.* formale Kriterien

Auch die Bedeutung kann einen Hinweis auf die Konversionsrichtung liefern. Man geht davon aus, dass bestimmte Wortarten eine prototypische Bedeutung haben, z. B. bezeichnen Verben eine Handlung oder ein Ereignis, Adjektive benennen Eigenschaften und Substantive (stark vereinfacht betrachtet) Gegenstände oder Personen. Da der *Lauf* ein Ereignis bezeichnet und damit eine prototypische Verbbedeutung enthält, kann davon ausgegangen werden, dass der Verbstamm *lauf-* die Basis der Konversion darstellt. semantische Kriterien

Auch die Abhängigkeit der Bedeutung kann einen Hinweis auf die Konversionsrichtung liefern. So setzt z. B. die Tätigkeit des Fischens die Existenz von Fischen voraus oder die Tätigkeit des Puderns die Existenz von Puder. Das Substantiv kommt in der Paraphrase der Verbbedeutung vor, z. B. *pudern* ,mit Puder versehen'. Problematisch ist dieses Kriterium aber für Nomen instrumenti und die mit ihnen korrespondierenden Verben, wie z. B. *fessel- – Fessel, kurbel- – Kurbel, schaufel- – Schaufel.* Hier ist schwer zu sagen, was zuerst war: Setzt die Tätigkeit des Kurbelns eine Kurbel voraus oder wird dieses Instrument durch diese Tätigkeit quasi geschaffen? Betrachtet man neuere Konversionen dieser Art, dann ist allerdings ziemlich deutlich, dass erst die Bezeichnung für das Instrument, dann das Verb für die Tätigkeit gebildet wird, z. B. bei *computern, jetten* etc. Hier liefert zudem die Herkunft des Wortes einen eindeutigen Hinweis: *Computer* und *Jet* sind aus dem englischen entlehnte Substantive, die Verben dazu existieren jedoch nur im Deutschen.

4.4.6 Syntaktische Konversion

Bei der syntaktischen Konversion wechselt eine Wortform (Stamm + Flexiv) die Wortart, wie in *das Schwimmen, das Unternehmen, das Gute, der Reisende, die Angestellte.*

Im Unterschied zur lexikalischen Konversion wechselt ein Stamm mit Flexiv und nicht der reine Stamm die Wortart. Meist handelt es sich um „Substantivierungen". Da Wörter in einem konkreten Satz umkategorisiert werden, spricht man auch von grammatischer Transposition. Die häufigsten Arten syntaktischer Konversion sind im Deutschen: grammatische Transposition

V (Partizip I und II) → Adj:	*lachend, gestrichen, geschlagen*
V (Infinitiv) → N:	*das Sein, das Schwimmen*
flektiertes Adj → N:	*der/die/das Schöne*

Partizipien

Die Partizipien können im Deutschen als Adjektive verwendet werden. Sie erhalten Adjektivflexive, wie in *die geleistete Arbeit, der vergötterten Diva.* Das Partizip I kommt im heutigen Deutsch nur noch adjektivisch vor: *die spielenden Kinder, die lachende Frau.* Daher ist schon vorgeschlagen worden, das Suffix *-d* in Partizipien nicht als Flexiv einer Verbform, sondern als Derivationssuffix aufzufassen (Eisenberg 2006).

Infinitivformen

Alle Infinitivformen von Verben können zum Substantiv (Nomen) werden. Für andere als die infiniten Verbformen ist diese Konversion nicht möglich: *das Schwimmen,* aber nicht: **das Schwimme, *das Schwimmt.* Die substantivierten Infinitive sind neutrale Nomina, die meistens keinen Plural bilden. Sie können jedoch eine substantivtypische Genitivendung tragen: z.B. *des Schwimmens.*

Konversion von Adjektiven

Bei der Konversion vom Adjektiv zum Nomen können alle Formen eines Adjektivs zum Substantiv werden: *der/die Schöne, eine Schöne, die Schönen,* etc. Es handelt sich hier um sehr untypische Substantive, da diese Substantive Flexive von Adjektiven aufweisen und wie Adjektive stark oder schwach flektiert werden können: **der** *Angestellte –* **ein** *Angestellter,* **der** *Studierende –* **ein** *Studierender.* Untypisch für Substantive ist auch, dass diese Bildungen nicht genusfest sind, sondern in verschiedenen Genera auftreten können: *der/die Studierende.*

4.4.7 Partikelverbbildung

trennbare Verben

Einen besonderen Wortbildungstyp stellt die Bildung von trennbaren Verben dar, die häufig auch Partikelverben genannt werden. Es ist umstritten, ob Partikelverben als Wörter gelten können und falls ja, durch welchen Wortbildungsprozess sie entstehen. Bußmann (2008:509) spricht von einem „Distanzkompositum" und „Partikelkompositum". Aufgrund der Besonderheiten dieser Bildungen ist die Annahme eines Wortbildungstyps „Partikelverbbildung" (Fleischer/Barz 2012:91) sinnvoll.

syntaktische und morphologische Trennbarkeit

Partikelverben sind syntaktisch und morphologisch trennbar. Der trennbare Teil kann im Satz separat auftreten. Bei der Bildung von Infinitivformen mit *zu* tritt *zu* zwischen den trennbaren Teil und den Stamm (*aufzuwachen*), bei der Bildung des Partizip II tritt *ge-* zwischen den trennbaren Teil und den Stamm (*aufgewacht*). Der trennbare Teil trägt den Wortakzent.

Präfixe und trennbare Verbteile

Für den trennbaren Teil dieser Verben existieren verschiedene Bezeichnungen, er wird Verbpartikel, Verbzusatz oder Präverb genannt. Die Bezeichnung als Präfix ist irreführend, da Präfixe stellungsfest vor ihrem Stamm stehen. Einige Elemente können sowohl als Präfix wie auch als Verbpartikel auftreten: *durch, hinter, über, um, unter* und *wider.* Als Präfix sind sie unbetont. Nur als verbale Präfix treten dagegen *be-, er-, ge-, ent-, zer-* und *ver-* auf.

Die Unterschiede zwischen Bildungen mit einem Präfix und einer Verbpartikel verdeutlicht die folgende Tabelle:

Präfixverb	Partikelverb	
Er **umfährt** die Stadt.	Er **fährt** die Frau **um**.	Trennbarkeit im Satz
zu umfahren	um**zu**fahren	Infinitiv mit *zu*
umfahren	um**ge**fahren	Partizip II
umFAHren	UMfahren	Wortakzent

Tabelle 4: Präfixverb vs. Partikelverb

Den Verbpartikeln entsprechen verschiedene Arten frei auftretender Elemente:

> Präpositionen: *auf*gehen, *ab*warten, *unter*gehen,...
> Adverbien: *hinauf*gehen, *herunter*fallen,...
> Adjektive: *frei*stehen, *still*sitzen, *krank*feiern,...

Von einigen Autoren werden auch Nomina in Verbindungen wie *Klavier spielen* und *Rad fahren* zu den Verbpartikeln gerechnet, da sich diese Verbindungen ähnlich verhalten wie trennbare Verben.

Wir können hier nicht auf alle Argumente für und gegen den Wortstatus von trennbaren Verben eingehen. Ihre Trennbarkeit ist für ein Wort sehr untypisch. Die Teile eines Partikelverbs weisen damit Eigenschaften separater Wörter auf, die eine syntaktische Verbindung eingehen. Das Englische erfasst den Doppelcharakter dieser Bildungen, die im Englischen auch existieren, sehr gut mit der Bezeichnung „phrasal verbs". Andererseits werden trennbare Verben in Wörterbüchern als Wörter verzeichnet und sind oft bedeutungsgleich mit anderen Verben. Sie sind häufig idiomatisiert, ihre Bedeutung lässt sich nicht aus der Bedeutung der einzelnen Morpheme herleiten, wie z.B. bei *anfangen* (‚beginnen') und *aufhören* (‚beenden'). | Wortstatus umstritten

4.4.8 Kurzwortbildung

Kurzwörter sind Varianten einer Langform und tragen in der Regel die gleiche Bedeutung wie die Langform.

(25) SPD (Sozialdemokratische Partei Deutschlands)
Zivi (Zivildienstleistender)
V-Mann (Verbindungsmann)

Kurzwörter können jedoch auch Bedeutungen annehmen, die die Langform nicht hat. Wenn jemand *Bafög* bekommt, bekommt er nicht das *Bundesausbildungsförderungsgesetz*. Man kann einen *BMW* fahren, aber nicht die *Bayerischen Motorenwerke*. Hier hat das Kurzwort jeweils eine Verwendungsweise, die die Langform nicht aufweist. | Bedeutung

Nicht zu den Kurzwörtern gehören Abkürzungen (wie *bzw., z.B., d.h., etc., usw.*), die reine Schreibvarianten darstellen: Im Gegensatz zu Abkürzungen können Kurzwörter auch gesprochen werden.

Kurzwörter lassen sich nach verschiedenen Kriterien klassifizieren. Nach der Art der Kürzung kann man unterscheiden zwischen Kurzwörtern, die nur ein Segment der Langform enthalten, d.h. unisegmental sind, wie z.B. *Zivi* | Arten

(*Zivildienstleistender*), und Kurzwörtern, die mehrere Segmente der Langform enthalten, also multisegmental sind, wie etwa *Hiwi* (*Hilfswissenschaftler*). Bei unisegmentalen Kurzwörtern kann das Segment aus unterschiedlichen Teilen der Langform stammen. Enthält das Kurzwort den Anfang der Langform, spricht man von einem Kopfwort oder Initialwort (z. B. *Dispo(sitionskredit)*). Seltener treten Kurzwörter auf, die das Ende der Langform enthalten. Sie heißen Endwort, Schwanzwort oder finales Kurzwort. Beispiele sind *(Omni-)Bus, (Violon-)Cello*. In sehr seltenen Fällen stammt das Segment aus der Mitte der Langform, etwa bei *(E)Lisa(beth)*.

Kurzwörter, die aus einzelnen Buchstaben bestehen, werden auch Akronyme genannt. Sie werden als einzelne Buchstaben ausgesprochen (z. B. *DNS*) oder können silbisch ausgesprochen werden, wenn die Buchstaben mögliche Silben des Deutschen ergeben (z. B. *taz*).

Bei partiellen Kurzwörtern wird der erste Teil eines Kompositums auf einen Buchstaben reduziert, wie in *K(andidaten)-Frage*.

a) Unisegmentale Kurzwörter:

Kopfwörter (Initialwort): *Abi(tur), Akku(mulator), Alk(ohol), Demo(nstration), Disko(thek), Krimi(nalfilm, nalroman), Lok(omotive), Mathe(matik), Uni(versität)*

Endwörter (auch: Schwanzwörter, Finalwörter): *(Omni-)Bus, (Violon-)Cello*

b) Multisegmentale Kurzwörter:

Aussprache nach dem Lautwert: *Azubi (Auszubildender), Bafög (Bundesausbildungsförderungsgesetz), Stasi (Staatssicherheitsdienst), TÜV (Technischer Überwachungsverein), FAZ (Frankfurter Allgemeine Zeitung), taz (die Tageszeitung)*

Aussprache einzelner Buchstaben („Buchstabier-Akronyme"): *DNS (Desoxyribonukleinsäure), ARD (Arbeitsgemeinschaft der Rundfunkanstalten Deutschlands), PKW (Personenkraftwagen), ICE (Inter City Express), FAZ (Frankfurter Allgemeine Zeitung), EZB (Europäische Zentralbank)*

Partielle Kurzwörter: *O-Saft (Orangensaft), U-Bahn (Untergrundbahn), V-Mann (Verbindungsmann)*

4.4.9 Wortkreuzung

Bei der Wortkreuzung werden Teile aus mehreren Wörtern zu einem Wort kombiniert, häufig aus dem Anfang eines Wortes und dem Ende eines anderen. Wortkreuzung wird auch Kontamination, auf englisch „blending" genannt. Bekannte Beispiele aus dem Englischen sind *Smog* (aus *smoke* + *fog*) und *Brunch* (aus *breakfast* und *lunch*). Auch im Deutschen tritt dieser Wortbildungstyp gelegentlich auf:

(26) *jein* (aus *ja* und *nein*)
    Denglisch (*Deutsch* und *Englisch*)
    verschlimmbessern (aus *verschlimmern* und *verbessern*)
    Infotainment (aus *Information* und *Entertainment*)
    Bankster (aus *Banker* und *Gangster*)
    Demokratur (aus *Demokratie* und *Diktatur*)

4.4.10 Zusammenrückungen

Zusammenrückung liegt vor, wenn mehrere selbständige Wörter, die ursprünglich in einer syntaktischen Verbindung stehen, zu einem Wort zusammengezogen werden. Da mehrere Worte zu einem werden, spricht man auch von Univerbierung. Bei den Einheiten, die zu einem Wort werden, kann es sich um ganze Sätze handeln (27a) oder um Wortgruppen (27b). Häufig findet sich Zusammenrückung bei Präpositionen und Substantiven, die zu einer neuen Präposition werden (27c).

Univerbierung

(27) a. Vergissmeinnicht, Rührmichnichtan, Tunichtgut, gottseidank
    b. Dreikäsehoch, Handvoll, (der) Hohepriester, Vaterunser,
       Muttergottes
    c. infolge, aufgrund, zugunsten, zuliebe, stattdessen, anstatt

Dass es sich bei den Zusammenrückungen ursprünglich um syntaktische Verbindungen handelt, wird daran deutlich, dass teilweise innerhalb dieser Wörter noch Flexionsendungen auftreten können, wie in *(der) Hohepriester – (des) Hohenpriesters.*

✍ Übungen

1. Geben Sie an, in welchen der folgenden Wörter <er> ein Morphem repräsentiert. Geben Sie jeweils an, ob es sich dabei um ein Flexions- oder um ein Derivationsmorphem handelt.

   Glaser, besser, Bohrer, Bruder, Finger, Lider, freier (Mann), freier (als), Kinder, welcher, Wetter

2. Zerlegen Sie die folgenden Wörter in Morpheme und bestimmen Sie die Art der Morpheme (freies Morphem, Präfix, Suffix, Zirkumfix):

   Beglückungen, verarmen, Schwarzfahrers, Schlafwandler, getragen

3. Bestimmen Sie die Wortbildungstypen der folgenden Wörter:

   süß-sauer, Mordspech, TÜV, Azubi, Abi, Arabellion, U-Boot, aufgrund

4. Analysieren Sie die folgenden Wörter schrittweise in einem Baumdiagramm. Geben Sie zu jedem Analyseschritt die beteiligten Elemente und den Wortbildungstyp an!

   bedeutungslos, Vaterschaftsklage, unzumutbar, Flugzeugentführung, Krankheitserfinder, zubetonieren, Urlaubsvertretung, Abzocke, Altbauwohnung, Wetterbericht, Unternehmensbesteuerung, Durchsuchungsbefehl, Verwandlungskünstlerin, Abweichler

👓 Tipps zum Weiterlesen

Sehr detailreich sind die Einführungen von Altmann (2011) und Altmann/Kemmerling (2005). Verschiedene Standpunkte der Forschung skizziert Donalies (2005). Ausführliche Informationen zu einzelnen Wortbildungssuffixen und Präfixen finden sich bei Fleischer/Barz (2012).

Literaturhinweise

Altmann, Hans (2011): *Prüfungswissen Wortbildung.* Göttingen: Vandenhoeck & Ruprecht.

Altmann, Hans/Kemmerling, Silke (2005): *Wortbildung fürs Examen. Studien- und Arbeitsbuch.* 2., überarbeitete Auflage. Göttingen: Vandenhoeck & Ruprecht (Linguistik fürs Examen, 2).

Barz, Irmhild/Schröder, Marianne/Hämmer, Karin/Poethe, Hannelore (2002): *Wortbildung – praktisch und integrativ. Ein Arbeitsbuch.* Frankfurt a. M.: Lang.

Bauer, Laurie (2003): *Introducing Linguistic Morphology.* 2. Auflage. Edinburgh: University Press.

Bußmann, Hadumod (2008): *Lexikon der Sprachwissenschaft.* 4., durchgesehene und bibliographisch ergänzte Auflage. Stuttgart: Kröner.

Donalies, Elke (2005): *Die Wortbildung des Deutschen. Ein Überblick.* 2., überarbeitete Auflage. Tübingen: Narr (Studien zur deutschen Sprache, 27).

Eisenberg, Peter (2013): *Grundriss der deutschen Grammatik. Das Wort.* 4., aktualisierte und überarbeitete Auflage. Stuttgart/Weimar: Metzler

Elsen, Hilke (2011): *Grundzüge der Morphologie des Deutschen.* Berlin: de Gruyter.

Erben, Johannes (2006): *Einführung in die deutsche Wortbildungslehre.* 5., durchgesehene und ergänzte Auflage. Berlin: Erich Schmidt (Grundlagen der Germanistik, 17).

Fleischer, Wolfgang/Barz, Irmhild (2012): *Wortbildung der deutschen Gegenwartssprache.* 4. Auflage. Berlin: de Gruyter.

Hentschel, Elke/Vogel, Petra M. (Hg.) (2009): *Deutsche Morphologie.* Berlin: de Gruyter.

Lohde, Michael (2006): *Wortbildung des modernen Deutschen. Ein Lehr- und Übungsbuch.* Tübingen: Narr.

Naumann, Bernd (2000): *Einführung in die Wortbildungslehre des Deutschen.* 3. neubearbeitete Auflage. Tübingen: Niemeyer (Germanistische Arbeitshefte 4).

Olsen, Susan (1986): *Wortbildung im Deutschen.* Stuttgart: Kröner.

Thieroff, Rolf/Vogel, Petra Maria (2012): *Flexion.* 2. Auflage. Heidelberg: Winter. (Kurze Einführungen in die germanistische Linguistik, 7).

5. Syntax

Die Syntax regelt die Kombination von Wörtern zu größeren Einheiten und gilt als wesentliches Charakteristikum der menschlichen Sprachfähigkeit, da sie es uns ermöglicht, Zeichen auf vielfältige Weise zu kombinieren und damit auch komplexe Bedeutungen zu übermitteln.

5.1 Mittel zum Aufbau syntaktischer Strukturen

Damit ein Satz grammatisch ist, müssen die Wörter nicht nur in einer nach den Syntaxregeln der jeweiligen Sprache möglichen Abfolge erscheinen, sondern auch jeweils in der richtigen Form, soweit es sich um flektierbare Wörter handelt. Wir betrachten dazu die beiden folgenden Wortfolgen, beide sind durch den vorangestellten Stern (Asterisk) als ungrammatische Gebilde gekennzeichnet:

(1) a. *Schmuck Peter den seiner Frau geschenkt hat.
     b. *Anna wirfst dem Buch auf der Boden.

Obwohl alle Wörter in diesen Gebilden bekannt sind, liegen ganz offensichtlich keine grammatischen Sätze des Deutschen vor, denn die Mittel zum Aufbau von syntaktischen Strukturen sind nicht richtig eingesetzt. (1a) lässt sich dadurch, dass die Abfolge der einzelnen Elemente verändert wird, zu einem korrekten Satz machen. Die Abfolge der einzelnen Elemente ist eines der Mittel zum Aufbau syntaktischer Strukturen. **Abfolge**

In (1b) ist der Fall dagegen anders gelagert. Hier erscheinen die einzelnen Wörter zwar in einer möglichen Abfolge, jedoch nicht in ihrer richtigen Form. Statt *wirfst* müsste es *wirft* heißen, statt *dem das* usw. Die Wahl der richtigen Flexionsformen ist ein weiteres Mittel, syntaktische Strukturen zu bilden. Mithilfe der Flexion können an Wörtern bestimmte grammatische Merkmale wie z. B. Person- oder Kasusmarkierungen angezeigt werden. Wir nennen dieses Mittel daher auch morphologische Markierung. **Flexion**

Neben diesen beiden syntaktischen Mitteln – Abfolge und morphologische Markierung – gibt es noch ein drittes, das weniger augenfällig ist, da es nur in der gesprochenen Sprache vorkommt, nämlich die Intonation. Die beiden Sätze **Intonation**

(2) a. Er kommt.
     b. Er kommt?

unterscheiden sich nur in der Art, wie sie ausgesprochen werden. In (2a) fällt die Stimmtonhöhe gegen Ende des Satzes deutlich ab, während sie in (2b) ansteigt. Dies bedingt, dass (2a) als Aussagesatz, (2b) dagegen als Fragesatz verstanden wird. Die Tonhöhenbewegung hat hier also die Funktion, den Satztyp zu kennzeichnen. Auch weitere intonatorische Eigenschaften wie Pausen und Akzente spielen eine Rolle für die Syntax. Durch die Intonationskurven kann angezeigt werden, welche syntaktische Gliederung beabsichtigt ist. So kann die folgende Wortfolge durch eine Intonationskurve entweder als ein einfacher Satz oder aber durch zwei mit einer kleinen Pause voneinander abgesetzten Intonationskurven als Reihung von zwei Sätzen gekennzeichnet werden, was in der geschriebenen Sprache durch ein Komma markiert wird. Im zweiten Satz ist das Verb weggelassen, da es identisch mit dem Verb des ersten Satzes ist:

(3)　a.　Gott vergibt Django nie.
　　　b.　Gott vergibt, Django nie.

Zusammenfassend lässt sich feststellen, dass es im Wesentlichen drei Mittel zum Aufbau syntaktischer Strukturen gibt:

- die Abfolge der einzelnen Elemente
- die morphologische Markierung (Flexion)
- die Intonation/Interpunktion

5.2 Die Bausteine der Syntax: Wörter und Wortgruppen (Phrasen)

syntaktische
Kategorien

Für die Syntax ist der Begriff der Struktur zentral. Eine Struktur setzt sich aus einzelnen Elementen („Bausteinen") zusammen, die sich aufgrund ihrer Eigenschaften in bestimmte Kategorien einordnen lassen. Die elementaren Bausteine zum Aufbau syntaktischer Strukturen sind die Wörter, sie lassen sich aufgrund bestimmter Eigenschaften in Wortarten (auch Wortklassen oder lexikalische Kategorien genannt) gruppieren. Dabei müssen die Kombinationsregeln nicht für jedes einzelne Wort festgelegt werden, sondern es gibt Klassen von Elementen, die sich weitgehend gleich verhalten. Solche Elemente, die gleiche oder ähnliche grammatische Eigenschaften aufweisen, gehören zur gleichen syntaktischen Kategorie.
　　Zu den syntaktischen Kategorien gehören:

- Wortarten (lexikalische Kategorien)
- Phrasentypen (Arten von Wortgruppen)

5.2.1 Wortarten

Zunächst aber zu den Wortarten. Aufgrund ihrer Eigenschaften ist es uns z.B. möglich, die unbekannten Wörter aus dem folgenden Nonsense-Satz bestimmten Wortarten zuzuordnen.

(4)　das mesopril fluppst den krenin

Distribution

mesopril und *krenin* können aufgrund ihrer Position im Satz als Substantive identifiziert werden, denn sie erscheinen nach einem Artikel und dies ist eine für Substantive typische Position. Man könnte an dieser Stelle im Satz andere zur Klasse der Substantive gehörige Wörter einsetzen. Hier haben wir ein distributionelles Kriterium zur Identifizierung eingesetzt. Unter der Distribution eines Elements versteht man die Positionen im Satz, in denen ein Element auftreten kann.

Auch das Wort *fluppst* lässt sich aufgrund seiner Position im Satz einer Wortart, nämlich den Verben, zuordnen. Hier kommt allerdings noch ein weiteres Merkmal hinzu: *-t* ist als Flexionsendung eines Verbs erkennbar. Hier haben wir also ein morphologisches Kriterium für die Zuordnung zu einer Wortart.

morphologisches Kriterium

Wörter können also aufgrund von zweierlei Kriterien Wortarten zugeordnet werden, nämlich syntaktisch-distributionellen und morphologischen Kriterien.

Semantische Kriterien spielen dagegen eher eine untergeordnete Rolle. Dies liegt zum einen daran, dass es sehr schwer ist, eine gemeinsame Semantik z. B. für alle Substantive oder alle Verben zu definieren, die nicht wegen ihrer Allgemeinheit eine bloße Leerformel ist. Zum anderen sind morphologische und distributionelle Eigenschaften leichter zu beobachten und zu überprüfen als semantische. Bei dem folgenden Überblick über die Wortarten werden daher vor allem die ersten beiden Kriterien berücksichtigt.

semantische Kriterien

Anhand morphologischer Eigenschaften lassen sich Wörter zunächst in flektierbare (veränderbare) und unflektierbare (unveränderbare) einteilen. Bei den flektierbaren ergeben sich anhand der Flexion wieder zwei Gruppen, nämlich deklinierbare und konjugierbare Wörter.

Flexion

Nach morphologischen Kriterien erhalten wir also folgende Klassifikation:

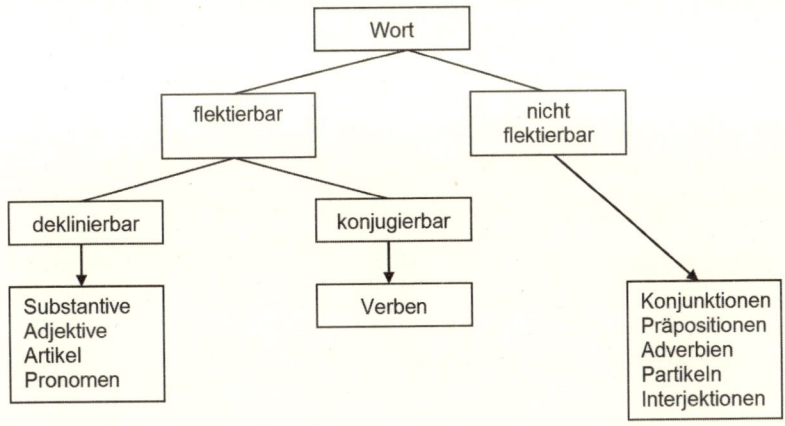

Abbildung 1: Einteilung in Wortarten nach morphologischen Kriterien

Näheres zur Deklination und Konjugation s. Kap 4.3.

5.2.1.1 Deklinierbare Wortarten

Deklinierbare Wortarten können vor allem anhand distributioneller Kriterien weiter unterteilt werden.

Substantive

Substantive (auch: Nomina) unterscheiden sich im Deutschen von allen anderen deklinierbaren Wortarten dadurch, dass sie ein festes Genus aufweisen. In der Regel treten sie zusammen mit einem Artikel oder Pronomen auf, die die Referenz des Substantivs festlegen.

genusfest

Subklassen	Substantive können unterschieden werden in:

- Appellativa (Gattungsnamen): *Löwe, Kind, Vase, Tisch, …*
- Stoffsubstantive: Sie bezeichnen Mengen, die ihrer Natur nach nicht zähl-bar sind: *Mehl, Reis, Holz, …*
- Abstrakta: bezeichnen Nicht-Gegenständliches: *Liebe, Hass, Hoffnung, Tod, …*
- Eigennamen: *Peter, Eva, Struppi, Meier, …*

Diese Klassen von Substantiven verhalten sich in Bezug auf das Auftreten eines Artikels unterschiedlich. Stoffsubstantive, Abstrakta und Eigennamen können oft ohne Artikel stehen.

Genus Bei einigen Substantiven treten Genusschwankungen auf: *der/das Teller, die/der Butter, der/das Radio* (dialektale bzw. regionale Variation). Der Ge-nuswechsel kann mit einer Bedeutungsveränderung verbunden sein: *der/das Band, die/das Steuer, der/das Teil.*

Numerus Manche Substantive treten nur im Singular auf, wie bestimmte Stoffsub-stantive (z.B. *Reis, Mehl, Sand*), Eigennamen und manche Abstrakta (z.B. *Hass, Wut, Eifersucht*). Umgekehrt können einige Substantive nur im Plural erscheinen (z.B. *Geschwister, Alpen*).

Adjektive

Adjektive sind meist komparierbar, d.h. zu ihnen können ein Komparativ und ein Superlativ gebildet werden (z.B. *groß – größer – am größten*).

Verwendungsweisen Adjektive können unterschiedliche Positionen im Satz einnehmen: Entwe-der stehen sie zwischen Artikel und Substantiv (attributive Verwendung) oder sie treten als Teil des Prädikats zusammen mit einem Kopulaverb auf (prädi-kative Verwendung). Bei prädikativer Verwendung bleibt das Adjektiv im Deutschen unflektiert.

der nette Nachbar (attributives Adjektiv)
der Nachbar ist nett (prädikatives Adjektiv)

Bestimmte Adjektive sind auf eine dieser beiden Verwendungsweisen festge-legt:

der gestrige Tag – *der Tag ist gestrig (nur attributiv)
die Freunde sind quitt – *die quitten Freunde (nur prädikativ)

defektive Adjektive Die Adjektive, die nur prädikativ auftreten können, sind stets unflektiert und können daher streng genommen gar nicht zu den deklinierbaren Wörtern ge-rechnet werden, Zifonun et al. (1997) bezeichnen sie als „Adkopula", da sie zu einer Kopula hinzutreten, Engel (2009) nennt sie „Kopulapartikel".

adverbiale Verwendung Neben ihrer attributiven und prädikativen Verwendungsweise lassen viele Adjektive auch eine adverbiale Verwendungsweise zu:

der Wein schmeckt gut, er fühlt sich schlecht

In dieser Verwendungsweise treten die Adjektive unflektiert auf. Manche Grammatiken rechnen sie zu den Adverbien. Da das Kriterium jedoch „flek-tier*bar*" lautet, werden sie hier zu den Adjektiven gerechnet.

Artikel

Artikel treten nur zusammen mit einem Substantiv auf. Zwischen Artikel und Substantiv können lediglich Adjektive und ihre Erweiterungen treten. Die Funktion der Artikel ist es, die Referenz des Substantivs festzulegen. Man unterscheidet den bestimmten (*der, die, das* etc.) und den unbestimmten Artikel (*ein, eine* etc.). Der bestimmte Artikel kennzeichnet eindeutig identifizierbare Größen, die häufig im situativen oder sprachlichen Kontext präsent sind. Der unbestimmte Artikel kennzeichnet dagegen (noch) nicht eindeutig identifizierte Größen.

definit und indefinit

Der Kasus ist häufig nicht am Nomen, sondern nur am Artikel zu erkennen.

Pronomen

Pronomen treten entweder anstelle eines Artikels auf, z.B. *dieses Buch* (Demonstrativpronomen) oder sie stehen anstelle von Artikel + Substantiv: *sein Kind – es, der Mann – er* (Personalpronomen). Eine Reihe von Pronomen können sowohl in Artikelposition als auch anstelle von Artikel + Substantiv auftreten:

Distribution

(5) Das ist mein Auto/meines.

Die Unterscheidung von Artikel und Pronomen ist schwierig, manche Grammatiken fassen sie in einer Klasse zusammen (etwa als „Stellvertreter und Begleiter des Nomens"). Die Grammatiken, die eine Unterscheidung machen, legen unterschiedliche Kriterien zugrunde. Darüber hinaus lassen sich die Artikel und die artikelartigen Pronomen zu einer Klasse zusammenfassen, den sog. Determinativen (da sie den Bezug des Substantivs „determinieren").

Determinative

Wichtige Klassen von Pronomen sind:

Subklassen

- Personalpronomen: *ich, du, er, sie, es, wir, ihr*
- Possessivpronomen: *mein, dein, sein*
- Demonstrativpronomen: *dieser, jener*
- Negationspronomen: *kein, niemand, nichts*
- Reflexivpronomen: *sich*
- Fragepronomen: *wer, was, welcher*
- Relativpronomen: *der, die, das*

5.2.1.2 Konjugierbare Wortarten

Zu den konjugierbaren Wörtern gehören alle Verben. Aufgrund ihrer Semantik und ihrer Kombinatorik unterscheidet man traditionell folgende Gruppen von Verben:

Vollverben

Vollverben können ohne Hilfe eines anderen Verbs das Prädikat bilden. Die Bezeichnung „Vollverb" nimmt darauf Bezug, dass sie eine eigene vollständige Semantik besitzen. Dies ist die weitaus größte Klasse von Verben.

Alle übrigen Arten von Verben sind demgegenüber sehr kleine Klassen.

Hilfsverben

Hilfsverben (auch Auxiliare genannt) dienen der Bildung von bestimmten Tempus- und Modusformen und zur Bildung der Passivformen. Die mithilfe von Hilfsverben gebildeten Verbformen werden analytische Formen genannt. Verbformen ohne Hilfsverb heißen synthetische Verbformen (z. B. *ich gehe, du gingst*).

analytische Tempusformen

Analytisch gebildet werden im Deutschen folgende Tempora:

- Perfekt (gebildet aus der Präsensform von *haben* oder *sein* + Partizip II): *er hat geschlafen, sie ist gekommen*
- Plusquamperfekt (gebildet aus der Präteritumform von *sein* oder *haben* + Partizip II): *er hatte geschlafen, sie war gekommen*
- Futur I (gebildet aus der Präsensform von *werden* + Infinitiv Präsens): *sie wird kommen*
- Futur II (gebildet aus der Präsensform von *werden* + Infinitiv Perfekt): *sie wird gekommen sein*

Der Konjunktiv wird häufig mithilfe von *würde* gebildet:

(6)   Ich würde es verstehen, wenn es besser erklärt wäre.

Passivformen

Passivformen werden im Deutschen generell mit einem Hilfsverb und einem Vollverb im Partizip II gebildet:

- Vorgangspassiv (gebildet mit *werden* + Partizip II): *Anna wird von Otto bewundert.*
- Zustandspassiv (gebildet mit *sein* + Partizip II): *Das Fenster ist geöffnet.*
- Rezipientenpassiv (gebildet mit *kriegen/bekommen* + Partizip II): *Sie bekommt das Buch geschenkt.*

Modalverben

Modalverben bezeichnen eine Möglichkeit, Notwendigkeit, Erlaubnis, Fähigkeit u. Ä. Zu den Modalverben gehören im Deutschen *können, dürfen, müssen, sollen, wollen, mögen*. Sie treten in Verbindung mit infiniten Vollverben oder Kopulaverben (im reinen Infinitiv ohne *zu*) auf:

(7)   a. Er kann warten.
        b. Sie musste arbeiten.
        c. Morgen dürfte Hans da sein.

Ersatzinfinitiv

Modalverben weisen außerdem eine Besonderheit bei der Perfektbildung auf. Sie bilden ihr Perfekt nicht mit dem Partizip II, sondern mit dem Infinitiv, der daher auch als „Ersatzinfinitiv" bezeichnet wird:

(8)   Er hat kommen müssen/*gemusst.

subjekt- und sprecherbezogene Modalität

In semantischer Hinsicht unterscheidet man zwei Verwendungsweisen der Modalverben.

- Das Modalverb bezeichnet eine Beziehung zwischen dem Subjekt des Satzes und dem Sachverhalt, wie Verpflichtung, Notwendigkeit, Erlaubnis, Fähigkeit, Möglichkeit (subjektbezogene Modalität, auch deontische Modalität genannt):

(9)   Eva muss/kann/darf arbeiten.

● Das Modalverb bezeichnet eine Einschätzung der Wahrscheinlichkeit durch den Sprecher (sprecherbezogene, auch epistemische oder inferentielle Modalität genannt):

(10) Hans muss/kann/könnte in der Bibliothek sitzen.

Eng verwandt mit den Modalverben sind die sog. Halbmodalverben.   Halbmodalverben

(11) a. Das scheint zu klappen.
      b. Das Wetter verspricht sonnig zu bleiben.
      c. Die Sache drohte ihm über den Kopf zu wachsen.

Sie unterscheiden sich von den Modalverben jedoch darin, dass sich Halbmodalverben nicht mit dem reinen Infinitiv, sondern mit dem *zu*-Infinitiv verbinden.

Kopulaverben

Kopulaverben sind selbst relativ bedeutungslos, sie bezeichnen lediglich einen Zustand (*sein*) oder das Eintreten bzw. die Fortdauer eines Zustands (*werden, bleiben*). Sie bilden das Prädikat zusammen mit anderen Elementen wie Adjektivphrasen, Nominalphrasen u.a. (*Hans ist/wird/bleibt gesund/ein guter Fußballer*), die den Kern des Prädikats darstellen und daher Prädikative genannt werden. Durch diese Prädikative erhält das Prädikat erst seine volle Bedeutung. Den Kopulaverben kommt vor allem eine verbindende Funktion zu, daher ihre Bezeichnung (lat. *copulare* ,verbinden').

5.2.1.3 Unflektierbare Wortarten

Zu den unflektierbaren Wörtern gehören Adverbien, Präpositionen, Konjunktionen, Partikeln und Interjektionen. Während Adverbien alleine eine Phrase bilden können, die in der Regel die syntaktische Funktion eines Adverbials ausübt, ist das für alle anderen unflektierbaren Wortarten nicht mög-

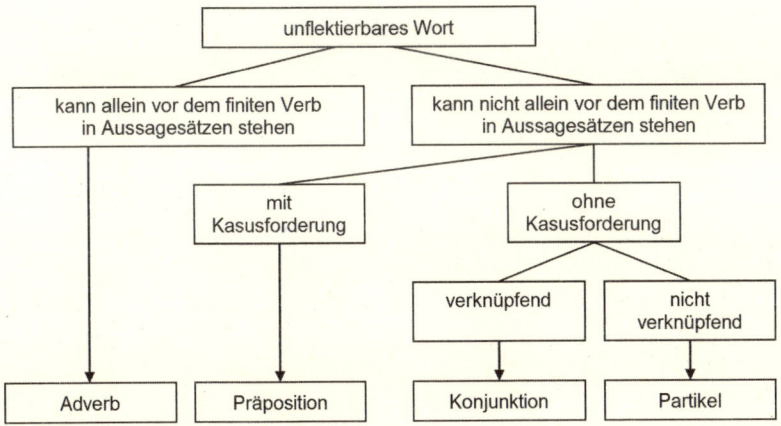

Abbildung 2: Unflektierbare Wortarten

lich. Konjunktionen verbinden Phrasen oder Sätze, Präpositionen verbinden sich in der Regel mit einer Nominalphrase, deren Kasus sie regieren. Partikeln können aufgrund ihrer Stellungs- und Betonungseigenschaften weiter differenziert werden in Modal-, Fokus-, Steigerungs- und Antwortpartikeln.

Da morphologische Kriterien hier zur weiteren Unterscheidung natürlich entfallen, können diese Wörter nur nach distributionellen und semantischen Kriterien weiter subklassifiziert werden.

Adverbien

Subklassen Als Adverbien werden traditionell Wörter bezeichnet, die Ort, Zeit sowie Art und Weise eines Geschehens näher kennzeichnen können. Nach der Bedeutung können die Adverbien grob in folgende Gruppen eingeteilt werden:

- temporale Adverbien: *heute, gestern, morgen, oft, manchmal* usw.
- lokale Adverbien: *dort, hier, unten, dorthin* usw.
- modale Adverbien: *eilends, flugs, gerne usw.*
- kausale Adverbien: *deswegen, daher, umständehalber* usw.

Distribution Adverbien unterscheiden sich im Deutschen durch eine Stellungseigenschaft von allen anderen unflektierbaren Wortarten, da sie alleine vor dem finiten Verben in Aussagesätzen auftreten können. Es ist daher ein einfach anwendbares Kriterium zur Identifizierung von Adverbien, sie an dieser Position im Satz einzusetzen:

(12) _____ kommt Anna.

Satzadverbien Auch unflektierbare Wörtern wie *leider, hoffentlich* können diese Position einnehmen. Damit gehören sie zu den Adverbien, sind jedoch keiner der oben genannten Gruppen zuzuordnen. Sie drücken einen Kommentar des Sprechers zu dem ganzen Satz aus und werden daher auch Satzadverbien (oder Modalwörter) genannt.

Nach ihrer Bedeutung fallen die Satzadverbien in verschiedene Gruppen:

- Sie beinhalten eine emotionale Stellungnahme des Sprechers zum bezeichneten Sachverhalt, wie z.B. *leider, hoffentlich, glücklicherweise, wünschenswerterweise* u. a.
- Sie drücken eine Bewertung der Wahrscheinlichkeit des bezeichneten Sachverhalts aus, wie *vielleicht, möglicherweise* u. a.
- Sie beinhalten eine Bewertung anderer Art, wie *dummerweise, schlauerweise, arroganterweise* u. a.

Konjunktional-adverbien Eine weitere Gruppe von Adverbien hat die Funktion, Beziehungen zum Vortext herzustellen, daher werden sie als Konjunktionaladverbien bezeichnet.

(13) Trotzdem/deshalb/infolgedessen kommt er.

Die Funktion dieser Adverbien ist der Funktion von Konjunktionen sehr ähnlich, sie unterscheiden sich aber von den Konjunktionen dadurch, dass sie alleine die Position vor dem finiten Verb in Aussagesätzen besetzen können.

Pronominal-adverbien Pronominaladverbien nennt man Adverbien, die – ähnlich wie Pronomen – stellvertretend für andere, vollsemantische Elemente stehen. Im Gegensatz zu Pronomen sind die Pronominaladverbien unflektierbar. Sie werden gebildet aus den Adverbien *da, hier* und *wo* und einer Präposition, weswegen sie gelegentlich auch als „Präpositionaladverbien" bezeichnet werden.

$$\left.\begin{array}{l} da \\ hier \\ wo \end{array}\right\} (r) + Präposition$$

Wörter wie *darauf, darüber, hierauf, worunter* etc. gehören also zu dieser Wortart.

Präpositionen

Präpositionen treten zusammen mit einer Nominalphrase auf, deren Kasus sie festlegen (regieren). Der Terminus „Prä-position" (lat. „Vor-Stellung") legt nahe, dass diese Wörter vor ihrer Ergänzung stehen. Dies trifft meist zu, in einigen Fällen zeigen sie jedoch ein anderes Stellungsverhalten. Nach ihrer Position kann man unterscheiden zwischen:

Stellung

- Präpositionen: *auf, über, unter, neben, ...*
- Postpositionen: *halber, hinaus, hinauf, zuliebe, ...*
- Zirkumpositionen: *um ... willen, um ... herum, ...*
- Ambipositionen (vor- oder nachgestellt): *wegen, nach* (*wegen der Kinder, der Kinder wegen*)

Alle diese Wörter werden gelegentlich unter dem hinsichtlich der Position unspezifizierten Begriff der „Adposition" zusammengefasst. Gebräuchlicher ist es jedoch, sie ungeachtet ihrer Stellung alle als Präpositionen zu bezeichnen.

Adposition

    Eine ganze Reihe von Präpositionen können mehrere Kasus regieren. Schwankungen zwischen Dativ und Akkusativ finden sich bei lokalen Präpositionen, wie *an, auf, in, neben, hinter, vor, unter, über*. Der Dativ steht für einen Ort, der Akkusativ für eine Richtung:

Kasusrektion

(14) a. Der Junge sitzt auf dem Baum. (lokal)
     b. Der Junge klettert auf den Baum. (direktional)

Andere Präpositionen schwanken häufig zwischen Dativ und Genitiv. Dabei handelt es sich um neuere Präpositionen, die sich aus anderen Wortarten entwickelt haben wie *trotz, wegen, statt, während, längs, mittels, laut* u. Ä. Die Variabilität der Kasusrektion ist im Fall der Präpositionen mit Dativ oder Genitiv stilistisch bedingt. Der Genitiv gilt häufig als korrekter und tritt in der Schriftsprache fast ausschließlich auf. Umgangssprachlich wird stattdessen häufig der Dativ verwendet.

Kasusschwankungen

(15) Sie blieben wegen des Regens/wegen dem Regen zuhause.

Konjunktionen

Konjunktionen verknüpfen Sätze oder Satzteile miteinander. Man unterscheidet koordinierende und subordinierende Konjunktionen (Subjunktionen).
    Koordinierende Konjunktionen verknüpfen gleichrangige Sätze oder Satzteile:

Koordinierende Konjunktionen

(16) a. Anja und Peter arbeiten zu viel.
     b. Der Tag geht und Johnny Walker kommt.
     c. Otto soll arbeiten, aber/doch er hat keine Lust.

Subordinierende
Konjunktionen

Subordinierende Konjunktionen (Subjunktionen) leiten untergeordnete (subordinierte) Sätze ein. Im Deutschen erkennt man das daran, dass in dem Satz, den sie einleiten, das finite Verb am Ende steht.

(17) a. Hans weiß, dass Anna kommt.
     b. Otto weiß nicht, ob sie kommt.
     c. Während Anna schläft, arbeitet Otto.

Partikeln

Zu den Partikeln gehören alle unflektierbaren Wörter, die nicht vorfeldfähig sind, d.h. die nicht alleine die Stelle vor dem finiten Verb in Aussagesätzen füllen können, keinen Kasus regieren und keine verknüpfende Funktion haben. Dazu gehören Modal-, Fokus-, Steigerungs- und Antwortpartikeln, die aufgrund ihres Stellungsverhaltens und aufgrund semantischer Eigenschaften unterschieden werden können.

Modalpartikeln

Modalpartikeln haben keine eigenständige lexikalische Bedeutung. Sie drücken in Kombination mit dem Satzmodus und der Intonation spezifische Sprechereinstellungen aus, daher werden sie auch Abtönungspartikeln genannt. Modalpartikeln sind mit wenigen Ausnahmen unbetont und treten fast ausschließlich im Mittelfeld eines Satzes auf. Ihr Auftreten ist jeweils auf bestimmte Satztypen beschränkt:

(18) a. Er hat ja/doch/einfach keine Zeit.
     b. Wo bist du denn/überhaupt/eigentlich gewesen?
     c. Komm mal/bloß/nur/ruhig her!

Bezug zu
Illokutionen

Die Wirkungsweise von Modalpartikeln soll an folgendem Beispiel veranschaulicht werden. Der im Imperativsatz ausgedrückte Befehl kann durch entsprechende Modalpartikeln entweder zu einer Erlaubnis oder zu einer Drohung abgewandelt werden.

(19) a. Bleib hier! (Imperativsatz, Sprechabsicht: Befehl)
     b. Bleib ruhig hier! (Imperativsatz, Sprechabsicht: Erlaubnis)
     c. Bleib bloß hier! (Imperativsatz, Sprechabsicht: Drohung)

Mit wenigen Ausnahmen sind Modalpartikeln stets unbetont. Zu diesen Ausnahmen gehören die Modalpartikeln *ja, bloß, nur* in Drohungen (*Komm ja/bloß/nur her!*).

Die meisten Elemente, die als Modalpartikeln auftreten, treten auch in anderen Wortarten auf:

- als Adjektiv: *ruhig, eben, bloß, einfach, eigentlich*
- als Adverb: *eben, schon, vielleicht*
- als Konjunktion: *denn, aber, doch*
- als Fokuspartikel: *auch, nur*
- als Antwortpartikel: *ja, doch*

Fokuspartikeln

Distribution

Gradpartikeln/Fokuspartikeln sind relativ frei im Satz verschiebbar und haben dann jeweils einen anderen semantischen Bezug.

(20) a. Nur Peter ging gestern in die Kneipe.
  b. Peter ging nur gestern in die Kneipe.
  c. Peter ging gestern nur in die Kneipe.

Im ersten Satz bezieht sich *nur* besonders auf *Peter*, im zweiten Satz auf *gestern* und im dritten auf *in die Kneipe*. Es fällt auf, dass die Konstituente nach der Partikel jeweils einen starken Akzent trägt und in besonderer Weise hervorgehoben ist, d. h. fokussiert wird. Sie enthält die wichtigste Information im Satz. Wegen dieser besonderen Beziehung zur fokussierten Konstituente werden diese Partikeln auch Fokuspartikeln genannt. Sie treten in der Regel direkt vor der fokussierten Konstituente auf, in seltenen Fällen auch danach (20a) oder in Distanzstellung (20b).

Bezug zum Fokus

(21) a. Die Tochter nur entkam den Flammen.
  b. Riesen waren auch mal klein.

Die prototypischen Vertreter der Fokuspartikeln sind *auch, nur* und *sogar*. Sie interagieren in verschiedener Weise mit der fokussierten Konstituente, die einen Bezug zu Alternativen herstellt:

(22) Auch/nur/sogar Peter kommt.

Auch schließt mindestens eine Alternative ein (es kommt noch jemand außer Peter), *nur* schließt die Alternativen aus (niemand außer Peter kommt) und *sogar* bezeichnet eine Bewertung dahingehend, dass es in irgendeiner Weise besonders oder unerwartet ist, dass Peter kommt. Hier liegt also in gewisser Weise ein wertender Vergleich mit den möglichen Alternativen vor.

Bedeutung

Steigerungspartikeln

Steigerungspartikeln (Intensivpartikeln) treten in der Regel zusammen mit graduierbaren Adjektiven auf (seltener auch mit Verben) und legen einen bestimmten Grad einer Eigenschaft oder eines Geschehens fest:

(23) a. ziemlich/sehr/ungemein intelligent
  b. Er verehrt sie sehr.

Antwortpartikeln

Antwortpartikeln können als Antwort auf Entscheidungsfragen (ja/nein-Fragen) dienen. Da sie vollständige Sätze ersetzen, werden sie auch „Satzäquivalente" genannt.

(24) a. Kommst du? Ja./Nein.
  b. Geht sie? Vielleicht./Hoffentlich./Leider.

Die Beispiele zeigen, dass auch Satzadverbien teilweise als Antwort auf Entscheidungsfragen auftreten können. Im Gegensatz zu Antwortpartikeln können Satzadverbien jedoch alleine vor dem finiten Verb in Aussagesätzen vorkommen.

Interjektionen

Interjektionen wie *mmh, na ja, brr, gell* haben neben rein expressiven Funktionen (z. B. *aua, igitt*) teilweise gesprächsgliedernde Funktionen und werden daher auch Gesprächs- oder Diskurspartikeln genannt. Sie sind in der Regel syntaktisch isoliert (lat. inter-jectio „das Dazwischengeworfene"), indem sie auch intonatorisch von Sätzen abgegrenzt sind und über eigene Intonationskonturen verfügen. Ihr Wortstatus ist umstritten, da sie phonologisch ungewöhnlich sind, weil sie z. B. im Deutschen sonst nicht auftretende Silbenstrukturen aufweisen (*brr, mmh*). Da sie sprachspezifisch sind, sind sie zum Wortschatz einer Sprache zu rechnen.

5.2.2 *Phrasentypen*

Wortgruppen

Neben den elementaren Bausteinen der Syntax lassen sich größere Einheiten finden, die sogenannten Wortgruppen oder Phrasen. Sätze werden nicht unmittelbar aus einzelnen Wörtern gebildet, sondern die Wörter bilden zunächst Wortgruppen oder Phrasen:
In dem Satz

(25) Der Hund liegt gemütlich neben dem Ofen.

gehören z. B. die Wörter *der Hund* enger zusammen als etwa *Hund* und *liegt* und die Wörter *neben dem Ofen* enger zusammen als etwa *gemütlich neben*. *Der Hund* und *neben dem Ofen* bilden Phrasen, die aufgrund ihrer grammatischen Eigenschaften bestimmten Phrasenkategorien (Phrasentypen) zugeordnet werden können, nämlich den Nominalphrasen bzw. Präpositionalphrasen. Wie die einzelnen Wörter können auch Phrasen gegeneinander ausgetauscht werden, die über ähnliche grammatische Eigenschaften verfügen und damit zur gleichen Kategorie gehören.

Phrasenkategorien

Kern/Kopf

Die Phrasentypen werden jeweils nach einem Wort benannt, das eine zentrale Rolle in ihnen spielt, dem Kern (oder Kopf) der Phrase.
Die wichtigsten Phrasentypen sind:

- **Nominalphrase (NP)**: enthält mindestens ein deklinierbares Wort (in der Regel ein Substantiv oder Pronomen) als Kopf, z. B. *der Hund, er.*
- **Präpositionalphrase (PP)**: Sie enthält eine Präposition als Kopf, z. B. *neben dem Ofen, auf der Brücke, der Kinder wegen.*
- **Verbalphrase (VP)**: Sie enthält ein Vollverb oder Kopulaverb als Kopf, z. B. *gerne Wein trinken, im Meer baden, lebendig sein.*
- **Adjektivphrase (AdjP)**: Sie enthält ein Adjektiv als Kopf, z. B. *sehr gemütlich, ihrem Bruder ähnlich.*
- **Adverbphrase (AdvP)**: Sie enthält ein Adverb als Kopf, z. B. *oben am Berg, dort hinten.*

Distribution

Auch für die Zuordnung von Phrasen zu bestimmten Phrasenkategorien werden distributionelle Kriterien herangezogen. So gehören alle folgenden Phrasen zur Kategorie NP, da sie dieselben Positionen in einem Satz einnehmen können. Man spricht auch davon, dass diese Elemente in einer paradigmatischen Austauschbeziehung zueinander stehen:

(26)   {
    der Hund
    der zottelige Hund
    der Hund vor der Tür   }   gehört dem Nachbarn
    der Hund, der gebellt hat
    er

5.2.2.1 Nominalphrasen

Nominalphrasen enthalten ein Substantiv oder ein Pronomen als Kopf. Zu einem Substantiv tritt in der Regel noch ein Artikel hinzu. Erweiterungen sind möglich durch

(27) a. Adjektive: der zottelige Hund
      b. Genitiv-NP: der Hund des Nachbarn
      c. PP: der Hund von meinem Bruder
      d. Sätze (z. B. Relativsätze): der Hund, der laut gebellt hat

Diese Erweiterungen einer NP, die das Nomen modifizieren, werden Attribute genannt, je nach Art des erweiternden Elements spricht man daher von einem Adjektiv-Attribut, Genitiv-Attribut, Präpositionalattribut (PP-Attribut) und einem Attributsatz.   *Erweiterungen*

    Da die Phrasen in (26) gegeneinander ausgetauscht werden können, also dieselbe Distribution aufweisen, gehören sie zur selben Kategorie, nämlich NP. Anstelle von diesen Phrasen kann auch lediglich das Pronomen *er* auftreten. Auch dieses Pronomen ist somit eine – wenn auch vergleichsweise inhaltsleere – NP.

    Nun sind aber nicht beliebige Kombinationen der genannten Elemente NPs. So z. B. ist *das zotteligen Hund* keine korrekte NP. Artikel, Adjektiv und Substantiv einer NP müssen nämlich in Kasus, Numerus und Genus übereinstimmen. Eine solche Übereinstimmungsrelation in bestimmten grammatischen Merkmalen nennt man Kongruenz.   *Kongruenz*

> Unter Kongruenz versteht man eine regelhafte Übereinstimmung zwischen Elementen in bestimmten grammatischen Merkmalen.

Das Genus wird innerhalb einer Nominalphrase durch das Substantiv vorgegeben, da Substantive über ein unveränderliches Genus verfügen. In Bezug auf Kasus und Numerus dagegen sind alle deklinierbaren Wortarten veränderbar und müssen in übereinstimmenden Formen auftreten.   *Genus*

5.2.2.2 Präpositionalphrasen

Präpositionalphrasen enthalten eine Präposition als Kopf und in der Regel eine NP als Ergänzung. Die Präposition spielt eine zentrale Rolle in der Phrase, da sie den Kasus der NP festlegt oder regiert. Dass ein Element ein grammatisches Merkmal eines anderen festlegt, wird als Rektion bezeichnet.

> Rektion liegt vor, wenn ein Element ein grammatisches Merkmal eines von ihm abhängigen Elements festlegt.

In der Regel handelt es sich bei diesem Merkmal um eine bestimmte Kasusform. Mit der Präposition können alle Phrasen auftreten, die eine NP sind: *Ergänzungen*

(28) a. auf [dem Tisch]$_{NP}$
      b. auf [dem alten, wackligen Tisch]$_{NP}$

    c. auf [dem Tisch, der vom Flohmarkt stammt]$_{NP}$
    d. auf [ihm]$_{NP}$

Pro-Formen   Auch die PP kann durch eine relativ inhaltsleere Proform ersetzt werden, nämlich durch ein Pronominaladverb, das die Präposition enthält: *auf dem Tisch – darauf.*

Bei einigen Präpositionen können statt einer NP auch andere Elemente auftreten:

(29) a. bis [auf den letzten Tropfen]$_{PP}$
     b. ab [heute]$_{AdvP}$

5.2.2.3 Verbalphrasen

Rolle des Verbs   Verbalphrasen enthalten ein Vollverb oder ein Kopulaverb als Kopf. Vollverben spielen eine zentrale Rolle in der Phrase, da sie bestimmte Leerstellen haben, die durch bestimmte Ergänzungen gefüllt werden. Diese Ergänzungen müssen eine bestimmte Form aufweisen, man nennt sie daher auch Akkusativ-, Dativ-, Genitiv-, Präpositionalergänzung oder -objekt. Diese Eigenschaft von Verben, Leerstellen für eine bestimmte Zahl und Art von anderen Elementen zu eröffnen, wird in Anlehnung an die Bindungsfähigkeit chemischer Elemente Valenz genannt (s. 5.3.5).

Subjekt   Die Nominativergänzung (traditionell: Subjekt) eines Verbs nimmt in vielen Grammatikmodellen eine Sonderrolle ein. Sie gilt als relativ unabhängig vom Verb und wird deshalb häufig als außerhalb der Verbalphrase (dem unmittelbaren Einflussbereich des Verbs) stehend dargestellt. Außerdem beeinflusst das Subjekt die Form des finiten Verbs. Das finite Verb muss mit dem Subjekt in Person und Numerus kongruieren.

(30) a. *Der Mann schlafen. (keine Kongruenz im Numerus)
     b. *Er gehst. (keine Kongruenz in der Person)

Die Existenz einer Verbalphrase ist für das Deutsche umstritten und es besteht auch keine Einigkeit darüber, was alles dazuzurechnen ist. Einige Autoren vertreten die Auffassung, dass das Subjekt dazugehört, so dass dann die Verbalphrase praktisch den ganzen Satz umfasst, mit Ausnahme von einleitenden Konjunktionen und bestimmten Adverbialen. Viele Grammatiken des Deutschen setzen gar keine Verbalphrase an.

5.2.2.4 Adjektivphrasen

Adjektivphrasen enthalten ein Adjektiv als Kopf. Zu dem Adjektiv können graduierende Elemente (Steigerungspartikeln/Intensivpartikeln) hinzutreten. Manche Adjektive nehmen ähnlich wie Verben bestimmte Ergänzungen zu sich.

(31) a. sehr weit/ziemlich groß/höchst seltsam
     b. auf ihn sauer (PP-Ergänzung)
     c. ihrem Bruder ähnlich (Dativergänzung)
     d. hundert Euro wert (Akkusativergänzung)
     e. des Deutschen mächtig (Genitivergänzung)

5.2.2.5 Adverbphrasen

Adverbphrasen enthalten ein Adverb als Kopf. Wie zu Adjektiven können auch zu Adverbien graduierende Elemente hinzutreten: *ganz weit unten*. Adverbien können auch durch Präpositionalphrasen oder andere Adverbien modifiziert werden: *oben am Hügel/dort in dem Schrank/hier unten.*

Konstituentenstruktur

Die Bestandteile, in die man einen Satz zerlegen kann, nennt man auch seine Konstituenten. Dies sind neben den einzelnen Wörtern auch die Phrasen, die ihrerseits wieder Bestandteil anderer Phrasen sein können. Die folgende Abbildung zeigt die Konstituentenstruktur des Satzes in einem sog. Baumdiagramm an:

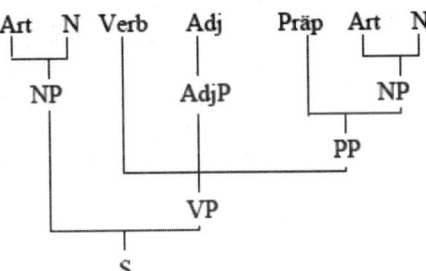

Verwendete Abkürzungen:
Art = Artikel,
N = Nomen (Substantiv),
Adj = Adjektiv,
Präp = Präposition,
NP = Nominalphrase,
AdjP= Adjektivphrase,
PP = Präpositionalphrase,
VP = Verbalphrase, S = Satz

Abbildung 3: Konstituentenstruktur (Baumdiagramm)

Um die Konstituenten in einem Satz zu identifizieren, können verschiedene Tests angewendet werden. Die wichtigsten Konstituententests sind: — *Konstituententests*

> Fragetest: Was sich zusammen erfragen lässt, ist eine Konstituente. — *Erfragbarkeit*

Wenn wir diesen Test auf den Satz in Abb. 3 anwenden, so ergibt sich, dass *der Hund* (wer?), *gemütlich* (wie?) und *neben dem Ofen* (wo?) Konstituenten sind, aber auch *dem Ofen*, da diese Wortfolge mit *wem?* erfragbar ist.

> Pronominalisierungstest: Was sich durch ein Pronomen oder eine andere Pro-Form (z. B. *da, dann, dort* etc.) ersetzen lässt, ist eine Konstituente. — *Pronominalisierbarkeit*

Bezüglich unseres Beispielsatzes ergeben sich hier wieder *der Hund* (er), *gemütlich* (so) und *neben dem Ofen* (daneben) als Konstituenten, darüber hinaus jedoch auch *dem Ofen*, da diese Wortfolge durch *ihm* pronominalisierbar ist.

> Verschiebetest (auch Permutationstest genannt): Was sich zusammen verschieben lässt, ist eine Konstituente. — *Verschiebbarkeit*

In Bezug auf unseren Beispielsatz lassen sich mit dem Verschiebetest wieder *der Hund, gemütlich* und *neben dem Ofen* als Konstituenten ermitteln.

(32) a. <u>Der Hund</u> liegt gemütlich neben dem Ofen
    b. <u>Gemütlich</u> liegt der Hund neben dem Ofen.
    c. <u>Neben dem Ofen</u> liegt gemütlich der Hund.

Vorfeldfähigkeit

> Vorfeldtest: Was in der Position vor dem finiten Verb in Aussagesätzen (= Vorfeld) stehen kann, ist eine Konstituente.

In (32) stehen die unterstrichenen Konstituenten im Vorfeld.

    Nicht alle Konstituenten erfüllen alle diese Kriterien in gleicher Weise. Es gibt selbständige Konstituenten, die alleine verschiebbar sind, während andere, die z. B. nach den Kriterien der Erfragbarkeit und der Pronominalisierbarkeit Konstituenten darstellen, nicht frei verschiebbar, sondern relativ platzfest sind. In (32) ist nicht alles, was erfragbar und pronominalisierbar ist, auch verschiebbar (z. B. ist *dem Ofen* in unserem Beispiel nicht alleine verschiebbar und auch nicht vorfeldfähig).

Satzglieder

    Konstituenten, die allen diesen Tests genügen, werden in deutschen Grammatiken häufig als „Satzglieder" bezeichnet. Satzglied und Konstituente bedeutet nicht das Gleiche. *Dem Ofen* ist in (32) eine Konstituente, doch wegen fehlender Verschiebbarkeit kein Satzglied.

mehrere Strukturen

    Mithilfe der Konstituententests kann nicht immer eine eindeutige Konstituentenstruktur ermittelt werden. In manchen Sätze können bestimmte Elemente alleine oder auch zusammen mit anderen erfragt, pronominalisiert oder verschoben werden, wie in dem folgenden Beispiel:

(33) Die Wanderer sieht die Bergsteiger mit dem Fernrohr.

Hier lassen sich entweder *die Bergsteiger* und *mit dem Fernrohr* alleine erfragen, pronominalisieren und verschieben oder aber zusammen. Der Satz erhält dadurch zwei verschiedene Interpretationen: Im ersten Fall stellen *die Bergsteiger* separate Konstituenten dar. Hier ist das Fernrohr das Instrument, mit dem die Bergsteiger beobachtet werden. Im zweiten Fall stellt die Phrase *mit dem Fernrohr* einen Teil der Nominalphrase *die Bergsteiger* dar. Es können also in diesem Fall zwei verschiedene Konstituentenstrukturen zugewiesen werden:

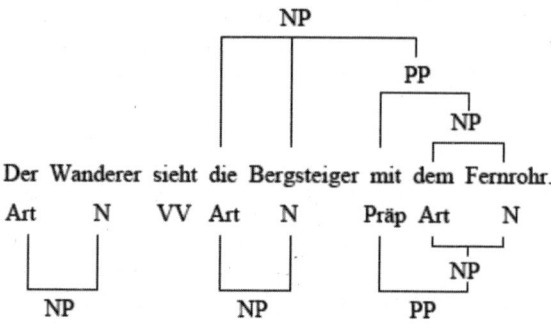

Abbildung 4: Strukturelle Ambiguität

Da sich die Mehrdeutigkeit des Satzes aus den verschiedenen Strukturierungsmöglichkeiten ergibt, spricht man in solchen Fällen von struktureller Ambiguität, etwa im Gegensatz zu lexikalischer Ambiguität, die sich aus der Mehrdeutigkeit eines Worts in einem Satz ergibt, wie in *das Schloss ist alt* (Schloss als Gebäude oder als Schließvorrichtung).

strukturelle und lexikalische Ambiguität

5.3 Syntaktische Funktionen

Die einzelnen Elemente sind so miteinander verknüpft, dass sie bestimmte Funktionen in der Struktur übernehmen. In dem Satz *Peter sucht seinen Hund* sind zwei Nominalphrasen enthalten, die jedoch in einer unterschiedlichen Relation zum Verb stehen. *Peter* ist Subjekt, *seinen Hund* Objekt des Satzes.

Wie schon erwähnt, werden diejenigen Konstituenten, die erfragbar, pronominalisierbar, verschiebbar und vorfeldfähig sind, als Satzglieder bezeichnet. Satzglieder übernehmen eine der folgenden Funktionen im Satz:

Satzgliedfunktionen

- Subjekt
- Objekt
- Adverbial
- Prädikativ

Die Satzglieder nehmen diese Funktionen in Bezug auf das Voll- oder Kopulaverb eines Satzes ein. Eine Nominalphrase ist nicht für sich alleine Subjekt oder Objekt, sondern immer in Bezug auf ein bestimmtes Verb. Die Begriffe Subjekt, Objekt, Adverbial und Prädikativ sind also relationale Begriffe.

Zur Ermittlung der Funktionen der Satzglieder erweisen sich der Fragetest und der Pronominalisierungstest als nützlich. Das Subjekt eines Satzes kann mit *wer oder was?* erfragt werden. Es ist in der Regel eine Nominalphrase im Nominativ. Das Subjekt nimmt eine zentrale Rolle im Satz ein, da es mit dem finiten Verb, also dem Verb, das Person- und Numerusmarkierungen trägt, in Person und Numerus übereinstimmt (**du kommt, *er kommst, er kommt*).

Subjekt

Objekte treten im Deutschen in verschiedenen Formen auf: Die Zahl und Art von Objekten in einem Satz wird durch die Valenz des Verbs festgelegt. Am häufigsten ist das Akkusativobjekt, realisiert durch eine Nominalphrase im Akkusativ (erfragbar mit *wen oder was?*). Das Dativobjekt, realisiert durch eine Nominalphrase im Dativ, ist mit *wem?* erfragbar. Relativ selten ist inzwischen das Genitivobjekt, das mit *wessen?* erfragt werden kann. Allen Objekten ist gemeinsam, dass ihre Form durch das Vollverb in dem Satz festgelegt wird. Traditionell spricht man auch davon, dass das Vollverb die Kasus seiner Objekte regiert. Als Präpositionalphrase wird das sog. Präpositionalobjekt realisiert. Hier regiert das Verb nicht einen bestimmten Kasus, sondern fordert eine bestimmte Präposition, die relativ inhaltsleer ist und in ihrer Funktion einem Kasus entspricht. In den Fragen nach Präpositionalobjekten muss stets die betreffende Präposition auftreten, entweder als selbständiges Wort oder Teil eines zusammengesetzten Wortes: z. B. *auf wen? worauf?*

Objekte

(34) Sie hoffen auf eine baldige Lösung des Problems. (worauf?)

Adverbiale Bestimmungen (kurz: Adverbiale) sind dagegen in ihrer Form nicht vom Verb festgelegt und können meist völlig unabhängig davon frei

Adverbiale

hinzugefügt werden. Sie sind meist keine vom Verb geforderten Ergänzungen, sondern sie liefern zusätzliche Informationen wie Orts- und Zeitangaben, Angaben zur Art und Weise eines Geschehens oder Stellungnahmen des Sprechers zum Sachverhalt. Entsprechend vielfältig sind die Möglichkeiten ihrer Erfragung (*wo? wohin? woher? wann? wie lange? wie oft? wie? warum?* etc.).

(35) a. Sie heiratet im Kölner Dom. (Lokaladverbial)
   b. Das Seminar beginnt um 12 Uhr. (Temporaladverbial)
   c. Er bearbeitet alles sehr sorgfältig. (Modaladverbial)
   d. Hoffentlich kommt er. (Satzadverbial)

Prädikative Prädikative treten meist zusammen mit einem Kopulaverb auf, das relativ inhaltsleer ist, wie *sein, bleiben* und *werden*. Der eigentliche Gehalt des Prädikats wird hier durch eine Phrase beigesteuert, die als Prädikativ fungiert:

(36) a. Peter ist gesund/Lehrer.
   b. Peter wird gesund/Lehrer.

Kategorie und Funktion Zwischen bestimmten syntaktischen Funktionen und syntaktischen Kategorien besteht kein 1:1-Verhältnis, sondern meist gibt es verschiedene Möglichkeiten der kategorialen Realisierung einer Funktion und umgekehrt verschiedene Funktionen, die eine bestimmte syntaktische Kategorie ausüben können. Um das Verhältnis von Formen und Funktionen zu verdeutlichen, werden hier die möglichen syntaktischen Funktionen eines bestimmten Phrasentyps, der Nominalphrase und die möglichen Formen, die eine syntaktische Funktion, nämlich Adverbiale realisieren können, dargestellt:

Funktionen von Nominalphrasen:

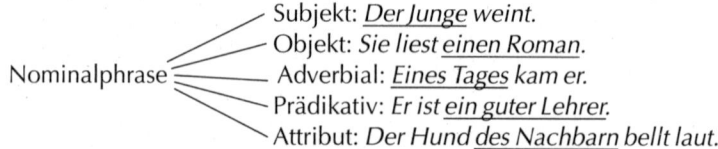

Nominalphrase
- Subjekt: *Der Junge weint.*
- Objekt: *Sie liest einen Roman.*
- Adverbial: *Eines Tages kam er.*
- Prädikativ: *Er ist ein guter Lehrer.*
- Attribut: *Der Hund des Nachbarn bellt laut.*

Realisierungsformen von Adverbialen:

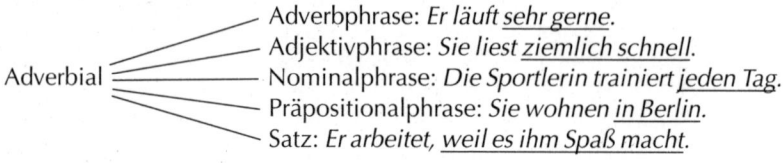

Adverbial
- Adverbphrase: *Er läuft sehr gerne.*
- Adjektivphrase: *Sie liest ziemlich schnell.*
- Nominalphrase: *Die Sportlerin trainiert jeden Tag.*
- Präpositionalphrase: *Sie wohnen in Berlin.*
- Satz: *Er arbeitet, weil es ihm Spaß macht.*

5.3.1 Subjekt

Fast jedes Verb hat ein Subjekt als Ergänzung, es gibt im heutigen Deutsch nur wenige Verben, die kein Subjekt fordern (z.B. *ihn friert*). Subjekte stehen im Nominativ und sind mit *wer?* oder *was?* erfragbar. Das Subjekt kongruiert mit dem finiten Verb in Person und Numerus:

Anja (3. Pers. Sg.) *rennt* (3. Pers. Sg.).
Sie (3. Pers. Pl.) *rennen* (3. Pers. Pl.).

Der Nominativ wird nicht in gleicher Weise vom Verb regiert wie die anderen Kasus. Subjekte treten nicht (oder nur in seltenen Fällen) mit infiniten Verben und Partizipien auf und nur sehr eingeschränkt mit Verben in der Imperativform. Das Subjekt ist also nicht wie die anderen Ergänzungen verbabhängig, sondern verbformabhängig, da es in der Regel nur mit finiten Verben auftritt. verbformabhängig

(37) a. Sie verspricht, dass sie hilft.
     b. Sie verspricht, zu helfen.

Auch in Imperativsätzen fehlt es in der Regel, ist jedoch nicht völlig ausgeschlossen:

(38) Lies (du) das Buch!

5.3.2 Objekt

Im Deutschen gibt es vier verschiedene Arten von Objekten:

- Akkusativobjekt (auch Akkusativergänzung): *Hans liest viele Romane.*
- Dativobjekt (auch Dativergänzung): *Sie hilft ihm.*
- Genitivobjekt (auch Genitivergänzung): *Wir gedachten seiner.*
- Präpositionalobjekt (auch Präpositionalergänzung): *Otto wartet auf seine Tante.*

Der Kasus der Objekte wird vom Verb regiert. Bei Präpositionalobjekten wird die Präposition vom Verb regiert.

5.3.2.1 Akkusativobjekt

Das Akkusativobjekt kann mit *wen?* oder *was?* erfragt werden. Es wird auch als „direktes Objekt" bezeichnet, da es den von einer Handlung oder einem Vorgang am stärksten betroffenen Mitspieler bezeichnet. direktes Objekt
   Das Akkusativobjekt kann bei Passivierung zum Subjekt werden.

(39) a. Viele lesen diesen Roman.
     b. Dieser Roman wird von vielen gelesen.

5.3.2.2 Dativobjekt

Das Dativobjekt wird auch als „indirektes Objekt" bezeichnet, da es einen von einer Handlung oder einem Vorgang nur mittelbar betroffenen Mitspieler bezeichnet. Das Dativobjekt bezeichnet meistens eine Person, seltener eine Sache. Es kann mit *wem* (oder *was*)? erfragt werden. indirektes Objekt
   Beim Vorgangs- und beim Zustandspassiv bleibt das Dativobjekt erhalten. Es gibt jedoch eine Form der Passivierung, durch die auch das Dativobjekt zum Subjekt werden kann, nämlich das mit Hilfe von *kriegen* oder *bekommen* gebildete „Rezipientenpassiv".

(40) a. Er hat ihr einen Blumenstrauß geschenkt.
     b. Sie bekam von ihm einen Blumenstrauß geschenkt.

5.3.2.3 Genitivobjekt

Das Genitivobjekt ist im heutigen Deutsch relativ selten. Es lässt sich mit *wessen?* erfragen. Sprecher des Deutschen tendieren dazu, Verben mit einem Genitivobjekt zu vermeiden. Diese Verben werden daher immer weniger verwendet oder aber statt eines Genitivobjekts mit einem anderen Objekt.

(41) a. Wir gedachten seiner.
　　 b. Wir dachten an ihn. (Präpositionalobjekt)

(42) a. Sie erinnerten sich ihrer.
　　 b. Sie erinnerten sich an sie. (Präpositionalobjekt)

Das Genitivobjekt wird mehr und mehr durch andere Objektarten wie das Präpositionalobjekt verdrängt. Das Genitivobjekt bleibt bei allen Formen der Passivierung erhalten.

5.3.2.4 Präpositionalobjekt

Beim Präpositionalobjekt regiert das Verb nicht einen bestimmten Kasus, sondern eine bestimmte Präposition. Die Präposition hat hier eine ganz ähnliche Funktion wie eine Kasusform, weswegen auch von „Präpositionalkasus" die Rede ist.

Erfragbarkeit　Präpositionalobjekte können nicht wie die anderen Objektarten durch ein bestimmtes Fragewort erfragt werden. In Fragen nach Präpositionalobjekten tritt stets die vom Verb geforderte Präposition auf, entweder als selbständiges Wort oder als Teil eines Pronominaladverbs.

(43) a. Er wartet auf seine Tante/auf den Zug.
　　 b. Auf wen/worauf wartet er?

Pronominalisier-
barkeit　Auch bei der Ersetzung von Präpositionalobjekten durch Proformen bleibt die Präposition erhalten.

(44) Er wartet auf sie/darauf.

Bei den Präpositionalobjekten wird die Präposition – ganz ähnlich wie der Kasus der anderen Objektarten – vom Verb regiert. Die Präpositionen von Präpositionalobjekten sind daher gar nicht oder nur sehr beschränkt austauschbar. Nur wenige Verben lassen Präpositionalobjekte mit verschiedenen Präpositionen zu, z. B. *sich freuen auf/über, sprechen über/von.*

Semantik der
Präposition　Die Präpositionen sind zudem weitgehend semantisch leer, d. h. sie weisen nicht ihre übliche temporale oder lokale Semantik auf. Vgl. etwa

(45) a. Otto wartet auf dem Bahnhof.
　　 b. Otto wartet auf seine Tante.

Abgrenzung zum
Adverbial　In (45a) hat die PP die Funktion eines Adverbials. Hier ist die Präposition austauschbar und hat eine spezifische lokale Semantik. In (45b) dagegen ist PP ein Präpositionalobjekt, die Präposition ist nicht austauschbar und besitzt keine eigene Semantik.

Bei den Adverbialen lassen sich die Präpositionen austauschen, da sie nicht vom Verb regiert sind. Die Präposition muss nur mit dem jeweiligen

Adverbialtyp kompatibel sein, also z. B. im Fall eines Lokaladverbials eine lokale Präposition sein:

(46) Er wohnt in Berlin/unter der Brücke/auf dem Berg/neben einem Nachtlokal etc.

5.3.3 Adverbial

Adverbiale drücken eine lokale, temporale, modale oder kausale Situierung des bezeichneten Geschehens aus. Je nach Adverbialtyp sind sie unterschiedlich erfragbar und durch Proformen ersetzbar:

Adverbialklasse	Semantische Untergruppe	erfragbar durch	ersetzbar durch	Subklassen
Lokal-adverbiale	lokal i.e.S.	*wo?*	*dort, hier, da*	
	direktional	*woher?, wohin?*	*dorthin, dorther*	
Temporal-adverbiale	Zeitpunkt	*wann?*	*dann*	
	durativ	*wie lange?*	*so lange*	
	iterativ	*wie oft?*	*so oft*	
Modal-adverbiale	modal i.e.S.	*wie?* *auf welche Weise?*	*so*	
	graduierend	*wie sehr?*	*so*	
	komitativ	*mit wem?*	*mit* + Pers. Pron.	
	instrumental	*womit?*	*damit*	
Kausal-adverbiale	kausal i.e.S.	*warum?* *weshalb?*	*deshalb, deswegen*	
	konditional	*in welchem Fall?*	*in diesem Fall*	
	final	*wozu?* *zu welchem Zweck?*	*dazu*	
	konzessiv	(nur schlecht erfragbar): *trotz was?*	*trotzdem*	

Tabelle 1: Semantische Subklassen der Adverbiale

Als Adverbiale können unterschiedliche Phrasentypen auftreten: Realisierungsformen

(47) a. Eva schläft <u>auf dem Sofa</u>. (PP)
    b. <u>Dort</u> steht Anna. (AdvP)
    c. Otto rechnet <u>richtig</u>. (AdjP)
    d. Sie arbeiteten <u>den ganzen Tag</u>. (Akkusativ-NP)
    e. <u>Eines Tages</u> kam sie. (Genitiv-NP)
    f. Sie schläft, <u>während er arbeitet</u>. (Satz)

5.3.4 Prädikativ

Subjektsprädikativ

Prädikative können in Kombination mit Kopulaverben auftreten und beziehen sich dann auf das Subjekt. Das Prädikativ zu Kopulaverben bildet mit dem Kopulaverb zusammen das Prädikat. Es gibt eine Eigenschaft, eine Rolle oder einen Aufenthaltsort des Subjektsreferenten wieder und wird daher auch Subjektsprädikativ genannt. Ein Subjektsprädikativ kann in verschiedenen Formen auftreten:

(48) a. Er ist hungrig. (AdjP)
b. Hans wird Briefträger. (Nominativ-NP)
c. Otto ist neben der Spur. (PP)
d. Sie bleibt dort. (AdvP)
e. Bist du des Wahnsinns? (Genitiv-NP)

Objektsprädikativ

Prädikative, die zu Verben wie *nennen, halten für, bezeichnen als* auftreten, beziehen sich auf das Akkusativobjekt und werden daher Objektsprädikative genannt.

(49) a. Sie nannten ihn einen Betrüger.
b. Sie hielt ihn für einen Vollpfosten.

freies Prädikativ

Freie Prädikative, die unabhängig von bestimmten Verben auftreten, beziehen sich auf das Subjekt oder Objekt eines Satzes und benennen einen temporären Zustand:

(50) a. Sie kam erholt aus dem Urlaub zurück.
b. Der Kellner trägt die Suppe heiß herein.

Das freie Prädikativ kann nicht aufgrund syntaktischer Eigenschaften von einem Modaladverbial unterschieden werden, sondern nur aufgrund des semantischen Bezugs. Modaladverbiale beziehen sich auf das Verb, freie Prädikative dagegen auf den Zustand des Subjekts oder Objekts während des im Satz genannten Ereignisses.

5.3.5 Die Rolle des Prädikats

In manchen Grammatiken wird das Prädikat als Satzglied gewertet, das auf einer Stufe mit Subjekt, Objekt, Adverbial und Prädikativ steht. Es gibt jedoch verschiedene Gründe dafür, das Prädikat nicht als Satzglied in diesem Sinn zu werten. Zum einen ist das Prädikat (bestehend aus den verbalen Teilen im Satz) nicht wie die anderen Satzglieder verschiebbar. Verschiebt man das finite Verb, so ändert sich der Satztyp, z.B. kann aus einem Aussagesatz ein Fragesatz werden: *Er kommt morgen. Kommt er morgen?* oder aber der Satz wird ungrammatisch, da die Regeln für die Verbstellung nicht beachtet sind (s. 5.4). Zum anderen ist es auch kaum möglich, das Prädikat wie andere Satzglieder durch ein Wort zu erfragen oder es zu pronominalisieren. Nicht zuletzt ist in Sätzen mit Kopulaverben auch das Prädikativ, das ein eigenständiges Satzglied ist, Teil des Prädikats. Auch das spricht dagegen, das Prädikat zu den Satzgliedern zu rechnen.

Valenz

Die Verben und insbesondere die Vollverben spielen eine zentrale Rolle im Satz, da sie vorgeben, welche Satzglieder auftreten müssen, sie sind quasi das Organisationszentrum des Satzes. Die Eigenschaft von Verben, bestimmte Satzglieder zu fordern, bezeichnet man als Valenz. Der Begriff wurde von Tesnière (1957) aus der Chemie in die Sprachwissenschaft übertragen. In der Chemie wird damit die Eigenschaft von Elementen bezeichnet, eine bestimmte Zahl und Art von anderen Elementen an sich binden zu können. In Analogie zur Bindungsfähigkeit chemischer Elemente ist Valenz die Fähigkeit von sprachlichen Elementen, Leerstellen für eine bestimmte Zahl und Art von anderen Elementen bereitzustellen.

Um sein Konzept von Valenz zu veranschaulichen, benutzt Tesnière eine weitere Metapher. Er vergleicht die in einem Satz beschriebene Situation mit einer Szene in einem Theaterstück, in dem es die Schauspieler gibt (Aktanten oder auch Mitspieler genannt) und die Kulissen, die das zentrale Geschehen räumlich, zeitlich usw. situieren. Tesnière nennt sie *circonstants*.

Satz als Szene

Von der Valenz des Verbs wird die Zahl und Art der Aktanten bestimmt, die häufig auch Ergänzungen oder Komplemente genannt werden. Entsprechend der Zahl der geforderten Ergänzungen kann man Verben als 1-wertig, 2-wertig, 3-wertig etc. klassifizieren.

Ergänzungen

(51) a. <u>Peter</u> niest. (1-wertig)
  b. <u>Der Student</u> liest <u>viele Bücher</u>. (2-wertig)
  c. <u>Die Mutter</u> schenkt <u>ihrem Jungen</u> <u>einen Fußball</u>. (3-wertig)

Die Zirkumstanten werden häufig als freie Angaben bezeichnet. Sie liefern eine nähere Beschreibung der Umstände des Geschehens, z. B. hinsichtlich Zeit, Ort oder Art und Weise. Diese freien Angaben können von der Valenz des Verbs unabhängig hinzugefügt werden und sind stets weglassbar (z. B. *Peter schläft auf dem Boden*). Freie Angaben sind in der Regel Adverbiale.

freie Angaben

Subjekt und Objekte in einem Satz sind in der Regel Ergänzungen. Adverbiale sind dagegen meist freie Angaben, die nähere Informationen zu einem Geschehen geben und weglassbar sind. Die Unterscheidung zwischen Ergänzungen und Angaben ist kompliziert, da auch Ergänzungen fakultativ sein können und unter bestimmten Bedingungen weglassbar sind (zur Valenz s. Dürscheid 2010, Kap. 7, Pittner/Berman 2013, Kap. 4).

Valenz und Satzgliedfunktionen

Von Tesnière wurde ein Satzmodell entwickelt, in dem das Verb die zentrale Rolle spielt und die anderen Elemente im Satz davon abhängen. Dieses Modell liegt auch einigen Grammatiken des Deutschen zugrunde (z. B. Engel 2009, Eroms 2000). Weiter verbreitet als die Dependenzgrammatik ist jedoch der Begriff der Valenz, der unter dieser oder unter anderen Bezeichnungen Bestandteil praktisch jeden Grammatikmodells ist.

Dependenzgrammatik

5.3.6 Attribut

Als Attribut werden traditionell Elemente bezeichnet, die zu einem Substantiv hinzutreten und dieses näher bestimmen. Attribute sind keine Satzglieder, sondern Teile von Satzgliedern (daher auch: Gliedteile genannt). Sie können in der Regel nicht alleine verschoben werden, sondern sind positionsfest bei ihrem Bezugselement und bilden mit diesem zusammen eine Konstituente.

Gliedteile

Als Attribute können auftreten:

Realisierungsformen

(52) a. der <u>struppige</u> Hund (Adjektiv-Attribut)
　　b. der Hund <u>des Nachbarn</u> (Genitiv-Attribut)
　　c. der Hund <u>von unserem Kind</u> (PP-Attribut)
　　d. der Hund, <u>der am Boden liegt</u> (Attributsatz)

Attributsatz　Mit Einschränkungen verschiebbar sind Attributsätze. Sie können von ihrem Bezugselement weg nach rechts bewegt werden, sie können jedoch nicht alleine die Position vor dem finiten Verb in Aussagesätzen besetzen, sondern nur zusammen mit ihrem Bezugselement. Dies zeigt, dass Attributsätze keine Satzglieder sind.

(53) a. Sie hat neulich einen Film gelesen,
　　　den sie sehr bemerkenswert fand.
　　b. *Den sie sehr bemerkenswert fand,
　　　hat sie neulich einen Film gesehen.
　　c. Einen Film, den sie sehr bemerkenswert fand,
　　　hat sie neulich gesehen.

5.4 Wortstellung

Die Wortstellung ist im Deutschen, etwa im Gegensatz zum Englischen, relativ frei und kann dem jeweiligen Kontext und den kommunikativen Bedürfnissen angepasst werden. Daher sind die Regeln für die Wortstellung im Deutschen aber auch besonders komplex.

Satzklammer　Den Ausgangspunkt für die Beschreibung der Wortstellung im Deutschen bilden die verbalen Teile des Satzes, die meist getrennt auftreten und eine sog. „Satzklammer" (auch Verbalklammer genannt) bilden, bei der das finite Verb (das in Person und Numerus mit dem Subjekt kongruiert) den linken Teil und eventuell auftretende infinite Verben den rechten Teil der Klammer bilden.

(54) Sie | hat | ihm nichts | versprochen | .

　　　　　Satzklammer

Stellungsfelder　Die Position vor dem linken Klammerfeld bildet das Vorfeld, die Position zwischen den Klammerelementen stellt das Mittelfeld dar und die Position nach der rechten Klammer das Nachfeld. Man spricht daher auch vom Stellungsfeldermodell des deutschen Satzes:

Vorfeld	Linke Klammer	Mittelfeld	Rechte Klammer	Nachfeld
Sie	hat	ihn schon einmal	gesehen	irgendwo

Dieses Feldermodell, auch topologisches Satzmodell genannt, hat sich für die Beschreibung der Wortstellungsregeln im Deutschen als sehr nützlich erwiesen. Es geht auf Drach (1937) zurück und wurde später weiterentwickelt.

Verbstellung　Das finite Verb kann unterschiedliche Positionen einnehmen. Es tritt, je nach Satztyp, als erste oder zweite Konstituente im Satz auf und steht in Nebensätzen meist am Ende. Das Deutsche weist also drei Verbstellungstypen auf, Verb-Erststellung (V1), Verb-Zweitstellung (V2) und Verb-Endstellung (VE):

(55) a. **Hat** sie nichts versprochen? (Verb-Erststellung)
     b. Sie **hat** nichts versprochen. (Verb-Zweitstellung)
     c. ...weil sie nichts versprochen **hat**. (Verb-Endstellung)

Verb-Endstellung liegt in Nebensätzen vor, die durch eine Subjunktion oder ein anderes subordinierendes Element eingeleitet sind. Hier besetzt die Subjunktion die linke Klammerposition, alle Verben stehen in der rechten Klammer. | Nebensätze

	Vorfeld	linke Klammer	Mittelfeld	rechte Klammer	Nachfeld
V2	Die Leber	hat	sich gut	erholt	mittlerweile
V1		Hat	die Leber sich gut	erholt	mittlerweile
VE		weil	die Leber sich gut	erholt hat	mittlerweile

Tabelle 2: Das topologische Satzmodell

Die Satzglieder lassen sich in den Feldern relativ frei anordnen. Zwar gilt die Regel, dass in einem Aussagesatz Verbzweitstellung vorliegt und damit eine Konstituente vor dem finiten Verb steht, doch ist es im Deutschen nicht festgelegt, welches Satzglied dies sein muss. Statistisch steht hier am häufigsten das Subjekt, doch können auch andere Satzglieder wie Objekte oder Adverbiale diese Position einnehmen. Im Mittelfeld können beliebig viele Konstituenten stehen, im Nachfeld stehen maximal zwei Konstituenten: | Besetzung der Felder

Vorfeld	LK	Mittelfeld	RK	Nachfeld
1 Konstituente	Finites Verb oder subordinierendes Element	0–x Konstituenten	(restlicher) Verbalkomplex	0– ca. 2 Konstituenten, in der Regel Nebensätze
Otto	*hat*	*Hans*	*gesagt,*	*dass er kommt*
	Hat	*Otto Hans*	*gesagt,*	*dass er kommt?*
	Ob	*Otto Hans*	*gesagt hat,*	*dass er kommt*

Tabelle 3: Besetzung der topologischen Felder

Verbstellungstypen hängen eng mit Satztypen zusammen. Die Verbstellung ist ein wichtiges Mittel, um zu kennzeichnen, ob es sich bei einem Satz um einen Aussagesatz (Deklarativsatz), Fragesatz (Interrogativsatz) oder Befehlssatz (Imperativsatz) handelt. So ist z. B. die Verbstellung neben der Intonation ausschlaggebend dafür, ob ein Satz als Aussagesatz oder als Entscheidungsfragesatz (ja/nein-Frage) interpretiert wird: | Satztypen

(56) a.   Du kommst.   (V2)
     b.   Kommst du?   (V1)

Im Folgenden wird ein kurzer Überblick über die wichtigsten Satztypen gegeben. Bei Hauptsätzen unterscheidet man verschiedene Satztypen und be- | Hauptsätze zeichnet sie mithilfe der Sprechhandlung, die typischerweise mit diesen Sätzen ausgeführt wird.

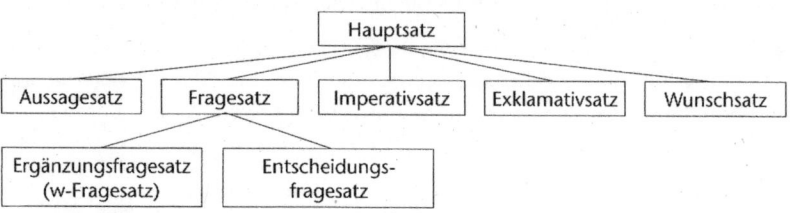

Abbildung 5: Satztypen

Diese Satztypen werden im Deutschen u. a. durch die Verbstellung gekennzeichnet.

	Vorfeld	LK	Mittelfeld	RK	Nachfeld
V2					
a	Hans	will	die Antwort nicht	verraten.	
b	Was	hat	Hans wieder mal	vergessen?	
c	Wie schön	ist	diese Landschaft!		
d	Anna	behauptet,			der Lehrer kennt die Kommaregeln nicht.
e	der Lehrer	kennt	die Kommaregeln nicht		
V1					
f		Hat	er dir gestern	geholfen?	
g		Lies	ein Buch!		
h		Hat	der aber Pech	gehabt!	
i		Sagt	Klein-Erna zu ihrer Oma		
VE					
j		Dass/ob	er	hilft	
k		Ob	er wohl da	ist?	
l		Dass	der das alles	weiß!	

Tabelle 4: Topologische Analysen verschiedener Satztypen

Verbzweitstellung   Verbzweitstellung tritt auf in Aussagesätzen (a), Fragesätzen, die durch ein w-Fragewort eingeleitet sind (sog. Ergänzungsfragen) (b), ferner in Exklamativsätzen (c) und in Nebensätzen zu Verben des Sagens und Denkens (d), die damit die Form selbständiger Aussagesätze haben.

Verberststellung   Verberststellung findet man in Entscheidungsfragesätzen (ja/nein-Fragen) (f), Imperativsätzen (g) und Exklamativsätzen (h). Ferner kann Verberststel-

lung auch in Aussagesätzen auftreten, z.B. in Erzählungen oder am Anfang
von Witzen (i).

Verbendstellung tritt in allen Nebensätzen auf, die durch eine subordinierende Konjunktion oder ein anderes subordinierendes Element eingeleitet
sind (j). Sätze mit einer einleitenden Konjunktion werden teilweise auch als
selbständige Äußerungen verwendet, obwohl sie der Form nach Nebensätze
sind. Man spricht auch von selbständigen Sätzen mit Verbendstellung (k, l).

Insgesamt gilt:

> Hauptsätze haben Verbzweit- oder Verberststellung, eingeleitete Neben-
> sätze haben Verbendstellung. Ausnahmen von dieser Regel stellen die
> uneingeleiteten Nebensätze und die selbständigen Sätze mit Verbendstel-
> lung dar.

Der statistisch am häufigsten auftretende Verbstellungstyp ist sicherlich die
Verbzweitstellung, da sie in Aussagesätzen auftritt. Sie kann unter diesem
Gesichtspunkt als der „normale" Verbstellungstyp gelten. Allerdings ist unter
einem anderen Gesichtspunkt die Verbendstellung als „normal" zu betrachten, da bei ihr im Gegensatz zu den anderen Verbstellungstypen keine dis-
kontinuierlichen Konstituenten auftreten, sondern alle Teile des Verbalkom-
plexes zusammen in der rechten Klammer stehen. Das auf Behaghel (1932:4)
zurückgehende Grundgesetz der Wortstellung, „dass das geistig eng Zusam-
mengehörige auch eng zusammengestellt wird" ist hier befolgt, während bei
den anderen Verbstellungstypen das finite Verb separat in der linken Klammer auftritt. Dieser Form von Markiertheit wird in der generativen Grammatik Rechnung getragen, wo einhellig angenommen wird, dass die Verbendstellung zugrunde liegend ist, während andere Abfolgen durch bestimmte
Umstellungen zustande kommen.

Die Verbendstellung gilt als zugrunde liegend, während die anderen Verbstellungstypen durch Bewegung des finiten Verbs nach vorne entstehen. Bei
Verbzweitstellung wird zusätzlich noch eine Konstituente vor das finite Verb
bewegt.

(57)   (dass) sie ihn gesehen hat
        ihn hat sie — gesehen —

Da subordinierende Konjunktionen und das finite Verb alternativ dieselbe
Position besetzen (die linke Klammer), verhindert das Vorhandensein einer
subordinierenden Konjunktion die Bewegung des Verbs in diese Position.
Wie wir gesehen haben, weisen eingeleitete Nebensätze und ihre selbständigen Gegenstücke stets Verbendstellung auf.

5.5 Komplexe Sätze

Sätze können einfach oder komplex sein. Im Gegensatz zu einfachen Sätzen
lassen sich komplexe Sätze in mehrere Teilsätze zerlegen.

(58) a. Er wartete den ganzen Tag. (einfacher Satz)
     b. Er wartete den ganzen Tag, bis sie kam. (komplexer Satz)

Seitenrandglossen:

Verbendstellung

normale
Verbstellung

Verbendstellung
zugrunde liegend

einfache vs.
komplexe Sätze

5.5.1 Kordination und Subordination

Koordination

Die verschiedenen Teilsätze in einem komplexen Satz können entweder gleichrangig sein oder in einem hierarchischen Verhältnis zueinander stehen. Ein komplexer Satz mit gleichrangigen Sätzen wird Satzreihung oder Parataxe genannt, die Teilsätze sind koordiniert. Die Art des Verhältnisses zwischen den Teilsätzen kann durch koordinierende Konjunktionen oder Konjunktionaladverbien angezeigt werden oder die Sätze können ohne verknüpfendes Element (asyndetisch) aneinandergereiht werden, s. die folgenden Beispiele:

(59) a. Der Tag geht und Johnny Walker kommt.
       (koordinierende Konjunktion)
    b. Es bleibt wolkig, daher wird es nicht so warm.
       (Konjunktionaladverb)
    c. Gott vergibt, Django nie.
       (asyndetisch)

Gleichrangige Sätze können einem anderen Satz untergeordnet sein:

(60) (Er meinte,) dass Petra käme und Sandra krank sei.

Subordination

Bei einem hierarchischen Verhältnis zwischen Teilsätzen spricht man von einem Satzgefüge oder einer Hypotaxe. Die untergeordneten (= subordinierten) Sätze werden auch Nebensätze genannt. Ein übergeordneter Satz heißt Matrixsatz. Er kann seinerseits selbst wieder unter einen anderen Satz untergeordnet sein oder nicht. Ein Satz, der keinem anderen Satz untergeordnet ist, wird auch Hauptsatz genannt. In den folgenden Satzgefügen sind die subordinierten Sätze unterstrichen:

Satzgefüge (Hypotaxe):

(61) a. Er wollte warten, <u>bis es hell werden würde</u>.
    b. <u>Was er sagt</u>, kann sie meistens nicht verstehen.
    c. Hier erfahren sie alles über Nebensätze,
       <u>was sie nie zu fragen wagten</u>.

Traditionell kann man Nebensätze verschiedenen Grades unterscheiden. Von einem Nebensatz 1. Grades, der direkt in den Hauptsatz eingebettet ist, kann wiederum ein Nebensatz 2. Grades abhängen usf.:

Wie kommt es (Hauptsatz/Matrixsatz), *dass ich nie verstehe* (Matrixsatz, Nebensatz 1. Grades), *was er sagt* (Nebensatz 2. Grades)*?*

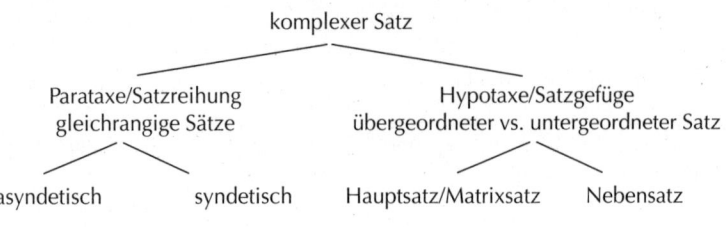

Abbildung 6: Aufbau komplexer Sätze

Nebensätze können nach formalen und nach funktionalen Gesichtspunkten unterschieden werden.

5.5.2 Formen der Nebensätze

Es gibt im Deutschen Nebensätze mit einleitendem Element (eingeleitete Ne-eingeleitete und
bensätze) und Nebensätze, die kein einleitendes Element aufweisen (unein-uneingeleitete
geleitete Nebensätze). Die eingeleiteten Nebensätze können nach der ArtNebensätze
des Einleitungselements unterschieden werden in Konjunktionalsätze (eingeleitet durch eine subordinierende Konjunktion), Relativsätze (eingeleitet
durch ein Relativpronomen oder -adverb) und abhängige Fragesätze (eingeleitet durch ein w-Fragewort). Für die Klassifikation der uneingeleiteten Nebensätze wird insbesondere die Verbstellung herangezogen.

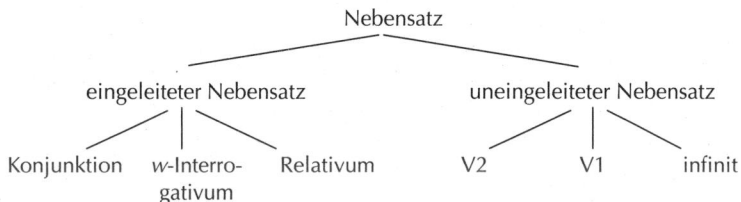

Abbildung 7: Einteilung der Nebensätze nach formalen Kriterien

Beispiele für eingeleitete Nebensätze:

(62) a. (Er ahnt nicht), dass er gute Chancen hat.
    b. (Jeder macht hier), was er will.
    c. (Er liest ein Buch), das ihn fasziniert.
    d. (Er weiß nicht), warum das Verbrechen geschehen ist.
    e. (Er weiß nicht), ob es jemals aufgeklärt wird.

Bei Satz (a) handelt es sich um einen Konjunktionalsatz, bei den Sätzen (b/c)Einleitungselemente
um Relativsätze und bei den Sätzen (d/e) um eingebettete Interrogativsätze.
Eingeleitete Nebensätze haben immer Verbendstellung.

Uneingeleitete Nebensätze haben kein Einleitungselement. Sie sind ent-uneingeleitete
weder Verbzweitsätze, Verberstsätze oder infinite Sätze.Nebensätze

Eingebettete Verbzweitsätze treten insbesondere nach Verben des Sagens
und Denkens und entsprechenden Nomen auf (63a/b). Nebensätze mit Verberststellung sind uneingeleitete Konditional- oder Konzessivsätze (63c/d):

(63) a. Er meint, sie hat Recht.
    b. Die Meinung, sie habe recht, war recht verbreitet.
    c. Regnet es, bleibt er zuhause.
    d. Regnet es, geht sie doch spazieren.

Uneingeleitete Nebensätze mit Verberst- und Verbzweitstellung sind immer
finite Nebensätze, d. h. sie enthalten immer ein finites Verb.

Auch infinite Strukturen können als Teilsatz in einem komplexen Satz auf-satzwertige
treten, sie lassen sich dann meist in einen eingeleiteten Nebensatz mit einemInfinitivphrasen
finiten Verb umformen:

(64) Sie versprach, ihm zu helfen.
    → Sie versprach, dass sie ihm helfen würde.

Infinite Nebensätze (auch satzwertige Infinitivphrasen genannt) haben keinen Verbstellungstyp, da sich die Einteilung V1/V2/VE-Satz immer auf das finite Verb bezieht.

5.5.3 Funktionen der Nebensätze

Nebensätze können unterschiedliche syntaktische Funktionen in dem übergeordneten Satz ausüben. Sie haben entweder Satzgliedfunktion (Gliedsätze) oder sind selbst Teil eines Satzglieds (Attributsätze). Einige Nebensätze haben keine Funktion im übergeordneten Satz, sie werden weiterführende Nebensätze oder auch Satzrelativsätze genannt.

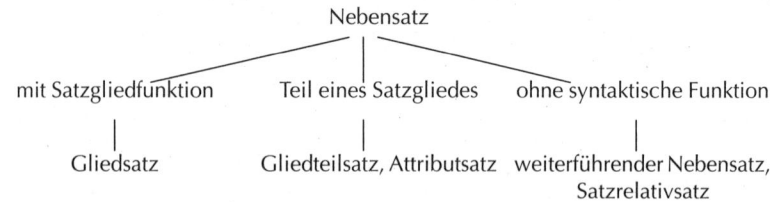

Abbildung 8: Syntaktische Funktionen der Nebensätze

Sätze als Satzglieder

Gliedsätze können verschiedene Satzgliedfunktionen übernehmen. Man unterscheidet Subjekt-, Objekt-, Adverbial- und Prädikativsätze.

(65) a. <u>Dass er kein Geld hat</u>, beunruhigt ihn nicht. (Subjektsatz)
b. Er weiß, <u>dass er nichts weiß</u>. (Objektsatz)
c. <u>Wenn er kommt</u>, werden wir feiern. (Adverbialsatz)
d. Er wurde, <u>was er schon immer werden wollte</u>. (Prädikativsatz)

Wie bei nicht-satzförmigen Satzgliedern lässt sich die Satzgliedfunktion von Gliedsätzen anhand der Art ihrer Erfragbarkeit erkennen. Zudem können zu Gliedsätzen vorausweisende pronominale Elemente (sog. Korrelate) auftreten, die einen Hinweis auf ihre Funktion geben.

Funktion	Beispiel	Korrelat	Erfragbarkeit
Subjektsatz	Es stört sie, <u>dass er singt</u>.	es	wer oder was?
Objektsatz			
Akkusativobjektsatz	Sie bedauerte (es), <u>dass er nicht da war</u>.	es	wen oder was?
Präpositionalobjektsatz	Sie wartet (darauf), <u>dass die Ferien beginnen</u>.	da (r) + Präposition	wo(r) + Präposition. Präposition + was
Genitivobjektsatz	Er war sich (dessen) bewusst, <u>privilegiert zu sein</u>.	dessen	wessen?
Dativobjektsatz	Er hilft, <u>wem er will</u>.	dem	wem?

Adverbialsatz			
Kausal-satz	Er kommt, <u>weil er muss.</u>	deshalb, darum, deswegen	warum? weshalb?
Konditional-satz	Er kommt, <u>wenn er muss.</u>	dann	unter welcher Bedingung? In welchem Fall?
Temporal-satz	<u>Als es regnete,</u> blieb er zuhause.	dann/damals	wann?
Konzessiv-satz	Er blieb zuhause, <u>obwohl das Wetter schön war.</u>	trotzdem	kaum erfragbar
Konsekutiv-satz	Es regnete, <u>so dass alles patschnass war.</u>	–	kaum erfragbar (mit welcher Folge?)
Finalsatz	Er kam, <u>um zu helfen.</u>	dazu, darum	zu welchem Zweck?
Prädikativsatz	Sie blieb, <u>was sie war.</u> <u>Es ist, wie es ist.</u>	das/so	was?

Tabelle 5: Nebensätze mit Satzgliedfunktion (Gliedsätze)

Subjektsätze stehen anstelle einer Nominativ-NP in Subjektsfunktion. Sie können wie diese mit *wer oder was?* erfragt und entsprechend pronominalisiert werden.

Subjektsatz

(66) Dass er nicht da war, störte sie nicht.
  Was störte sie nicht? – Dass er nicht da war.
  Es störte sie nicht.

Als Korrelat zu einem nachgestellten Subjektsatz kann *es* auftreten: *Es störte sie nicht, dass er nicht da war.*

Objektsätze stehen anstelle einer NP im Akkusativ, seltener anstelle einer NP im Dativ oder Genitiv oder sie stehen anstelle einer PP in der Funktion eines Präpositionalobjekts. Sie können wie die jeweiligen Objekte erfragt und pronominalisiert werden.

Objektsatz

(67) a. Sie sah (es) ein, <u>dass es keinen Zweck hatte.</u> (Akkusativobjektsatz)
  b. Sie widersprach, <u>wem sie widersprechen konnte.</u> (Dativobjektsatz)
  c. Er war sich (dessen) immer bewusst, <u>ein adoptiertes Kind zu sein.</u> (Genitivobjektsatz)
  d. Sie warteten gespannt (darauf), <u>was er sagen würde.</u> (Präpositionalobjektsatz)

Die eingeklammerten Elemente können als Korrelate zu den jeweiligen Objektsätzen stehen.

Subjekt-, Objekt- und Prädikativsätze füllen in der Regel eine Valenzstelle des Verbs im übergeordneten Satz, sie heißen daher auch Komplementsätze oder Ergänzungssätze, gelegentlich auch Argumentsätze. Adverbialsätze füllen dagegen meist keine Valenzstelle des Verbs im übergeordneten Satz und werden daher auch Angabesätze genannt. Sie sind nur in seltenen Fällen Komplementsätze, die eine Valenzstelle des Verbs im Matrixsatz füllen.

Komplementsätze

Adverbialsatz   Adverbialsätze steuern lokale, temporale, modale etc. Angaben zum Sachverhalt bei. Sie können entsprechend dem Adverbialtyp erfragt werden:

Lokalsatz: *wo?* (lokal i.e.S.) *woher? wohin?* (direktional)	*Er wohnt, wo alle wohnen wollen.* *Er geht, wohin er gehen muss.*
Temporalsatz: *wann?* (Zeitpunkt) *wie lange?* (Dauer) *wie oft?* (Häufigkeit)	*Als er kam, waren schon alle da.* *Er wartet, bis es dunkel wird.* *Sooft er wollte, ging er ins Kino.*
Kausalsatz (Grund): *warum?*	*Weil er kommt, gehe ich.*
Konditionalsatz (Bedingung): *in welchem Fall? unter welcher Bedingung?*	*Wenn er kommt, gehe ich.*
Konzessivsatz (nicht wirksam werdender „Gegengrund"): *trotz welchen Umstands?* kaum erfragbar	*Obwohl es regnet, geht er spazieren.*
Konsekutivsatz (Folge): *mit welcher Folge?* kaum erfragbar	*Es regnete, so dass alle patschnass wurden.*
Finalsatz: (Ziel, Zweck): *wozu?*	*Sie arbeitet viel, damit sie ihren Kummer vergisst.*
Modalsatz (Art und Weise): *wie? auf welche Weise?*	*Er tanzt so, dass ihn alle bewundern.*
Instrumentalsatz (Mittel): *womit? wodurch?*	*Du kannst die Aufgabe nicht lösen, indem du andere fragst.*

Tabelle 6: Subklassen von Adverbialsätzen

Attributsatz   Attributsätze sind Teile von Satzgliedern, deren Bezugselement im übergeordneten Satz in der Regel ein Nomen ist. Attributsätze können entweder bei ihrem Bezugselement stehen oder nach rechts (in das Nachfeld) verschoben werden. Sie können jedoch nicht ohne ihr Bezugselement im Vorfeld auftreten:

(68) a. Er trinkt einen Wein, <u>der ihm gut schmeckt</u>.
       b. Das Kleid, <u>das sie trägt</u>, steht ihr gut.
       c. Sie hat einen Mann geliebt, <u>der ihr Vater sein könnte</u>.
       d. *<u>der ihr Vater sein könnte</u>, hat sie einen Mann geliebt

Weiterführende Nebensätze   Weiterführende Nebensätze übernehmen keine syntaktische Funktion in ihrem Matrixsatz. Sie können daher auch nicht erfragt oder pronominalisiert werden.

Da weiterführende Nebensätze sich auf den ganzen übergeordneten Satz oder auf größere Teile davon beziehen, werden sie auch Satzrelativsätze genannt. Sie stehen in der Regel im Nachfeld.

(68) Sie hatten gar nichts an, <u>was aber niemanden störte</u>.

Gliedsätze sind wie andere Satzglieder auch vorfeldfähig. Sie können prinzipiell im Vorfeld oder im Nachfeld ihres übergeordneten Satzes stehen, in seltenen Fällen auch im Mittelfeld:

Vorfeld	linke Klammer	Mittelfeld	rechte Klammer	Nachfeld
Wenn er kommt,	*werden*	*wir*	*feiern*	
Wir	*haben*	*schon immer*	*geahnt,*	*dass er nichts weiß*
Sie	*hatte,*	*was er sagte, gut*	*verstanden*	

Tabelle 7: Stellung eingebetteter Sätze

Da Nebensätze Konstituenten ihres übergeordneten Satzes (Matrixsatzes) sind, nehmen sie auch einen Platz in seiner Felderstruktur ein, umgekehrt gilt dies jedoch nicht. Bei der topologischen Analyse komplexer Sätze geht man also immer vom Hauptsatz aus. Jeder Nebensatz hat wiederum eine eigene Felderstruktur, in der eventuell von diesem Nebensatz abhängige weitere Nebensätze auftreten können.

Dementsprechend wird bei der Darstellung der Felderstruktur der folgenden Sätze zunächst der Gesamtsatz analysiert und dann die Nebensätze.

Beispiele:
Peter hat einen Film gesehen, der ihn total fasziniert hat.

Vorfeld	LK	Mittelfeld	RK	Nachfeld
Peter	hat	einen Film	gesehen	der ihn total fasziniert hat
	der	ihn total	fasziniert hat	

Dass du nie verstehst, was ich meine, wundert mich.

Vorfeld	LK	Mittelfeld	RK	Nachfeld
Dass … meine	wundert	mich		
	dass	du nie	verstehst	was ich meine
	was	ich	meine	

✍ *Übungen*

1. Bestimmen Sie die Wortart der folgenden Wörter (Kleinschreibung ist beabsichtigt) und begründen Sie Ihre Entscheidungen kurz. Mehrfachnennungen sind möglich!
   seit, glück, oder, grün, macht, vorgestern, tragischerweise, zwischen, sein, mord, morden, kein, ihr, grausam, damals, gewiss, selten, out, laut, weil, überaus, ja, morgen, darunter, dem, schade, gutaussehend, wird, nur, aua, mag

2. Bestimmen Sie jeweils den Kopf und die Kategorie der in Klammern gesetzten Phrasen.
   a) [Die Polizei] fahndet [heute] [nach den Tätern].
   b) [Die fünf Ermordeten [dort]] gehörten ja [einem kolumbianischen Drogenkartell] an.
   c) Der Tatort liegt [leider] [in einem Wohngebiet].
   d) [Derjenige, der das gemacht hat] ist längst über die Grenze geflohen
   e) Dem [von allen gefürchteten] Menschenhändler konnten [sie] wie immer nichts nachweisen.
   f) Der Fall versetzt [die ermittelnde Behörde] [in [Furcht [vor [Racheakten [der [örtlichen] Banden]]]]].
   g) [Die [zur Gegenüberstellung] Geladenen] sehen [den Verdächtigen ähnlich].
   h) [Die Aussicht, dabei gleich mehrere Drogenbosse zu überführen] machte das FBI [leichtsinnig].

3. Bestimmen Sie in den folgenden Sätzen die Subjekte und Objekte. Geben Sie bei Objekten auch die Art des Objekts an.
   a) Seine Ehefrau ermordete er mit einer Kreissäge.
   b) Seiner Schwiegermutter wurde tödliches Rattengift verabreicht.
   c) Auf die Beerdigung wartete er mit hämischer Freude.
   d) Dadurch wurden alle um die fette Erbschaft betrogen.
   e) Ihn freut noch heute, dass er niemals des grausamen Doppelmordes überführt wurde.

4. Bestimmen Sie die Funktionen aller Satzglieder in den folgenden Sätzen.
   a) Wegen der hohen Polizeipräsenz blieb der Drogenkurier in seinem Versteck.
   b) In seinem Lieblingsrestaurant bekommt der Mafiaboss täglich Pizza auf Kosten des Hauses.
   c) Danach geht er mit seinem Hund in seinem Revier spazieren.
   d) Nach vielen Jahren verhaftete ihn dabei endlich die Polizei.

5. Markieren Sie in den folgenden Sätzen alle Elemente, die die Funktion eines Attributs haben und geben Sie ihre Realisierungsform an!
   a) Den gewissenlosen Zuhälter aus Wien ermordete das durchtriebene Freudenmädchen.
   b) Der Mann mit der riesigen Narbe hat die nicht ohne Grund.
   c) Auf dem Spülkasten der Toilette im Restaurant ist die Pistole versteckt, mit der er den Unterhändler und den Polizeichef von New York umbringen will.

6. Zeichnen Sie eine Konstituentenstruktur für die folgende Phrase:
   die gemeinsamen Feinde aller großen Familien von New York

7. Bestimmen Sie die Funktionen der Präpositionalphrasen in den folgenden Sätzen!
   a) Aus Wut schaltete der Killer aus Neapel alle aus.
   b) Das Kokain von seinem Stammdealer ist immer von bester Qualität.
   c) Nach dem Mord fragte er nach dem Weg nach Süden, dachte nicht lange nach und floh nach Mexiko.

8. Erstellen Sie eine topologische Analyse der folgenden Sätze!
   a) Der Boss ist, obwohl er niedergeschossen wurde, nicht gestorben.
   b) Aus heiterem Himmel und ohne irgendeine Warnung schoss er.

c) Stirb!

d) Dass die illegalen Flüchtlinge unbeschadet über die Grenze kamen, glaubt niemand.

e) Die Cosa Nostra ist danach noch viel mächtiger gewesen als vorher.

Tipps zum Weiterlesen

Weiterführende Überlegungen zu Satzgliedern und verschiedene Auffassungen dazu finden sich bei Musan (2009). Eine Darstellung, die in verschiedene Theoriesansätze einführt, bietet Dürscheid (2013). Übungen mit Lösungshinweisen finden Sie bei Pittner/Berman (2013).

 ## Literaturhinweise

Altmann, Hans (2010): *Prüfungswissen Syntax.* 4. Auflage. Göttingen: Vandenhoeck & Ruprecht.

Behaghel, Otto (1923): *Deutsche Syntax. Eine geschichtliche Darstellung. Band IV: Periodenbau.* Heidelberg: Winter.

Boettcher, Wolfgang (2009): *Grammatik verstehen.* Band 2 und 3. Tübingen: Niemeyer.

Clément, Danièle (2005): *Syntaktisches Grundwissen. Eine Einführung für Deutschlehrer.* Göttingen: Vandenhoeck & Ruprecht.

DUDEN (2009): *Grammatik der deutschen Gegenwartssprache.* 8. Auflage. Mannheim: Bibliographisches Institut.

Habermann, Mechthild/Diewald, Gabriele/Thurmair, Maria (2009): *Fit für das Bachelorstudium. Grundwissen Grammatik.* Mannheim: Duden-Verlag.

Drach, Erich (1937): *Grundgedanken der deutschen Satzlehre.* Frankfurt a.M.: Diesterweg.

Dürscheid, Christa (2010): *Syntax. Grundlagen und Theorien.* 5. Auflage. Göttingen: Vandenhoeck & Ruprecht.

Eisenberg, Peter (2013): *Grundriss der deutschen Grammatik. Bd. 2: Der Satz.* Stuttgart/Weimar: Metzler.

Engel, Ulrich (2009): *Deutsche Grammatik.* Neubearbeitung. 2. durchges. Auflage. München: Iudicium.

Eroms, Hans-Werner (2000): *Syntax der deutschen Sprache.* Berlin: de Gruyter.

Helbig, Gerhard/Buscha, Joachim (2011): *Deutsche Grammatik. Ein Handbuch für den Ausländerunterricht.* Berlin: Langenscheidt.

Musan, Renate (2009): *Satzgliedanalyse.* 2. Auflage. Heidelberg: Winter. (Kurze Einführungen in die germanistische Linguistik 6).

Pafel, Jürgen (2011): *Einführung in die Syntax: Grundlagen – Strukturen – Theorien.* Stuttgart/Weimar: Metzler.

Philippi, Jule/Tewes, Michael (2010): *Basiswissen Generative Grammatik.* Göttingen: Vandenhoeck & Ruprecht. (UTB für Wissenschaft: Mittlere Reihe 3317).

Pittner, Karin/Berman, Judith (2013): *Deutsche Syntax. Ein Arbeitsbuch.* 5. Auflage. Tübingen: Narr.

Ramers, Karl-Heinz (2007): *Einführung in die Syntax.* 2. Auflage. München/Paderborn: Fink (UTB).

Tesnière, Lucien (1957): *Eléments de syntaxe structurale.* Paris: Klinksieck.

Wöllstein-Leisten, Angelika/Heilmann, Axel/Stepan, Peter/Vikner, Sten (2006): *Deutsche Satzstruktur. Grundlagen der syntaktischen Analyse.* Tübingen: Stauffenburg.

Zifonun, Gisela/Hoffmann, Ludger/Strecker, Bruno et al. (1997): *Grammatik der deutschen Sprache.* 3 Bände. Berlin: de Gruyter.

6. Semantik

Die Semantik beschäftigt sich mit der Bedeutung von Ausdrücken, sowohl von einzelnen Wörtern (Wortsemantik) wie auch von Sätzen (Satzsemantik). Die Semantik ist in gewissem Sinn interdisziplinär, da sich auch Philosophen und Psychologen mit Fragen der Bedeutung beschäftigen.

6.1 Was bedeutet „Bedeutung"?

Eingangs haben wir den Zeichenbegriff von de Saussure kennengelernt, den sog. bilateralen Zeichenbegriff, der zwei Seiten ansetzt, das Bezeichnende (Laut- und Schriftbild) und die damit verbundene Vorstellung, das Bezeichnete. Der bilaterale Zeichenbegriff muss nun etwas erweitert werden, denn er berücksichtigt nicht, dass wir uns mithilfe von sprachlichen Zeichen auf die außersprachliche Realität beziehen. Dieser Aspekt sprachlicher Zeichen wird in dem sog. Semiotischen Dreieck (Semiotik = Lehre von den Zeichen) erfasst, das in seiner bekanntesten Form auf Ogden/Richards (1923) zurückgeht. Die Bezugnahme auf Dinge der außersprachlichen Realität geschieht vermittelt über die mit den Ausdrücken verbundenen Konzepte.

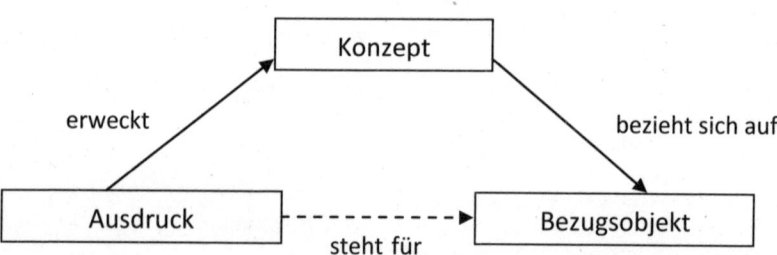

Abbildung 1: Das semiotische Dreieck

Bedeutung weist also verschiedene Facetten auf: Zum einen beinhaltet sie die Beziehung zwischen einem Ausdruck und dem damit verknüpften Konzept oder „Begriff", zum anderen meint sie die Beziehung zwischen einem Ausdruck und seinem Bezugsobjekt in der Realität. Die Relation von Ausdrücken auf Bezugsobjekte wird vermittelt durch die mit einem Ausdruck verknüpften Begriffe/Konzepte. Auf den Unterschied zwischen mit einem Ausdruck verbundenen Konzepten und seinem Bezug auf Objekte in der Realität hat bereits Frege (1892) hingewiesen, der von „Sinn" und „Bedeutung" sprach. Auch das Begriffspaar Intension und Extension bezieht sich auf diesen Unterschied.

6.1.1 Bedeutung als Bezug auf Gegenstände in der Welt

Für den Bezug von sprachlichen Ausdrücken auf Gegenstände in der Welt werden die Bezeichnungen „Referenz" und „Denotation" verwendet. Die Begriffe Referent und Denotat werden teilweise dahingehend unterschieden, dass der Referent die Bezugsgröße eines Ausdrucks in einer konkreten Äußerung ist, während das Denotat eines Ausdrucks alle Elemente der Klasse sind, die zu den potentiellen Referenten eines Ausdrucks gehören. Die Denotation von *Tisch* ist also die Menge aller Tische, während der Referent dieses Ausdrucks in einer Äußerung wie *der Tisch ist zu niedrig* ein bestimmter Tisch ist.

Referenz und Denotation

Intension und Extension

Wichtig ist, dass nicht sprachliche Ausdrücke per se referieren, sondern dass sie von Sprecher/inne/n dazu benutzt werden. Der konkrete Bezug ergibt sich meist erst aus der Äußerungssituation. Besonders deutlich ist das bei den sog. deiktischen (= „zeigenden") Ausdrücken, bei denen der Referent völlig von der jeweiligen Äußerungssituation abhängt.

Deixis

personale Deixis: *ich, du, er, sie, es, …*
lokale Deixis: *hier, dort, …*
temporale Deixis: *jetzt, vorhin, bald, …*

Andere sprachliche Ausdrücke, die referieren können, sind z. B. Eigennamen wie etwa *Hans, Peter, Karin, Otto Maier* oder definite Kennzeichnungen wie *der Gefangene auf Elba, die Dame im lila Kostüm* etc.

6.1.2 Bedeutung als mentales Konzept

Während die Referenz von Ausdrücken leichter fassbar und beobachtbar ist, lassen sich die mit einem Ausdruck verbundenen Konzepte schwerer greifen.

Dass Referenz und die mit einem Ausdruck verbundenen Konzepte zu unterscheiden sind, wird daran deutlich, dass Ausdrücke in bestimmten Kontexten auf das Gleiche referieren können, doch trotzdem unterschiedliche Konzepte beinhalten. Frege (1892) illustriert den Unterschied am Beispiel der Ausdrücke *Morgenstern* und *Abendstern,* die beide auf den Planet Venus referieren, jedoch mit einem unterschiedlichen Konzept verbunden sind. Ebenso können die Ausdrücke *die Bundeskanzlerin von Deutschland* und *Angela Merkel* auf die gleiche Person referieren, ohne jedoch das gleiche Konzept zu vermitteln.

Konzepte vs. Referenz

In bestimmten Kontexten können Ausdrücke mit dem gleichen Referenten, doch einer unterschiedlichen Intension nicht gegeneinander ausgetauscht werden. Ein solcher Kontext ist beispielsweise eine Einbettung unter einen Satz mit *nicht wissen*:

(1)   a. Hans weiß nicht, dass der Morgenstern der Planet Venus ist.
      b. Hans weiß nicht, dass der Abendstern der Planet Venus ist.
      c. Anna weiß nicht, dass Goethe der Verfasser des Werthers ist.
      d. Anna weiß nicht, dass Goethe Goethe ist.

(1a) kann zutreffen und (1b) kann falsch sein, sie bedeuten also nicht dasselbe. (1d) ist im Gegensatz zu (1c) weitgehend sinnlos.

6.2 Wortsemantik

Wie wir gesehen haben, sind sprachliche Ausdrücke mit bestimmten Konzepten verknüpft, die nicht einfach zu erfassen sind. Es kann auch nicht ohne weiteres davon ausgegangen werden, dass diese Konzepte bei allen Sprechern jeweils identisch sind. Die mit dem Ausdruck *Baum* verknüpften Konzepte mögen bei verschiedenen Sprechern in einem gewissen Umfang variieren, eine gewisse Übereinstimmung ist jedoch Voraussetzung für eine gelingende Kommunikation.

Beschreibungsansätze
Im Folgenden werden wir uns verschiedene Ansätze zur Beschreibung der mit Lexemen verknüpften Konzepte näher ansehen. Dabei berücksichtigen wir die folgenden Versuche, um die mit den Ausdrücken verbundenen Konzepte näher zu definieren:

– Semantische Relationenen zwischen Wörtern (und Sätzen)
– Merkmalssemantik (Komponentenanalyse)
– Prototypensemantik

6.2.1 Semantische Relationen

Wörter existieren nicht isoliert im luftleeren Raum, sondern als Teil eines sprachlichen Systems, in dem sie in verschiedenen Relationen zu anderen Wörtern stehen und sich von ihnen abgrenzen.

Die Bedeutung eines Lexems kann durch seine Beziehungen zu anderen Lexemen definiert werden. Wichtige Bedeutungsbeziehungen sind Synonymie (Bedeutungsgleichheit), Hyponymie (Unterordnung) und Inkompatibilität (Bedeutungsgegensatz).

6.2.1.1 Synonymie (Bedeutungsgleichheit)

Ausdrücke sind synonym, wenn sie uneingeschränkt gegeneinander austauschbar sind, ohne dass sich etwas an der Wahrheit einer Aussage ändert (Ersetzbarkeit „salva veritate").

Totale Synonyme
Totale Synonyme sind uneingeschränkt in allen Kontexten gegeneinander austauschbar:

(2) Zündholz – Streichholz, Orange – Apfelsine,
     Torwart – Torhüter – Keeper

Partielle Synonyme
Partielle Synonyme sind nur in einigen Kontexten gegeneinander austauschbar:

(3) a.   einen Brief bekommen/erhalten
     a.' einen Schnupfen bekommen/*erhalten
     b.   Der Aufzug/Lift blieb im fünften Stock stecken.
     b.' In diesem Aufzug/*Lift kannst du dich dort nicht blicken lassen.

Denotation und Konnotation
Dass Synonyme nicht in allen Kontexten gegeneinander austauschbar sind, kann verschiedene Ursachen haben. Zum einen kann sich ihre denotative Bedeutung nur zum Teil decken, wie etwa bei *Aufzug* und *Lift*. Zum anderen können sich Synonyme in anderen Komponenten der Bedeutung unterscheiden. Betrachten wir dazu die folgenden Beispiele:

(4) a. Alkoholiker/Säufer
    b. Ehefrau/Gattin/Gemahlin
    c. Gesicht/Antlitz/Visage
    d. bedeutungsgleich/synonym
    e. Geld/Zaster/Kohle/Moos/Kies/Knete/Mäuse
    f. sterben/abkratzen/den Löffel abgeben/ins Gras beißen/dahinscheiden/das Zeitliche segnen

Diese Ausdrücke haben jeweils die gleiche Denotation, doch sie tragen unterschiedliche Konnotationen. Unter Konnotation werden die mit einem Ausdruck verbundenen Bewertungen und sein stilistischer Wert erfasst. Während *Alkoholiker* eine weitgehend wertfreie, neutrale Bezeichnung für jemanden ist, der krankhaft abhängig vom Alkoholgenuss ist, ist *Säufer* deutlich abwertend. Ebenso ist *Gesicht* eine neutrale Bezeichnung für die vordere Partie des menschlichen Kopfs, während *Visage* deutlich abwertend ist. *Antlitz* dagegen wirkt veraltet und poetisch, so dass es in der Alltagssprache oft eher ironisch klingt, falls es überhaupt verwendet wird. *Bedeutungsgleich* ist alltagssprachlich, während *synonym* einen fachsprachlichen Charakter hat. Die Konnotation ist eine expressive Bedeutungskomponente und umfasst die mit einem Ausdruck verbundenen Bewertungen und seinen stilistischen Wert. Konnotationen

Synonymie ist nicht zu verwechseln mit Referenzidentität (= Bezug auf das gleiche Objekt). Zwei Ausdrücke können den gleichen Referenten haben, doch unterschiedliche Konzepte ausdrücken: Referenzidentität

(5) Angela Merkel ist auf allen Gipfeln präsent.
    Die Kanzlerin macht dort eine gute Figur.

6.2.1.2 Hyponymie

Hyponymie nimmt Bezug auf die hierarchische Gliederung des Wortschatzes. Ein Ausdruck ist ein Hyponym zu einem anderen, wenn er einen Unterbegriff dazu darstellt. Den Überbegriff nennt man Hyperonym. *Kuh, Kalb, Stier* sind Hyponyme zum Hyperonym *Rind*. Die Hyponyme zu einem Hyperonym nennt man auch Ko-hyponyme: Überbegriff – Unterbegriff

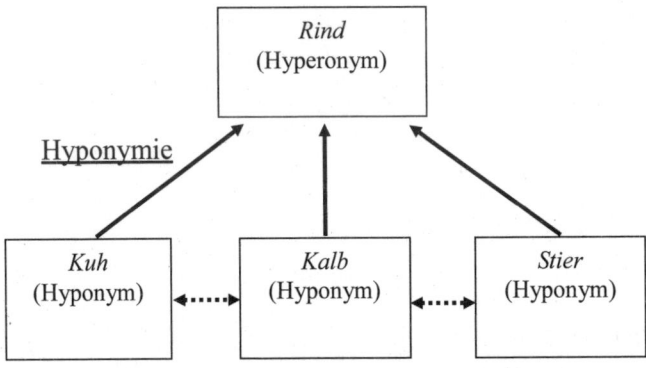

Abbildung 2: Hyponymie

6.2.1.3 Inkompatibilität

Bedeutungs-
gegensatz

Unter Inkompatibilität werden verschiedene Formen von Bedeutungsgegensätzen subsumiert. Ausdrücke sind inkompatibel, wenn sie semantische Gemeinsamkeiten aufweisen, sich jedoch in einer Bedeutungsdimension voneinander unterscheiden. Inkompatible Ausdrücke schließen einander aus, sie können nicht auf den gleichen Referenten angewendet werden.

(6) a. Montag, Dienstag, Mittwoch, Donnerstag, Freitag, etc.
     b. Frühling, Sommer, Herbst, Winter
     c. Norden, Süden, Osten, Westen
     d. rot, grün, gelb, blau

6.2.1.4 Antonymie

graduierbare
Ausdrücke

Wenn inkompatible Ausdrücke graduierbar sind, dann spricht man auch von Antonymie. Antonymie ist also ein Spezialfall von Inkompatibilität. Antonyme bezeichnen quasi die Enden einer Skala, auf der eine Reihe von Zwischenstufen existiert. Beispiele sind *klein – groß, dick – dünn, lang – kurz* und *nüchtern – betrunken*. Adjektivische Antonyme sind komparierbar und durch Intensivierer graduierbar: *größer, kleiner, sehr lang* etc.

Oft bezeichnet eines der Antonyme den unmarkierten Pol einer Skala. Wir sagen, dass jemand 20 Jahre alt ist, aber höchstens scherzhaft oder als Sprachspiel, dass er 20 Jahre jung ist. Jemand ist 1,80 groß, ein Brett kann 2 Meter lang sein, aber nicht 2 Meter kurz. Diese Adjektive bezeichnen also die unmarkierten Pole.

Antonymie ist nicht auf Adjektive beschränkt, sondern tritt auch bei anderen Wortarten auf:

Nomina: *Krieg – Frieden, Liebe – Hass, Stille – Lärm*
Verben: *lieben – hassen, rasen – schleichen*
Pronomen: *alles – nichts*
Adverbien: *immer – nie*
Satzadverbien: *leider – gottseidank*

6.2.1.5 Komplementarität

besondere Form der
Inkompabitibilität

Bei der Komplementarität handelt es sich um einen Spezialfall der Inkompatibilität. Zwei Ausdrücke A und B sind komplementär, wenn sie inkompatibel sind und alles entweder unter A oder unter B fällt. Beispiele dafür sind *tot – lebendig, verheiratet – ledig* und *schwanger – nicht schwanger*. Adjektive, die komplementär sind, lassen sich nicht graduieren oder intensivieren. Komplementarität und Antonymie schließen sich also gegenseitig aus, sie sind inkompatibel.

6.2.1.6 Mehrdeutigkeit von Ausdrücken

Ausdrücke müssen nicht immer mit nur einem Konzept verknüpft sein, sondern sie können mehrdeutig sein, d. h. dass man ihnen verschiedene Konzepte zuordnen kann. In gewissem Sinn ist Mehrdeutigkeit (Ambiguität) ein Gegensatz zur Synonymie. Während sich bei Synonymie mehrere Ausdrücke auf das gleiche Konzept beziehen, sind mehrdeutige Ausdrücke mit verschiedenen Konzepten verknüpft.

Mehrdeutigkeit kann verschiedene Ursachen haben. Ein Grund kann darin liegen, dass durch bestimmte lautliche Veränderungen ursprünglich verschiedene Wörter die gleiche Form erhalten. In diesem Fall spricht man von Homonymie. Die mit diesen Ausdrücken verknüpften Konzepte stehen in keinem Zusammenhang zueinander, sondern es ist im Grunde eine Zufälligkeit der Sprachentwicklung, dass zwei Ausdrücke die gleiche Form ausgebildet haben, wie beispielsweise *Tor* (,Eingang', ,dummer Mensch' und *Ton* (,Klang', ,formbare Masse').

Homonymie

Die Formgleichheit kann sich auch nur auf die Laut- oder die Schriftform beziehen. Wenn nur die Schriftform gleich ist, spricht man von Homographie, ist nur die Lautform gleich, von Homophonie.

Homographie und Homophonie

> Homophonie: *Weise/Waise, Leib/Laib*
> Homographie: *Ténor/Tenór, Augúst/Áugust*

Dass es sich bei Homonymen um verschiedene Lexeme handelt, wird oft daran deutlich, dass Homonyme unterschiedliche grammatische Eigenschaften haben können. Beispielsweise können sich homonyme Substantive im Genus oder in den Pluralformen unterscheiden, wie bei *der Tor – das Tor, die Bänke – die Banken*.

Ein weiterer Grund für Mehrdeutigkeit kann darin liegen, dass ein Ausdruck im Laufe der Zeit verschiedene Bedeutungen ausbildet. In diesem Fall spricht man von Polysemie. Beispiele dafür sind die Lexeme *Flügel* und *Fuß*:

Polysemie

> *Flügel* (,Körperteil eines Vogels', ,Musikinstrument',
> ,Teil eines Heeres, einer Partei')
> *Fuß* (,Körperteil', ,Teil eines Berges', ,Teil eines Möbels')

Da sich bei Polysemie verschiedene Bedeutungen aus einem Lexem entwickelt haben, sind hier oft Zusammenhänge zwischen den verschiedenen Konzepten erkennbar. Für die Entstehung von Polysemien sind bestimmte Vorgänge typisch wie die Metapher und die Metonymie.

Von Metapher spricht man, wenn ein Begriff auf einen anderen Bereich übertragen wird (griech. *metapherein* ,übertragen'). Es handelt sich um die Übertragung eines Konzepts von einem Herkunftsbereich auf einen Zielbereich aufgrund wahrgenommener Ähnlichkeiten. Beispielsweise erinnert das *Tischbein* an einen ähnlich geformten Körperteil bei Menschen oder die *Maus*, das Zeigegerät bei Computern, erinnert an ein bestimmtes Nagetier.

Metapher

Bei einer Metonymie hingegen geschieht die Übertragung aufgrund eines sachlichen Zusammenhangs. Wenn jemand beispielsweise sagt, er hat Goethe gelesen, so steht der Name des Autors für sein Werk. Weitere für Metonymien typische Zusammenhänge sind die zwischen Gefäß und Inhalt (*ein Gläschen trinken*), Ort für Bewohner (*Köln lacht*) oder Teil und Ganzes (*Rotschopf*). Eine mehrfache metonymische Übertragung (jeweils angezeigt durch >) findet sich bei dem Lexem *Film* (s. Löbner 2003:77):

Metonymie

(7) *Film* ,dünne Schicht', z.B. *Ölfilm* > ,transparenter Streifen mit einer lichtempfindlichen Schicht' > ,darauf aufgenommenes Material', z.B. *Spielfilm* > ,damit verknüpfte Industrie', z.B. *zum Film gehen*

Disambiguierung

Wenn ambige Ausdrücke auftreten, stellt sich in einer konkreten Äußerungssituation die Frage, welches der damit verbundenen Konzepte „gemeint" ist. In vielen Fällen lässt sich die intendierte Bedeutung aus dem Kontext erschließen, d.h. ambige Ausdrücke können durch den Kontext disambiguiert werden, also in ihrer Bedeutung auf eine Lesart festgelegt werden.

Rolle des Kontexts

Betrachten wir dazu noch einmal das Beispiel *Tor. Tor₁* ,dummer Mensch' und *Tor₂* ,breiter Eingang' sind Homonyme. Aus der Bedeutung ,breiter Eingang' haben sich weitere Bedeutungen entwickelt, *Tor₂* ist also polysem. Es hat durch Metonymie auch die Bedeutung ,Ziel im Fußball' und ,Treffer im Fußball' erhalten. Durch den Kontext kann die jeweilige Lesart festgelegt werden, d.h. das mehrdeutige Wort wird disambiguiert. Löbner (2003:64) gibt dazu folgende Beispiele:

(8) a. Das mittelalterliche Tor ist aufwändig verziert.
b. Das Tor wurde wegen Abseits nicht anerkannt.
c. Ich habe das Tor nicht gesehen.

In a) wird durch das Adjektiv *mittelalterlich* und *aufwändig verziert* die Bedeutung ,breiter Eingang' festgelegt. In b) deutet der Ausdruck *Abseits* auf die Bedeutung ,Treffer im Fußball' hin, in c) lässt der unmittelbare Kontext alle genannten Bedeutungen zu.

6.2.2 Merkmalssemantik

Komponentenanalyse

Einen weiteren Versuch, die Bedeutung von Ausdrücken zu definieren, stellt die Merkmalssemantik dar. Hier wird versucht, Ausdrücke in kleinste Bedeutungsbestandteile zu zerlegen, die sogenannten semantischen Merkmale oder Seme. Das Verfahren nennt man auch Komponentenanalyse. Es lässt sich in seinen Grundgedanken bis auf Aristoteles zurückverfolgen.

Klassifikation

Die Grundannahme ist, dass sich alle Dinge durch zunächst sehr allgemeine Eigenschaften wie abstrakt vs. konkret, belebt vs. unbelebt bis hin zu immer spezielleren Merkmalen voneinander abgrenzen und definieren lassen. Ein sehr allgemeines Klassifikationsschema sieht wie folgt aus (vgl. Schwarz/ Chur [5]2007:38):

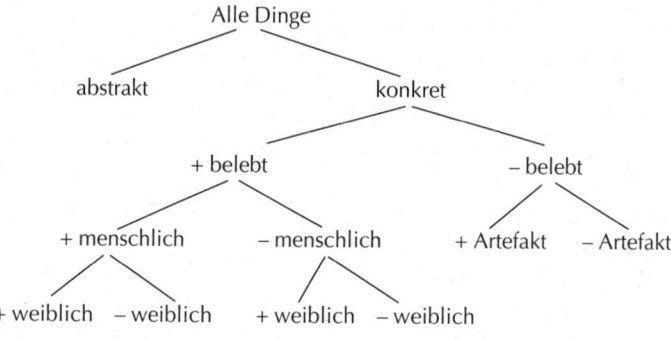

Abbildung 3: Grundlegendes Klassifikationsschema (nach Aristoteles)

Diese Eigenschaften werden als binäre Merkmale (Seme) erfasst, die entweder zutreffen oder nicht zutreffen. Die Merkmalssemantik wird manchmal auch „checklist semantics" oder das „Modell der notwendigen und hinreichenden Bedingungen" genannt. Man kann quasi „abhaken", ob alle Eigenschaften für die Zugehörigkeit zu einer Kategorie vorhanden sind. Beispielsweise sieht eine Komponentenanalyse von *Junggeselle* wie folgt aus:

Seme

(9) *Junggeselle:* [+menschlich], [-weiblich], [+erwachsen], [-verheiratet]

Wir betrachten nun die Anwendung des Verfahrens auf eng verwandte Wörter am Beispiel verschiedener Lexeme, die Rinder bezeichnen. Die biologische Klassifikation für Rinder lautet *Bos*. In Form einer Matrix kann verdeutlicht werden, welche Merkmale für die verschiedenen Ausdrücke zutreffen und in welchen Merkmalen sich die einzelnen Ausdrücke unterscheiden. (+ Merkmal trifft zu, – Merkmal trifft nicht zu, 0 = indifferent in Bezug auf das Merkmal)

	Rind	Kuh	Kalb	Ochse	Stier
[belebt]	+	+	+	+	+
[menschlich]	–	–	–	–	–
[Bos]	+	+	+	+	+
[weiblich]	0	+	0	–	–
[geschlechtsreif]	0	+	–	+	+
[kastriert]	0	0	0	+	–

Abbildung 4: Merkmalsanalyse in Form einer Matrix

Was leistet die Merkmalssemantik, wo liegen ihre Vorteile, welche Grenzen weist sie auf? Zum einen können die Bedeutungsrelationen zum Teil durch die Merkmalsanalyse erfasst werden. So weisen synonyme Wörter die gleichen semantischen Merkmale auf. Hyponyme haben alle semantischen Merkmale ihres Hyperonyms, sowie mindestens ein zusätzliches Merkmal. Die Komplementarität von Ausdrücken wie *tot* und *lebendig* kann durch Merkmale wie [-lebendig] und [+lebendig] erfasst werden.

Merkmalssemantik und Bedeutungsrelationen

Auch semantische Anomalien können mit der Merkmalssemantik erklärt werden: Ein **verheirateter Junggeselle* ist semantisch abweichend, da *Junggeselle* das Merkmal [-verheiratet] trägt. Ein Satz wie **Farblose, grüne Ideen schlafen wütend* ist semantisch abweichend, da *schlafen* für sein Subjekt das Merkmal [+belebt] fordert. Zudem tragen *farblos* und *grün* sich ausschließende semantische Merkmale [+farbig], [-farbig]).

Semantische Anomalie

Ein Satz wie **Der Stein denkt nach* ist semantisch abweichend, da *nachdenken* ein Subjekt mit dem Merkmal [+belebt] fordert. Verben können bestimmten Anforderungen bezüglich der Merkmale ihrer Ergänzungen stellen, sog. Selektionsbeschränkungen. Die Selektionsbeschränkungen des Verbs sind in diesem und dem vorangehenden Beispiel nicht erfüllt.

Selektionsbeschränkung

Die Merkmalssemantik erlaubt teilweise eine präzisere Darstellung von Wortfeldern. Unter einem Wortfeld versteht man semantisch eng verwandte

Wortfelder

Wörter, die sich gegenseitig begrenzen und einen bestimmten Bereich lückenlos erfassen. Die Wortfeldtheorie geht auf Trier (1931) zurück, der den „Sinnbezirk des Verstandes" untersuchte und feststellte, dass Wörter wie *Weisheit, List* und *Kunst* ihre Bedeutung änderten, wobei diese Änderungen in engem Zusammenhang stehen. Um 1300 ist *List* aus diesem Bereich verschwunden und *Wissen* hinzugekommen. Trier geht nicht einfach davon aus, dass *wizzen list* ersetzt hat, sondern betrachtet die Bedeutungsveränderungen einzelner Ausdrücke als Teil der Umstrukturierung eines Wortfelds. Mit dieser Vorgehensweise verfolgt Trier implizit einen strukturalistischen Ansatz. Während *wîsheit* um 1200 ein Oberbegriff für das Wortfeld der Verstandeskräfte war, ist es um 1300 verengt auf die Bezeichnung für die höchsten Verstandeskräfte, während *kunst* die mittleren und *wizzen* die eher niederen, alltäglichen Verstandeskräfte bezeichnet.

Die Merkmalssemantik, die erst später entwickelt wurde, bietet die Möglichkeit, die Lexeme eines Wortfelds und ihre Abgrenzungen zueinander präziser zu definieren, vgl. dazu das Beispiel für das Wortfeld *Rind* in Abb. 4.

Kritikpunkte

Die Merkmalssemantik weist auch eine Reihe von Nachteilen auf. Ein Kritikpunkt liegt darin, dass die Merkmale häufig nur das wiederholen, was expliziert werden soll: Beispielsweise hat *Mensch* das Merkmal [+menschlich], *Mann* das Merkmal [+männlich]. Ein weiteres Problem liegt darin, dass nur Teile des Wortschatzes mit der Merkmalssemantik erfasst werden können, im Wesentlichen vor allem Bezeichnungen für Konkretes. Ein größeres Problem ist, dass sich zwischen eng verwandten Wörtern in einem Wortfeld oft keine klaren Unterschiede finden lassen, die man in binäre Merkmale fassen könnte. Betrachtet man z. B. Bezeichnungen für stehende Gewässer wie *Teich, See, Weiher, Tümpel, Pfütze* und ähnliche, so ist es schwer zu sagen, wo die Grenzen zwischen den einzelnen Ausdrücken sind (Schwarz/Chur [5]2007:39).

Als ein alternatives Konzept zur Merkmalssemantik, das diese Schwierigkeiten zu umgehen versucht, hat sich die Prototypensemantik etabliert.

6.2.3 Prototypensemantik

Prototyp als typischer Vertreter

Der Grundgedanke der Prototypensemantik ist, dass Kategorien um einen typischen Vertreter, den Prototypen organisiert sind. Beispielsweise ist ein Spatz ein typischer Vertreter der Kategorie Vogel, etwa im Gegensatz zu einem Strauß oder einem Pinguin. Über die Zugehörigkeit eines Elements zu einer Kategorie wird aufgrund der Ähnlichkeit mit dem Prototypen entschieden.

Familienähnlichkeit

Als ein Vorläufer der Prototypentheorie gilt das Konzept der Familienähnlichkeit bei Wittgenstein, der feststellt, dass es keine gemeinsamen Merkmale der Referenten des Lexems *Spiel* gibt:

Beispiel *Spiel*

„Betrachte z. B. einmal die Vorgänge, die wir „Spiele" nennen. Ich meine Brettspiele, Kartenspiele, Ballspiele, Kampfspiele, usw. Was ist allen diesen gemeinsam? – Sag nicht: „Es muß ihnen etwas gemeinsam sein, sonst hießen sie nicht „Spiele" – sondern schau, ob ihnen allen etwas gemeinsam ist. – Denn, wenn du sie anschaust, wirst du zwar nicht etwas sehen, was allen gemeinsam wäre, aber du wirst Ähnlichkeiten, Verwandtschaften, sehen, und zwar eine ganze Reihe. [...]

Und das Ergebnis dieser Betrachtung lautet nun: Wir sehen ein kompliziertes Netz von Ähnlichkeiten, die einander übergreifen und kreuzen. Ähnlichkeiten im Großen und Kleinen. [...] Ich kann diese Ähnlichkeiten nicht besser charakterisieren als durch das Wort „Familienähnlichkeiten"; denn so übergreifen und kreuzen sich die verschiedenen Ähnlichkeiten, die zwischen den Gliedern einer Familie bestehen: Wuchs, Gesichtszüge, Augenfarbe, Gang, Temperament, etc. etc. – Und ich werde sagen: die ‚Spiele' bilden eine Familie." (Wittgenstein, 1958, 48 f.)

Zur Entwicklung der Prototypentheorie haben linguistische bzw. psychologische Experimente zur sprachlichen Kategorisierung geführt. Labov (1973) wies in einem Experiment nach, dass Kategorien unscharfe Grenzen haben. Er untersucht den Bedeutungsumfang von Bezeichnungen für Haushaltsgefäße wie Tasse, Glas, Schüssel, Vase anhand von Zeichnungen (s. Abb. 5). Die Versuchspersonen wurden befragt, ob sie die abgebildeten Gefäße als Tasse (cup), Schale (bowl) oder Vase (vase) bezeichnen würden. 3 wurde von allen als Tasse, 6 als Vase und 10 als Schale bezeichnet. Nicht einheitlich wurden Vasen und Schalen mit Henkel bezeichnet (1 und 5), Gefäße, deren Höhe zwischen der von Tassen und Schalen liegt (4 und 9) oder zwischen der von Tassen und Vasen (2 und 7). Auch eine Aufforderung, sich die Gefäße mit Kaffee gefüllt oder Blumen darin vorzustellen, hatte Auswirkungen auf die Kategorisierung. Hier wird das im Zusammenhang mit der Merkmalssemantik schon angesprochene Problem deutlich, dass verwandte Lexeme häufig nicht eindeutig durch binäre Merkmale voneinander abgrenzbar sind.

unscharfe Grenzen

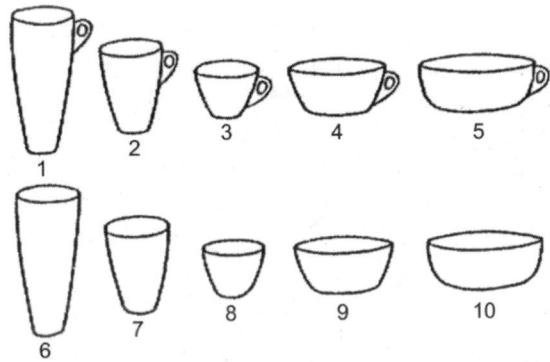

Abbildung 5: Tasse, Vase oder Schale? (nach M. Schwarz. Einführung in die kognitive Linguistik, Tübingen/Basel: Francke. 3., überarb. u. erw. Aufl. 2008, S. 111)

Maßgeblich für die Entwicklung der Prototypensemantik waren Experimente der Psychologin E. Rosch (1973, 1978), durch die sie nachweisen konnte, dass es typische und weniger typische Vertreter einer Kategorie gibt. Die untersuchten Kategorien waren Möbel, Obst, Fahrzeuge, Waffen, Gemüse, Vögel, Sport, Spielzeuge und Kleidungsstücke. Sie befragte 200 amerikanische Studenten, die auf einer Skala von 1–7 bewerten sollten, wie gute Vertreter der Kategorie Möbel die genannten Dinge sind. Stuhl, Tisch und Sofa erwiesen sich als zentrale Mitglieder der Kategorie, während z.B. Aschenbecher und Telefon sehr untypische Elemente sind. Prototypische Effekte zeigen sich

Experimente

auch in einem Identifikationstest anhand von Sätzen „Ein X ist ein Y". Bestimmte Mitglieder einer Kategorie werden ihr schneller zugeordnet als andere, z.B. wird ein Rotkehlchen oder ein Spatz schneller der Kategorie Vogel zugeordnet als eine Ente oder gar ein Pinguin. Dieser Effekt findet sich noch verstärkt bei Kindern. Wenn Leute nach Vertretern einer Kategorie gefragt werden, tendieren sie dazu, zuerst prototypische Vertreter zu nennen.

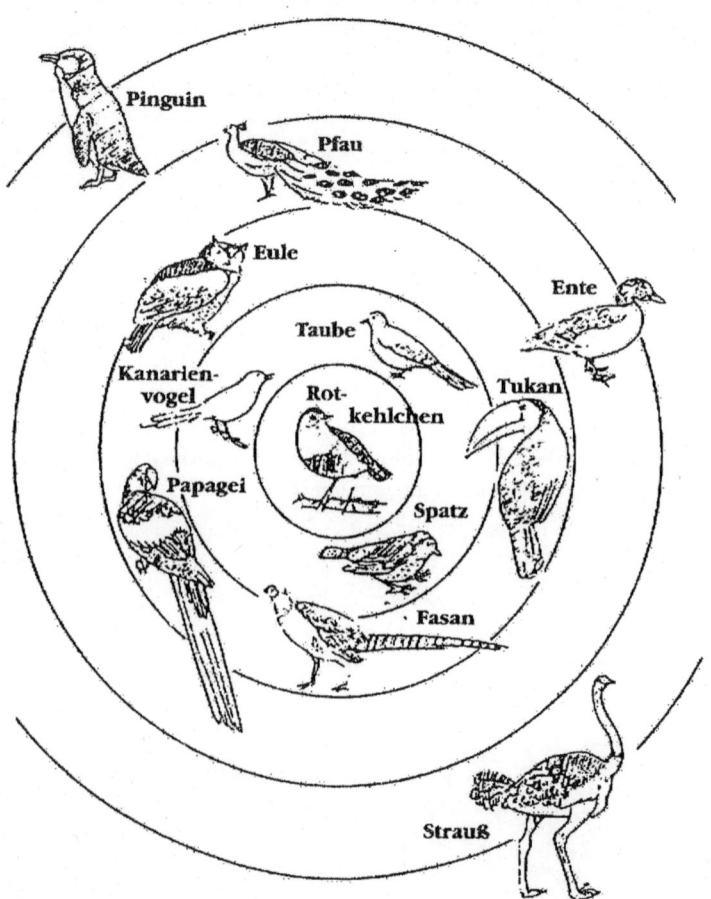

Abbildung 6: Prototypensemantik
(aus Nussbaumer/Linke/Portmann 2004, 176).

Basisebene   Auch bezüglich der hierarchischen Gliederung des Wortschatzes fand Rosch heraus, dass nicht alle Ebenen den gleichen Status haben, sondern dass eine bestimmte Ebene die zugänglichste ist, die sogenannte Basisebene. Rosch (1975) schlägt für die Unterteilung der vertikalen Achse drei Ebenen vor:

(10) übergeordnete Ebene (z.B. *Tier, Möbel, Obst*)
       Basisebene (z.B. *Hund, Stuhl, Orange*)
       untergeordnete Ebene (z.B. *Dackel, Küchenstuhl, Blutorange*)

Eigenschaften der   Ausdrücke der Basisebene sind die kognitiv am besten zugänglichen. Sie
Basisebene   werden am ehesten gewählt, wenn man etwas benennen soll und sie werden

im kindlichen Spracherwerb früher erworben als die Ausdrücke der anderen Ebenen. Mit Ausdrücken der Basisebene verbindet sich (im Gegensatz zu Ausdrücken der übergeordneten Ebene) eine bildliche Vorstellung und ein „motorisches Programm". D.h. wir haben z.B. eine konkrete Vorstellung davon, was wir mit einem Stuhl anfangen können und wie wir mit ihm umgehen, dagegen fehlt uns eine solche Vorstellung für die übergeordnete Ebene. Wir wissen nicht, wie wir mit einem Möbelstück umgehen sollen und uns fehlt ein konkretes Bild davon. Vielmehr stellt sich hier die Frage, welches Möbelstück denn gemeint ist.

Die Ausdrücke der verschiedenen Ebenen weisen auch bestimmte sprachliche Eigenschaften auf. Ausdrücke der Basisebene sind häufig monomorphematisch, während Ausdrücke der untergeordneten Ebene häufig Komposita sind. Ausdrücke der übergeordneten Ebene haben häufig neutrales Genus und sind öfter Sammelbegriffe, die nur im Singular oder Plural auftreten (*Obst, Gemüse, Möbel*).

Wir fassen hier noch einmal die wesentlichen Grundannahmen der Merkmalssemantik und der Prototypensemantik zusammen:

Merkmalssemantik	Prototypensemantik
Kategorien sind definiert durch ihre notwendigen und hinreichenden Merkmale	Kategorien verfügen über einen „besten Vertreter", den Prototypen
Alle Mitglieder einer Kategorie haben denselben Status	Kategorien sind abgestuft, es gibt zentrale und periphere Mitglieder
Über die Zugehörigkeit zu einer Kategorie wird über einen Abgleich der Merkmale entschieden	Die Zugehörigkeit zu einer Kategorie wird über die Ähnlichkeit mit dem Prototypen entschieden
Kategorien haben klare Grenzen	Die Grenzen von Kategorien sind unscharf

Tabelle 1: Merkmalssemantik und Prototypensemantik

Die Prototypentheorie trifft andere Grundaussagen als die Merkmalssemantik und scheint manche Probleme der Merkmalssemantik zu umgehen. Sie blieb jedoch nicht unwidersprochen. Die Kritik an der Prototypentheorie richtet sich vor allem gegen die Annahme unscharfer Kategoriengrenzen (s. dazu ausführlich Löbner 2003:276ff.). Es ließ sich jedoch zeigen, dass prototypische Effekte nicht unbedingt mit unscharfen Kategoriengrenzen einhergehen. Experimente mit der Kategorie „ungerade Zahl" zeigten, dass es prototypische Vertreter gibt wie die Zahlen 3,5,7, die zuerst genannt werden, wenn Versuchspersonen aufgefordert werden, ungerade Zahlen zu nennen. Trotzdem hat die Kategorie „ungerade Zahl" klare Grenzen, da sie durch zwei notwendige Bedingungen definiert wird, nämlich dass es sich um eine Zahl handelt, die größer als 0 und nicht durch 2 teilbar ist. Hier weist eine Kategorie, die mit mathematischer Präzision definiert werden kann, prototypische Effekte auf. Daran wird deutlich, dass prototypische Effekte und unscharfe Grenzen einander nicht bedingen müssen.

Kritikpunkte

Obwohl die Prototypentheorie und die Merkmalssemantik einander widersprechen, ist kein Modell der klare Gewinner. Möglicherweise gelten die Grundannahmen der beiden Ansätze jeweils für unterschiedliche Bereiche des Wortschatzes. Weiterführende Überlegungen zur Prototypentheorie und ihren Weiterentwicklungen finden sich bei Kleiber (1993) und Taylor (2003).

6.3 Grundbegriffe der Satzsemantik

Satz vs. Äußerung Wenn man sich mit der Bedeutung von Sätzen beschäftigt, ist es zunächst notwendig, Satz und Äußerung zu unterscheiden. Ein Satz ist eine grammatische Einheit, deren Bedeutung losgelöst von seiner Äußerung in einem bestimmten Kontext untersucht werden kann.

Löbner (2003) unterscheidet drei Ebenen der Bedeutung, die Ausdrucksbedeutung, die Äußerungsbedeutung und den kommunikativer Sinn.

Ausdrucksbedeutung vs. Äußerungs- bedeutung Die Ausdrucksbedeutung ist die Bedeutung eines einfachen oder zusammengesetzten Ausdrucks für sich genommen. Die Äußerungsbedeutung ist die Bedeutung, die ein Ausdruck bei der Interpretation in einem Äußerungskontext erhält. Wie wir gesehen haben, wird die Referenz eines Ausdrucks in der Regel erst durch die Äußerungssituation eindeutig. Zur Äußerungsbedeutung gehören die Komponenten, die sich erst aus dem konkreten Kontext ergeben. Die wichtigsten Aspekte einer Äußerung sind dabei der Sprecher bzw. die Sprecherin, der Adressat bzw. die Adressatin, der Zeitpunkt und der Ort der Äußerung.

kommunikativer Sinn Darüber hinaus haben Äußerungen einen kommunikativen Sinn, der darin besteht, dass eine Äußerung in einer Situation eine bestimmte kommunikative Handlung darstellt. So kann beispielsweise die Äußerung des Satzes *der Hund ist bissig* je nach der Situation, z. B. eine Warnung oder, wenn es um den Kauf eines Kampfhundes geht, eine Empfehlung sein.

wörtliche vs. kontextabhängige Bedeutung Die **Semantik** beschäftigt sich mit der sog. wörtlichen Bedeutung von sprachlichen Ausdrücken, die weitgehend unabhängig vom Kontext ist. Mit der kontextabhängigen Bedeutung beschäftigt sich die Pragmatik.

Für die Beziehungen zwischen der Bedeutung einzelner Wörter und Sätze gilt ein sehr allgemeines Prinzip: Es besagt, dass sich die Bedeutung eines Satzes aus der Bedeutung der Wörter und der Art ihrer Zusammensetzung ergibt. Dieses Prinzip wird dem Logiker Gottlob Frege zugeschrieben und daher auch Frege-Prinzip genannt.

Kompositionalität Diese Eigenschaft, dass die Bedeutung von komplexen sprachlichen Ausdrücken wie Phrasen und Sätzen aus der Bedeutung ihrer einzelnen Bestandteile hergeleitet, quasi „errechnet" wird, heißt Kompositionalität.

> Frege-Prinzip (Kompositionalitätsprinzip): Die Bedeutung eines Satzes ergibt sich aus der Bedeutung der enthaltenen Wörter sowie aus der Art ihrer Zusammensetzung.

Betrachten wir dazu die folgenden Sätze:

(11) a. Anna biss in die Wurst.
     b. Anna biss in den Apfel.
     c. Anna biss in den süßen Apfel.
     d. Anna biss in den sauren Apfel.
     e. Anna biss ins Gras.

Die Sätze (11a–c) kann man verstehen, wenn man die Bedeutung der einzelnen Wörter kennt, da sie sich aus der Bedeutung der einzelnen Wörter und der Art der Zusammensetzung ergibt. (11d) ist hingegen ambig: Wir können den Satz wörtlich verstehen, wo er bis auf das Adjektiv das Gleiche bedeutet wie (11c). Der Satz hat aber darüber hinaus noch einen anderen Sinn, der sich nicht aus der Bedeutung der einzelnen Wörter ableiten lässt: Dass Anna in den sauren Apfel beißt, kann übertragen gemeint sein, nämlich, dass sie eine unangenehme Sache in Angriff nimmt. Hier hat die Wendung *in den sauren Apfel beißen* als Ganzes einen Sinn, man spricht auch von einem Phraseologismus, der idiomatisiert ist. In idiomatischen Wendungen ist das Kompositionalitätsprinzip außer Kraft gesetzt. Bei (11e) schließlich ergibt eine wörtliche Interpretation nach dem Frege-Prinzip einen wenig wahrscheinlichen Sachverhalt (zumindest wenn Anna keine Kuh ist), der Ausdruck *ins Gras beißen* ist idiomatisiert und bedeutet soviel wie *sterben*.

Kompositionalität und Idiomatisierung

6.3.1 Was heißt es, die Bedeutung eines Satzes zu kennen?

Logiker und Semantiker haben sich intensiv mit der Frage beschäftigt, was es heißt, die Bedeutung eines Satzes zu kennen. Ein wesentlicher Grundgedanke dazu geht wiederum auf Gottlob Frege zurück:

Die Bedeutung eines Aussagesatzes zu verstehen heißt, angeben zu können, unter welchen Bedingungen der Satz wahr ist.

Betrachten wir dazu ein Beispiel. Für den Satz *Eine Frau sitzt auf einem Stuhl* können wir angeben, für welche der in den beiden Fotos abgebildeten Situationen er wahr ist.

 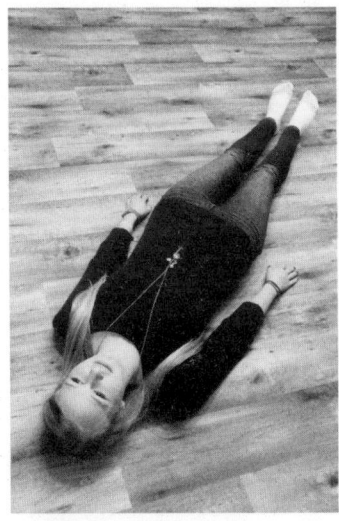

Abbildung 7: Situation 1   **Abbildung 8:** Situation 2

Wahrheits-bedingungen

Beide Fotos zeigen eine erwachsene weibliche Person, doch ein Stuhl ist nur auf dem linken Foto vorhanden und die Körperhaltung der Frau entspricht nur auf dem linken Foto der Körperhaltung, die mit dem Verb *sitzen* bezeichnet wird. In Situation 1 sind also die Bedingungen für die Wahrheit des Satzes *Eine Frau sitzt auf einem Stuhl* erfüllt, in Situation 2 dagegen nicht. Die Wahrheitsrelation spielt in der modernen Semantik eine zentrale Rolle, sie wird deswegen auch Wahrheitsbedingungen-Semantik genannt (engl. truth conditional semantics).

Die Bedeutung eines Satzes zu kennen, heißt auch, zu wissen, was daraus folgt. Wenn wir den Satz *Anna schluchzt* betrachten, so wissen wir, dass mit dem Schluchzen Geräusche verbunden sind. Dagegen beinhaltet dieser Satz nicht unbedingt, dass Anna unglücklich ist, da man auch vor Freude schluchzen kann. Aus S1 folgt also S2, nicht jedoch S3.

S1: *Anna schluchzt.*
S2: *Anna macht Geräusche.*
S3: *Anna ist unglücklich.*

logisch-semantische Schlussfolgerung

Wenn ein Satz S2 aus einem Satz S1 logisch folgt, so spricht man davon, dass S1 S2 impliziert. Die Implikation ist eine logisch-semantische Schlussfolgerung, die aufgrund der wörtlichen Bedeutung der Ausdrücke zustande kommt.

> Eine **Implikation** (logisch-semantische Schlussfolgerung) von S1 auf S2 liegt vor, wenn man nicht S1 behaupten und zugleich S2 verneinen kann, oder anders ausgedrückt: wenn S2 immer dann wahr ist, wenn S1 wahr ist.

Text

Um zurück zu dem Beispiel *Anna schluchzt* zu kommen: Dass ,Anna macht Geräusche' Teil der wörtlichen Bedeutung von diesem Satz ist, erkennt man daran, dass man dies nicht durch einen Zusatz annullieren kann: Man kann den folgenden Satz nicht äußern, ohne sich in einen Widerspruch zu begeben oder sich als des Deutschen nicht mächtig zu erweisen:

(12) *Anna schluchzt, aber sie macht dabei keine Geräusche. (* für ,semantisch abweichend')

Proposition

Sätze enthalten eine Situationsbeschreibung, die sog. Proposition. Den Kern einer Proposition bilden ein Prädikat und seine Argumente. Jedes Prädikat eröffnet Leerstellen für eines oder mehrere Argumente. Mit Prädikaten und ihren Argumenten beschäftigt sich die Prädikatenlogik. Prädikate werden in ihrer Stammform wiedergegeben, die Argumente dazu werden in Klammern dahinter gesetzt. Die prädikatenlogischen Notationen für die beiden Sätze sehen wie folgt aus:

(13) a. *Das Krokodil frisst das Kind.* FRESS (KROKODIL, KIND)
b. *Der Hund ist bissig.* BISSIG (HUND)

Prädikate

Prädikate können durch Vollverben oder Prädikative ausgedrückt werden. Ihren Argumenten entsprechen die obligatorischen und fakultativen Ergänzungen der Valenztheorie. *Fressen* drückt ein zweiwertiges Prädikat aus, *bis-*

sig dagegen ein einwertiges. Prädikate legen nicht nur die Zahl ihrer Argumente fest, sondern auch deren Rollen in dem beschriebenen Sachverhalt:

(14) Agens (Handelnder): *Eva joggt.*
    Patiens (Objekt der Handlung): *Hans liest einen Brief.*
    Rezipient (Empfänger): *Ina gibt dem Kind einen Kuss.*
    Instrument: *Er schlägt mit dem Hammer das Fenster ein.*
    Benefaktiv (Nutznießer einer Handlung): *Für dich tue ich alles.*
    Experiencer (Träger eines Gefühls oder Gedankens): *Martin liebt schnelle Autos.*
    Stimulus (Auslöser von Gefühlen und Gedanken): *Kleine Kinder fürchten sich vor Gespenstern.*

> Argumente und ihre Rollen

Es gibt Versuche, Prädikate in kleinere Einheiten zu zerlegen, in sogenannte atomare Prädikate wie beispielsweise ‚etwas bewirken' (CAUSE), ‚einen Zustand verändern' (BECOME) oder ‚etwas besitzen' (HAVE). Ein Verb wie *töten* wird durch diese Zerlegung wiedergegeben als ‚bewirken, dass jemand tot wird' und *geben* als ‚bewirken, dass X Y hat':

> Zerlegung von Prädikaten

(15) *töten:* x CAUSE y BECOME DEAD (x = Agens, y = Patiens)
    geben: x CAUSE y HAVE z (x = Agens, y = Rezipient, z = Patiens)

6.3.2 Wahrheit und Falschheit von Sätzen

Über die Wahrheit oder Falschheit von den meisten Sätzen kann man nur entscheiden, wenn man weiß, auf welche Situation sie angewendet werden. Solche Sätze, deren Wahrheit oder Falschheit von der Situation abhängt, heißen synthetische oder kontingente Sätze. Es ist dabei nicht die Aufgabe der linguistischen Semantik festzustellen, ob solche Sätze wahr oder falsch sind, sondern unter welchen Bedingungen sie wahr oder falsch sind.

> synthetische Sätze

(16) a. In diesem Teich gibt es keine Enten.
    b. Es gibt keine Quastenflosser mehr.
    c. Der Löwe lebt in Afrika.

Die meisten Sätze sind kontingent. Es gibt jedoch auch Sätze, die notwendigerweise wahr sind, und Sätze, die notwendigerweise falsch sind. Notwendigerweise wahre Sätze werden auch analytisch oder tautologisch genannt, notwendigerweise falsche Sätze sind kontradiktorisch. Folgende Sätze sind Beispiele für Sätze, die immer wahr sind:

> analytisch – kontradiktorisch

(17) a. Entweder es ändert sich etwas oder alles bleibt, wie es ist.
    b. Zwei mal sieben ist vierzehn.
    c. Löwen sind Säugetiere.

Beispiele für Sätze, die immer falsch sind, sind die folgenden:

(18) a. Enten sind Pflanzen.
    b. Der Junggeselle ist verheiratet.
    c. Zwei mal sieben ist zwölf.

Mit der Wahrheit und Falschheit von Sätzen beschäftigt sich die Aussagenlogik. Dabei wird im Rahmen einer zweiwertigen Logik mit zwei Wahrheits-

> Aussagenlogik

werten gearbeitet, nämlich wahr (w) und falsch (f). Die Aussagenlogik behandelt bestimmte Operationen wie die Negation und die Verknüpfung von Aussagen. Da der Inhalt der Propositionen dabei keine Rolle spielt, werden sie einfach durch Variablen wie p und q benannt.

Negation   Wenn man die Wirkung der Negation betrachtet, so zeigt sich, dass sie den Wahrheitswert eines Satzes in sein Gegenteil verkehrt. Wenn der Satz *es regnet* wahr ist, ist der negierte Satz *es regnet nicht* falsch. Dies lässt sich in einer Tabelle erfassen, die die Wahrheitswerte wiedergibt.

Wahrheitswerte   Sätze können negiert oder durch Junktoren verknüpft werden, deren sprachliche Ausdrücke Konjunktionen wie *und* und *oder* sind. Die Wahrheitswerttabellen besagen, dass durch *und* verknüpfte Aussagen genau dann wahr sind, wenn beide Konjunkte wahr sind. Anders dagegen bei *oder*-Verknüpfungen: Hier ist die Gesamtaussage wahr, wenn eine der beiden Aussagen wahr ist oder beide Aussagen wahr sind (letzteres gilt nicht bei ausschließendem *oder* im Sinn von ‚entweder – oder').

Negation: (‚nicht') ~, (auch ¬ , -)		Konjunktion: (‚und') & (auch ∧)			Disjunktion: (‚oder') ∨		
p	~p	p	q	p & q	p	q	p ∨ q
w	f	w	f	f	w	w	w
f	w	w	f	f	w	f	w
		f	w	f	f	w	w
		f	f	f	f	f	f

Tabelle 2: Wahrheitswerte bei Negation, Konjunktion und Disjunktion

6.3.3 Semantische Relationen zwischen Sätzen

Wie einzelne Lexeme, so können auch Sätze in bestimmten semantischen Relationen zueinander stehen. Ein Beispiel dafür ist uns schon begegnet, nämlich die Implikation, die oft auch „logische Schlussfolgerung" genannt wird und für die moderne Semantik eine zentrale Rolle spielt.

Im Folgenden sollen einige wichtige semantische Relationen zwischen Sätzen beschrieben werden.

6.3.3.1 Äquivalenz

Paraphrase   Zwei Sätze A und B sind äquivalent, genau dann wenn A immer wahr ist, wenn B wahr ist und umgekehrt. Äquivalente Sätze werden auch Paraphrasen genannt.

(19) A: *Auf dem Tisch liegt eine Apfelsine.*
     B: *Auf dem Tisch liegt eine Orange.*

(20) A: *Die Flasche ist halb leer.*
     B: *Die Flasche ist halb voll.*

(21) A: *Der Hausmeister ruft die Feuerwehr an.*
     B: *Die Feuerwehr wird vom Hausmeister angerufen.*

(22) A: *Jedes Los gewinnt.*
      B: *Kein Los verliert.*

Die Äquivalenz ist eine symmetrische Relation, d.h. wenn ein Satz mit einem anderen äquivalent ist, so gilt dies auch umgekehrt: A $\Rightarrow$ B und B $\Rightarrow$ A oder noch kürzer ausgedrückt A B. Allgemein gesprochen ist eine Beziehung dann symmetrisch, wenn für alle x und y gilt: wenn x zu y in dieser Beziehung steht, dann steht auch y zu x in dieser Relation.

symmetrische
Relation

6.3.3.2 Implikation

Ein Satz A impliziert einen Satz B, wenn man nicht gleichzeitig A behaupten und B verneinen kann. Anders ausgedrückt: immer wenn A wahr ist, ist B wahr.
 In den folgenden Sätzen impliziert Satz A Satz B (A $\Rightarrow$ B).

(23) A: *Donald ist eine Ente.*
      B: *Donald ist ein Vogel.*

(24) A: *Eva schluchzt.*
      B: *Eva macht Geräusche.*

(25) A: *Maria trällert ein Lied.*
      B: *Jemand trällert ein Lied.*

Die Implikation ist eine Schlussfolgerung, die an die wörtliche Bedeutung eines Satzes geknüpft ist, sie wird daher auch logisch-semantische Schlussfolgerung genannt.
 Die Implikation ist keine symmetrische Relation. Wenn ein Satz A einen Satz B impliziert, muss dies nicht umgekehrt gelten. Die Implikation ist dagegen eine transitive Relation. Eine transitive Relation pflanzt sich quasi fort: Wenn ein Satz A einen Satz B impliziert und B einen Satz C, dann impliziert auch A C.
 Transitive Relation: Wenn ‚x steht zu y in der Relation R' und ‚y steht zu z in der Relation R' gilt, dann gilt auch ‚x steht zu z in der Relation R'. A $\Rightarrow$ B, B $\Rightarrow$ C, A $\Rightarrow$ C

logisch-semantische
Schlussfolgerung

transitive Relation

6.3.3.3 Kontradiktion

Zwei Sätze A und B sind kontradiktorisch zueinander, genau dann wenn gilt:
 Immer wenn A wahr ist, ist B falsch und umgekehrt.

(26) A: *Alle Menschen sind sterblich.*
      B: *Manche Menschen sind unsterblich.*

(27) A: *Erich ist verheiratet.*
      B: *Erich ist Junggeselle.*

(28) A: *Es ist heiß.*
      B: *Es ist nicht heiß.*

6.3.3.4 Kontrarität

Zwei Sätze A und B sind konträr, genau dann wenn A und B nicht gleichzeitig wahr sein können. Im Gegensatz zur Kontradiktion können aber beide falsch sein.

(29) A: *Der Kaffee ist kalt.*
    B: *Der Kaffee ist heiß.*

(30) A: *Heute ist Mittwoch.*
    B: *Heute ist Donnerstag.*

✒️ Übungen

1. Geben Sie an, in welchen Sinnrelationen die folgenden Ausdrücke zueinander stehen:

  a) während Stuhl – Hocker
  b) Blume – Rose
  c) Gehsteig – Bürgersteig
  d) Raucher – Nichtraucher
  e) rot – grün
  f) Flexion – Deklination
  g) nüchtern – sternhagelvoll

2. Überlegen Sie, ob die Bedeutung von Stuhl durch ‚etwas, worauf man sitzen kann‘ ausreichend definiert ist. Wenn nein, warum nicht? Wie kann man sie präziser fassen?

3. Machen Sie eine Komponentenanalyse dieser Wörter:

  Mensch, Lebewesen, Mann, Frau, Kind, Junge, Mädchen

4. Erläutern Sie die Begriffe Inkompatibilität, Antonymie, Komplementarität und geben Sie Beispiele! Welcher dieser Begriffe ist ein Hyperonym zu den anderen? Begründen Sie Ihre Auffassung!

5. Geben Sie für die folgenden Satzpaare an, ob eine Implikationsbeziehung (Implikation = logische Schlussfolgerung) zwischen den beiden Sätzen besteht. Wenn ja, geben Sie an, welcher Satz welchen impliziert.

  S1: *Peter hat Anna umgebracht.*
  S2: *Anna ist tot.*

  S3: *Hans geht mit Uta ins Kino.*
  S4: *Uta geht ins Kino.*

  S5: *Klaus fährt oft zu schnell.*
  S6: *Klaus hat viele Punkte in Flensburg.*

  S7: *Einige Studenten gehen gelegentlich in die Mensa.*
  S8: *Alle Studenten gehen gelegentlich in die Mensa.*

6. Bestimmen Sie jeweils die semantischen Relationen zwischen den beiden Sätzen und geben Sie kurze Definitionen dieser Relationen!

  S1: Hans ist nüchtern.
  S2: Hans ist betrunken.

  S3: Alle Menschen können lachen.
  S4: Kein Mensch kann nicht lachen.

  S5: Die Dinosaurier sind ausgestorben.
  S6: Manche Dinosaurier leben noch.

Ᏸ Tipps zum Weiterlesen

Gut lesbare Einführungen in die Semantik bieten Schwarz/Chur ([5]2007) und Löbner (2003). Die Entwicklung der Prototypensemantik beschreibt Kleiber (1993). Einen guten Vergleich der Merkmalssemantik und der Prototypensemantik bietet Taylor (2003).

Literaturhinweise

Busse, Dietrich (2009): *Semantik*. München: Fink.

Frege, Gottlob (1892): Über Sinn und Bedeutung. In: Gottlob Frege – *Funktion, Begriff, Bedeutung. Fünf logische Studien*. Hg. v. Günther Patzig ([2]2008). Göttingen: Vandenhoeck & Ruprecht.

Kleiber, Georges (1993): *Prototypensemantik. Eine Einführung*. Tübingen: Narr.

Labov, William (1973): *The Boundaries of Words and Their Meanings*. In: Bailey, C.J./Shuy, R. (Hgg.), *New Ways of Analyzing Variation in English*. Washington: Georgetown University Press, 340–373. Abdruck in: Aarts, B. (2004) (Hg.), *Fuzzy Grammar*. Oxford: University Press, 67–90.

Lakoff, George/Johnson, Mark (1980): *Metaphors we live by*. Chicago: University Press. Dt. Übersetzung (2000): *Leben in Metaphern. Konstruktion und Gebrauch von Sprachbildern*. Heidelberg: Carl-Auer.

Linke, Angelika/Nussbaumer, Markus/Portmann, Paul R. (2004): *Studienbuch Linguistik*. 5. Auflage. Tübingen: Niemeyer.

Löbner, Sebastian (2003): *Semantik. Eine Einführung*. Berlin: de Gruyter.

Lyons, John (1980): *Semantik*. 2 Bände. München: Beck. [*Semantics*. 2 vol. Cambridge: University Press.]

Ogden, Charles K./Richards, J.A. (1923): *The Meaning of Meaning*. London: Routledge.

Rosch, Eleanor (1973): On the internal structure of perceptual and semantic categories. In: Moore, T.E. (Hg.), *Cognitive development and the acquisition of language*. New York: Academic Press, 111–144.

Rosch, Eleanor (1975): Cognitive representations of semantic categories. In: *Journal of Experimental Psychology: General*, 104, 192–233.

Rosch, Eleanor (1978): Principles of Categorization. In: Rosch, E./Lloyd, B. (Hgg.), *Cognition and categorization*. Hillsdale: Lawrence Erlbaum Ass., 25–48. Abdruck in: Aarts, B. (2004) (Hg.), *Fuzzy Grammar*. Oxford: University Press, 91–108.

Schwarz, Monika/Chur, Jeannette (2007): *Semantik. Ein Arbeitsbuch*. 5., aktualisierte Auflage. Tübingen: Narr.

Trier, Jost (1973): *Der deutsche Wortschatz im Sinnbezirk des Verstandes. Von den Anfängen bis zum Beginn des 13. Jahrhunderts*. Heidelberg: Winter.

Taylor, John R. (2003): *Linguistic Categorization*. 3. Aufl. Oxford: University Press.

Wittgenstein, Ludwig (1958): *Philosophische Untersuchungen*. Frankfurt: Suhrkamp (2003).

7. Pragmatik

7.1 Womit beschäftigt sich die Pragmatik?

kontextabhängige
Bedeutung

Gegenstand der Pragmatik ist die Verwendung und Interpretation von sprachlichen Äußerungen in bestimmten Kontexten. Im Gegensatz zur Semantik,
die sich mit der wörtlichen Bedeutung beschäftigt, behandelt die Pragmatik
die kontextabhängige Bedeutung. Wenn eine linguistische Untersuchung
sich auf Sprecher, Addressaten, Zeit, Ort usw. bezieht (d.h. auf den Kontext
einer Äußerung), dann gehört sie zur Pragmatik.

Was zur kontextabhängigen Bedeutung gehört, verdeutlicht Katz (1977)
anhand einer Situation, in der ein anonymer Brief verschickt wird, in dem
nur ein Satz steht und es keinen Hinweis auf das Motiv und die Art der Über-
sendung des Briefs gibt. Damit existiert praktisch kein Kontext der Äußerung,
übrig bleiben in dieser Situation nur die Bedeutungskomponenten, die der
Semantik zuzurechnen sind. Zur Pragmatik gehören diejenigen Komponenten der Bedeutung, die in dieser Situation unter den Tisch fallen.

Nach dem Kriterium des anonymen Briefs gehören zur Pragmatik deiktische Ausdrücke wie *ich, du, hier, jetzt, morgen,* da sie sich auf die Äußerungssituation beziehen, außerdem auch Ausdrücke, die sich auf den unmittelbaren
sprachlichen Kontext (auch Ko-text genannt) beziehen, wie *sie, dieser, bald darauf.* Zur Pragmatik gehört auch der nichtwörtliche Gebrauch von Ausdrücken. Ob eine Bemerkung wie *Schönes Wetter heute* wörtlich oder ironisch
gemeint ist, lässt sich nur aus dem Kontext erschießen. Auch ob etwa eine Äußerung wie *Wo warst du gestern Abend?* eine Frage ist oder doch eher ein Vorwurf, kann aus dem Äußerungskontext erschlossen werden.

Gazdar (1979) schlägt vor, dass zur Pragmatik die Bedeutungskomponenten zu rechnen sind, die nicht zu den Wahrheitsbedingungen eines Satzes gehören. Dies lässt sich auf die griffige Formel bringen: Pragmatik = Bedeutung
minus Wahrheitsbedingungen.

Betrachten wir die drei von Löbner (2003) angesetzten Bedeutungsebenen
(s. 6.1), so gehört die Ausdrucksbedeutung zur Semantik, die Äußerungsbedeutung und der kommunikative Sinn gehören jedoch zur Pragmatik.

In diesem Kapitel werden einige zentrale Gebiete der Pragmatik vorgestellt:
die Theorie vom sprachlichen Handeln (Sprechakttheorie) und die Theorie
der Implikaturen, die sich mit der Diskrepanz zwischen der wörtlichen Bedeutung von Äußerungen und dem tatsächlich Gemeinten befasst.

7.2 Sprachliches Handeln: Sprechakttheorie

7.2.1 Konstative und performative Äußerungen

performative
Äußerungen

J.L. Austin macht in einer Vorlesung zum Thema *How to do Things with
Words* (1962) eine Beobachtung, die zur Entwicklung der Sprechakttheorie

führt. Nicht alle Äußerungen machen eine Aussage über die Welt, die sich nach den Kategorien wahr/falsch beurteilen lässt. Austin nennt diese Äußerungen konstativ. Von Logikern wurde lange angenommen, dass alle Äußerungen konstativ sind. Austin nennt das den „deskriptiven Fehlschluss". Vielmehr kann Sprache auch dazu verwendet werden, Handlungen zu vollziehen, die nicht als wahr und falsch, sondern als geglückt oder missglückt zu beurteilen sind. Die Äußerungen, mit denen Handlungen vollzogen werden, nennt Austin performative Äußerungen:.

(1) a. Ich vermache dir meine Uhr.
     b. Ich taufe das Schiff auf den Namen „Elisabeth".
     c. Das solltest du nicht noch mal tun.
     d. Ich verspreche dir, morgen zu kommen.
     e. Ich komme morgen.

Der Sprecher kann in seiner Äußerung die ausgeführte Handlung explizit benennen. Diese Äußerungen nennt Austin explizit performativ. Sie enthalten ein Verb, das die ausgeführte Sprechhandlung benennt und meist in der 1. Person Singular (oder Plural) im Präsens Indikativ Aktiv steht (z. B. *Ich verspreche dir, morgen zu kommen*). In explizit performative Äußerungen lässt sich in der Regel *hiermit* einfügen (*Wir fordern sie hiermit auf, unserer Anordnung Folge zu leisten*).

explizit performativ

Die Art der Handlung muss in einer performativen Äußerung aber nicht explizit benannt werden, Austin spricht von implizit oder primär performativen Äußerungen (z. B. *Ich komme morgen*). Die Bezeichnung primär performativ rührt daher, dass diese Äußerungen sprachlich weniger elaboriert sind und daher in der Sprachentwicklung zuerst auftreten.

implizit performativ

Austin untersucht, unter welchen Bedingungen eine sprachliche Handlung glücken kann. Er entwickelt die Regeln anhand von Äußerungen, die nicht geglückt sind, die sog. Unglücksfälle (Austin 1962/1972:37).

Unglücksfälle

(A1) Es muss ein übliches konventionales Verfahren mit einem bestimmten konventionalen Ergebnis geben; zu dem Verfahren gehört, dass bestimmte Personen unter bestimmten Umständen bestimmte Wörter äußern. (**Ich beleidige dich.* vs. *Ich lobe dich.*)

(A2) Die betroffenen Personen und Umstände müssen im gegebenen Fall für die Berufung auf das besondere Verfahren passen, auf welches man sich beruft. (Wenn z. B. ein Unteroffizier einen Befehl an einen General richtet, ist diese Bedingung verletzt.)

(B1) Alle Beteiligten müssen das Verfahren korrekt

(B2) und vollständig durchführen.

    A: *Möchten Sie die hier anwesende XY zur Frau nehmen?*
    B: *Ja./Da sag ich nicht nein./Von mir aus.*

(Γ1) Wenn, wie oft, das Verfahren für Leute gedacht ist, die bestimmte Meinungen oder Gefühle haben, oder wenn es der Festlegung eines der Teilnehmer auf ein bestimmtes späteres Verhalten dient, dann muss, wer am Verfahren teilnimmt und sich so darauf beruft, diese Meinungen und Gefühle wirklich haben, und die Teilnehmer müssen die Absicht haben, sich so und nicht anders zu verhalten. (Diese Bedingung ist z. B. verletzt bei einem Versprechen ohne Absicht.)

(Γ2)   Alle Beteiligten müssen sich dann auch so verhalten. (Ein Versprechen, das nicht eingehalten wird, verletzt diese Bedingung.)

Probleme der Unterscheidung konstativ-performativ

Im weiteren Verlauf seiner Vorlesung stellt Austin fest, dass sich die Unterscheidung zwischen konstativen und performativen Äußerungen nicht aufrechterhalten lässt. Die wichtigsten Gründe dafür sind:

– Auch konstative Äußerungen können fehlschlagen: z. B. verstößt die Äußerung von *Dieser Mann ist unschuldig*, wenn es der Sprecher nicht glaubt, gegen Γ1, die Äußerung von *Karins Kinder sind frech* gegen A2, wenn Karin gar keine Kinder hat.
– Auch performative Äußerungen können nach ihrer Wahrheit bzw. Falschheit beurteilt werden. Wenn ein Schiedsrichter ein Foul gibt, kann sich das anhand von Videoaufzeichnungen als falsch herausstellen.
– Es gibt kein grammatisches oder lexikographisches Kriterium, nach dem sich konstative und performative Äußerungen unterscheiden lassen. Nicht immer muss ein Verb in der 1.Ps.Sg.Ind.Präs.Aktiv in performativen Äußerungen auftreten, wie z. B. in der explizit performativen Äußerung *Sie werden hiermit aufgefordert, den Betrag zu begleichen*. Außerdem gibt es Äußerungen, welche ein Verb in der 1.Ps.Sg.Ind.Präs.Aktiv enthalten, das performativ verwendet werden kann, die dennoch nicht performativ sind:

(2)   a. Ich wette (jeden Morgen) mit ihm, dass es regnen wird. (habituell)
      b. Am Ende meines Plädoyers protestiere ich gegen das Urteil.

Zu manchen Äußerungen, die performativ sind, existieren keine explizit performativen Formeln, mit denen die Handlung ausgeführt werden kann. Man kann jemanden durch eine Äußerung wie *Du Idiot!* beleidigen, aber nicht mit einer explizit performativen Formel: **Ich beleidige dich.*

Austins Fazit aus diesen Überlegungen ist, dass im Grunde alle Äußerungen performativ sind. Dies führt Austin zum Entwurf einer Sprechakttheorie. Er geht davon aus, dass bei einem Sprechakt simultan verschiedene Teilhandlungen ablaufen.

7.2.2 Die Teilakte eines Sprechakts

Jede Äußerung hat nach Austin simultan drei verschiedene Ebenen/Teilakte:

– lokutiver Akt (lat. *loqui* ‚sprechen'): Produktion von Lauten, Wörtern, Sätzen. Dieser Akt gliedert sich in einen phonetischen Akt (Produktion von Lauten), einen phatischen Akt (Produktion von Wörtern und Sätzen) und einen rhetischen Akt (die enthaltene Aussage)
– illokutiver Akt: die damit ausgeführte kommunikative Handlung (z. B. Versprechen, Drohung, Aufforderung, Bitte, Mitteilung etc.)
– perlokutiver Akt: die beim Hörer erzielte Wirkung (z. B. jemanden überreden, jemanden überzeugen, jemanden von etwas abhalten)

Searle (1969/1971) entwickelt die Sprechakttheorie weiter. Bei der Einteilung des Sprechakts in Teilakte orientiert er sich eng an Austin. Er gliedert jedoch den rhetischen Akt aus dem lokutiven Akt aus und nennt ihn propositionalen Akt.

Austin		Searle	
lokutiver Akt	phonetischer Akt	Äußerungsakt	
	phatischer Akt		
	rhetischer Akt	propositionaler Akt	Referenzakt Prädikationsakt
illokutiver Akt		illokutiver Akt	
perlokutiver Akt		perlokutiver Akt	

Tabelle 1: Teilakte des Sprechakts bei Austin und Searle

Bei der folgenden Beschreibung der Teilakte orientieren wir uns an Searle.

1. Äußerungsakt (‚etwas sagen‘): Produktion von Lauten, Wörtern, Sätzen

2. Propositionaler Akt (‚wovon die Rede ist‘): die enthaltene Sachverhaltsbeschreibung des Sprechakts

   Sie stellen das Rauchen ein.
   Stellen Sie bitte das Rauchen ein.
   Ach, Sie haben das Rauchen eingestellt?

   Diese Sätze enthalten jeweils die gleiche Proposition,
   nämlich EINSTELLEN (SIE, DAS RAUCHEN).

Der propositionale Akt untergliedert sich in einen Referenzakt und einen Prädikationsakt. In dem Referenzakt wird Bezug auf Objekte durch sprachliche Referenzmittel genommen, wie z. B. Eigennamen (*Napoleon, Penelope, Berlin*), Appellativa (*Mensch, Wissenschaftler, Obst*) oder deiktische Ausdrücke, deren Referent von der jeweiligen Äußerungssituation abhängt, wie z. B. bei *ich, du, er, sie, gestern, morgen hier, dort*. Im Prädikationsakt (lat. *praedicare* ‚aussagen‘) wird etwas über den Referenten ausgesagt. | Referenzakt und Prädikationsakt

3. Illokutionärer Akt (‚was gemeint ist‘):
   Die ausgeführte kommunikative Handlung, wie z. B. Versprechen, Drohung, Erlaubnis, Feststellung, Ratschlag, Ernennung etc.

4. Perlokutionärer Akt (‚was bewirkt werden soll‘): die Wirkung, die beim Hörer erzielt wird

7.2.3 Sprechaktregeln

In Searles Sprechakttheorie spielen Regeln eine zentrale Rolle. Seine These ist, dass „Sprechen bedeutet, in Übereinstimmung mit Regeln Akte zu vollziehen" (Searle 1971:38). Searle unterscheidet verschiedene Arten von Regeln. Zum einen gibt es regulative Regeln, die etwas regeln, das auch ohne diese Regeln stattfinden kann. Ein Beispiel dafür sind die Benimmregeln beim Essen. Zum anderen gibt es konstitutive Regeln, durch die eine Hand- | regulative und konstitutive Regeln lung überhaupt erst ermöglicht wird. Ein Beispiel dafür sind die Regeln für das Schachspiel, ohne die dieses Spiel nicht durchgeführt werden kann. Die Sprechaktregeln versteht Searle als konstitutive Regeln. Sie definieren also nicht, wie eine Sprechhandlung durchgeführt werden sollte, sondern sie definieren die Regeln, die die einzelnen Sprechhandlungen ausmachen.

Regeltypen   Wir betrachten die verschiedenen Regeltypen am Beispiel von Versprechen (vgl. Searle 1971:88ff.):

1. Normale Eingabe- und Ausgabebedingungen: Dazu gehört, dass die Sprecher die gleiche Sprache sprechen, keiner taub ist etc., also die üblichen Voraussetzungen für sprachliche Kommunikation.

2. Regeln des propositionalen Gehalts: Die Regeln des propositionalen Gehalts legen fest, wie die Proposition in einer Sprechhandlung beschaffen sein muss. Im Fall von Versprechen muss eine Proposition vorhanden sein (a) und sie muss eine zukünftige Handlung des Sprechers beinhalten (b).
   a) Ein Versprechen muss eine Proposition enthalten (etwa im Gegensatz zu einer Begrüßung):   *Ich verspreche dir. (vs.: Ich begrüße dich.)
   b) Die Proposition muss eine zukünftige Handlung des Sprechers beinhalten: *Ich verspreche dir, dass ich dir das Buch gestern zurückgab.

3. Einleitungsregeln: Die Einleitungsregeln benennen die Voraussetzungen, die in einer Kommunikationssituation gegeben sein müssen, damit eine bestimmte sprachliche Handlung ausgeführt werden kann. Im Fall des Versprechens sind dies nach Searle:
   a) Der Hörer würde es vorziehen, dass der Sprecher die Handlung ausführt, statt dass er sie unterlässt, und der Sprecher glaubt, dass der Hörer es vorziehen würde, dass er die Handlung ausführt, statt sie zu unterlassen.
   Schwiegermutter: Morgen komme ich euch besuchen.
   Die Äußerung ist nur dann ein Versprechen, wenn die Schwiegermutter annimmt, dass die Angesprochenen auf ihren Besuch Wert legen und dies auch tatsächlich der Fall ist.
   b) Es ist sowohl für den Sprecher als auch für den Hörer nicht offensichtlich, dass der Sprecher bei normalem Verlauf der Ereignisse die Handlung ausführen wird.
   *Ich verspreche dir, regelmäßig zu atmen.

4. Aufrichtigkeitsregel: Die Aufrichtigkeitsregel legt fest, unter welcher Bedingung ein Sprechakt aufrichtig ausgeführt wird. Im Fall des Versprechens beinhaltet die Aufrichtigkeitsregel, dass der Sprecher beabsichtigt, die Handlung auszuführen.
   Die Aufrichtigkeitsregel wäre in dem folgenden Beispiel klar verletzt:
   A: Ich verspreche dir, dir das nötige Geld so schnell wie möglich zu beschaffen.
   (Kurze Zeit später zu C): Ich denke gar nicht daran, B das Geld zu besorgen, bei dem sieht man sowieso keinen roten Heller wieder.

5. Wesentliche Regel: Die wesentliche Regel definiert den Kern/die Essenz eines Sprechakts. Im Falle des Versprechens besagt sie, dass der Sprecher beabsichtigt, sich mit der Äußerung zur Ausführung der Handlung zu verpflichten.

7.2.4 Woran erkennt man, welche Sprechhandlung ausgeführt wird? Illokutionäre Indikatoren

Die sprachlichen Mittel, die eingesetzt werden können, um die Illokution einer Äußerung zu kennzeichnen, nennt Searle illokutionäre Indikatoren. Dazu gehören explizit performative Formeln, die Satztypen und bestimmte lexikalische Elemente wie Modalverben, Satzadverbien und Modalpartikeln.

Satztypen werden durch eine Reihe grammatischer Mittel konstituiert, wie die Verbstellung, den Verbmodus, Fragewörter und die Intonation (Tonhöhenverlauf) (s. auch 5.4). Auch der propositionale Gehalt kann einen Hinweis auf die ausgeführte Sprechhandlung geben. Modalpartikeln können die durch einen Satzmodus angezeigte Illokution abwandeln: | Hinweise auf die Illokution

(3) a. Komm her! (Imperativsatz, Sprechabsicht: Befehl)
b. Komm ruhig her! (Imperativsatz, Sprechabsicht: Erlaubnis)
c. Komm bloß her! (Imperativsatz, Sprechabsicht: Drohung)

Nicht immer weisen alle illokutionären Indikatoren in einer Äußerung auf die gleiche Illokution hin. Mit dem Zusammenspiel unterschiedlicher illokutionärer Indikatoren beschäftigt sich Sökeland (1980). Er unterscheidet Basisindikatoren (Satzmuster, performative Formeln) von Sekundärindikatoren wie Intonation, bestimmten Partikeln und propositionalem Gehalt. Sökeland kommt zu dem Ergebnis, dass „prosodische Merkmale, Partikeln und der propositionale Gehalt als Sekundärindikatoren der illokutionären Rolle gegenüber den Basisindikatoren (der explizit performativen Formel und dem Satztyp/Satzmuster) immer dominant sind" (Sökeland 1980:78). | Zusammenspiel verschiedener Indikatoren

Hier sollen zwei Beispiele dafür gegeben werden, dass bestimmte Partikeln gegenüber dem Satztyp bzw. dem Satzmuster dominant sind: | Partikeln und Satztypen

(4) a. Wann erledigst du endlich deine Hausaufgaben?
b. Wo hast du bloß den Pulli her?

Diese Äußerungen können kaum als reine Fragen aufgefasst werden. In (4a) wird durch *endlich* ziemlich eindeutig eine Aufforderung, in (4b) wird durch die Modalpartikel *bloß* eine Art Vorwurf markiert oder Bewunderung bzw. Neid ausgedrückt.

Die folgenden Beispiele illustrieren, dass die Intonation gegenüber dem Satztyp dominant ist: Während (5a) als Frage interpretiert werden kann, signalisiert die Intonation von (5b) eine Aufforderung: | Intonation und Satztyp

(5) a. Isst du das AUF?
b. ISST du das auf!

7.2.5 Klassifikation von Sprechakten

Aufgrund bestimmter grundlegender gemeinsamer Eigenschaften lassen sich Sprechakte in Gruppen einteilen. Eine wichtige Klassifikation der Sprechakte geht auf Searle (1979a/1982a) zurück, der insgesamt 12 Kriterien für die Klassifikation ansetzt, von denen hier die drei wichtigsten genannt werden.

Unterschiede im illokutionären Zweck: Diese Unterschiede leiten sich aus den wesentlichen Bedingungen der Sprechakte ab. Der illokutionäre Zweck | illokutionärer Zweck steht in einer engen Verbindung zur illokutionären Rolle, ist jedoch nicht dasselbe. So weisen z. B. die Sprechakte Befehlen, Anordnen, Raten, Bitten denselben illokutionären Zweck auf, nämlich den Hörer zur Ausführung einer Handlung zu bewegen.

Verhältnis Wort – Welt
Unterschiede in der Anpassungsrichtung zwischen Wort und Welt: Sprechakte unterscheiden sich darin, ob die Worte der Welt angepasst werden (wie z. B. bei Feststellungen oder Behauptungen) oder ob die Welt den Worten angepasst werden soll (wie z. B. bei Versprechen oder Befehlen). Searle veranschaulicht diese Unterscheidung an einem Beispiel: Wenn jemand in einen Supermarkt geht und die Artikel in seinen Wagen legt, die auf seiner Einkaufsliste stehen, passt er die Welt den Worten an. Folgt dagegen ein Kaufhausdetektiv einem Ladendieb und notiert auf einem Zettel, was der Dieb stiehlt, so passt der Detektiv die Worte der Welt an.

psychische Zustände
Unterschiede in den jeweils ausgedrückten psychischen Zuständen: Diese Unterschiede entsprechen den Aufrichtigkeitsbedingungen der einzelnen Sprechakte, wie z. B. dem Vorliegen einer Absicht beim Versprechen. Wer etwas feststellt, behauptet, vermutet, drückt (in unterschiedlichen Graden) den Glauben aus, dass er die enthaltene Proposition für wahr hält. Wer einen Sprechakt wie Befehlen, Anordnen, Bitten ausführt, drückt den Wunsch aus, dass der Hörer die genannte Handlung ausführt. Wer ein Versprechen gibt, drückt die Absicht aus, eine bestimmte Handlung durchzuführen.

Diese Kriterien führen Searle zu einer Einteilung der Sprechakte in fünf Gruppen: Repräsentativa, Kommissiva, Direktiva, Expressiva und Deklarationen. Die wichtigsten Kriterien für die Zuordnung sind in der folgenden Tabelle zusammengefasst.

	Assertiva/ Repräsentativa	Direktiva	Kommissiva	Expressiva	Deklarationen
Illokutionärer Zweck	Sprecher legt sich fest, dass die Proposition wahr ist	Versuch, den Hörer dazu zu bringen, etwas zu tun	Sprecher legt sich auf ein bestimmtes Verhalten fest	Ausdruck einer psychischen Einstellung zu einem Sachverhalt	der erfolgreiche Vollzug stellt die Übereinstimmung zwischen propositionalem Gehalt und Realität her
Anpassungs- richtung zwischen Welt und Wort	Wort-auf-Welt-Ausrichtung	Welt-auf-Wort-Ausrichtung	Welt-auf-Wort-Ausrichtung	keine (Wahrheit der Proposition wird vorausgesetzt)	sowohl Wort-auf-Welt als auch Welt-auf-Wort
Ausgedrückter psychischer Zustand	Glauben (dass p)	Wunsch	Absicht	variiert	keine
Beispiele	behaupten, feststellen, Hypothesen aufstellen	befehlen, anordnen, raten, warnen	versprechen, garantieren, wetten, drohen	danken, gratulieren, um Entschuldigung bitten, Beileid aussprechen	den Krieg erklären, ernennen, entlassen, verheiraten, zurücktreten

Tabelle 2: Klassifikation der Sprechakte nach Searle (1979a/1982a)

Obwohl es an der Klassifikation von Searle einige Kritikpunkte gab und danach verschiedene andere Klassifikationsvorschläge gemacht wurden, ist die Klassifikation von Searle am bekanntesten und stellt eine Art Referenzpunkt für alle weiteren Klassifikationsvorschläge dar.

Einige Kritikpunkte sollen hier kurz genannt werden. Zum einen lässt sich nicht jede Sprechhandlung klar einem dieser Typen zuordnen. So enthält z.B. eine Einladung neben einer direktiven Komponente auch eine kommissive Komponente. Wenn ich jemanden zum Essen einlade, dann verpflichte ich mich dazu, zuhause ein Essen bereitzuhalten oder aber in einem Restaurant die Rechnung zu bezahlen. Eine Drohung ist primär kommissiv, der Sprecher legt sich auf ein eigenes zukünftiges Verhalten fest für den Fall, dass der Adressat in einer bestimmten Weise handelt. Damit weist dieser Sprechakt aber auch eine direktive Komponente auf, da es sich um einen Versuch handelt, das Verhalten des Hörers zu beeinflussen.

Kritikpunkte

Ein weiterer Kritikpunkt ist, dass Searles Klassifikation sich wenig an konkreten sprachlichen Formen orientiert. Es ist allgemein anerkannt, dass unterschiedliche Satztypen zum Ausdruck unterschiedlicher Illokutionen eingesetzt werden. Alle Sprachen verfügen über die drei Satzmodi Aussagesatz, Fragesatz und Imperativsatz (oder mindestens zwei davon). Aussagen, Fragen, Befehle scheinen also die drei grundlegenden Arten des Sprechens zu sein. Die mit Fragesätzen und Imperativsätzen zumeist ausgedrückten Sprechhandlungen des Fragens oder Befehlens gehören jedoch in Searles Klassifikation zu der gleichen Klasse, nämlich den direktiven Sprechhandlungen.

Satzmodi

7.2.6 Indirekte Sprechakte

Eine weitere wichtige Beobachtung von Searle ist, dass Sprechakte indirekt ausgeführt werden können. Ein Sprechakt ist dann indirekt ausgedrückt, wenn der mit sprachlichen Mitteln angezeigte Illokutionstyp nicht mit der primär intendierten illokutiven Funktion übereinstimmt.

(6)   a. Könntest du mir bitte das Salz geben?
      b. Es zieht.

(6a) ist ein Fragesatz, die damit ausgeführte Handlung ist jedoch keine Frage. Dass es sich dabei um eine Bitte handelt, wird spätestens deutlich, wenn jemand auf diese Frage mit *ja* antwortet, dem Sprecher aber das Salz nicht geben würde. (6b) ist ein Aussagesatz, die Äußerung kann in bestimmten Kommunikationssituationen aber eine Aufforderung sein, wenn z.B. die Tür offen steht und der Adressat sie schließen könnte.

Searle geht davon aus, dass an indirekten Sprechakten zwei Illokutionen beteiligt sind. Die intendierte Handlung nennt Searle primäre Illokution, die wörtlich ausgedrückte Illokution dagegen sekundäre Illokution.

primäre und sekundäre Illokution

Die indirekten Sprechakte werfen aus der Perspektive des Sprechers und des Hörers zwei grundsätzliche Fragestellungen auf. Zum einen stellt sich die Frage, wodurch es dem Sprecher möglich ist, etwas zu sagen und es zu meinen, aber darüber hinaus noch etwas anderes zu meinen. Zum anderen stellt sich die Frage, wie der Hörer das Gemeinte verstehen kann, wenn der von ihm wahrgenommene und verstandene Satz etwas anderes bedeutet. Betrachten wir dazu das folgende Beispiel von Searle (1979b/1982b):

> Student X: Komm, wir gehen heute Abend ins Kino.
> Student Y: Ich muss für meine Prüfung lernen.

Rolle des Hintergrundwissens

Der primäre illokutionäre Akt in der Äußerung von Y ist eine Ablehnung des Vorschlags von X, die Y durch einen sekundären illokutionären Akt ausdrückt, dass er für die Prüfung lernen muss. Aufgrund seines Hintergrundwissens, dass Prüfungen wichtig sind und es viel Zeit benötigt, dafür zu lernen, kann Student X schließen, dass Y keine Zeit hat, mit ihm ins Kino zu gehen. Dagegen würden die Äußerungen von Y in den folgenden Beispielen kaum als Ablehnung des Vorschlags zu interpretieren sein:

> Student X: Komm, wir gehen heute Abend eislaufen.
> Student Y: Heute Abend muss ich Popcorn essen.
> Student Y: Ich muss mir die Schuhe zuschnüren.

Für die Interpretation indirekter Sprechakte ist nach Searle Folgendes notwendig:

- eine Sprechakttheorie
- gewisse allgemeine Prinzipien kooperativer Konversation
- außersprachliche Hintergrundinformationen, über die Sprecher und Hörer verfügen
- die Fähigkeit des Hörers, Schlüsse zu ziehen

konventionalisierte indirekte Sprechakte

Es gibt jedoch auch konventionalisierte indirekte Sprechakte, die vom jeweiligen Kontext weitgehend unabhängig eine andere Illokution beinhalten als die wörtlich ausgedrückte:

(7) Kannst du mir das Salz reichen?

Bezug auf Sprechaktregeln

Searle erklärt die konventionalisierten indirekten Sprechakte mit Bezug auf seine Sprechaktregeln. In (7) liegt ein Bezug auf die Sprechaktbedingungen für Bitten vor, nämlich die Einleitungsbedingung, die besagt, dass der Angesprochene in der Lage sein muss, die Handlung auszuführen.

Konventionalisierte indirekte direktive Sprechakte können auf unterschiedliche Weise ausgeführt werden. Die Einleitungsbedingung kann befragt oder behauptet werden:

(8) a. Kannst du mir helfen?
    b. Du kannst gehen.

Die Bedingung des propositionalen Gehalts kann befragt oder behauptet werden:

(9) a. Wirst du damit aufhören?
    b. Du wirst von jetzt an deine Hausaufgaben am Nachmittag machen.

Die Aufrichtigkeitsbedingung kann behauptet werden:

(10) Ich möchte, dass du mich in den nächsten Stunden nicht störst.

Gründe, das Gewünschte zu tun, können in einer Frage oder in einer Behauptung erscheinen:

(11) a. Es wäre besser für dich, wenn du ihn nicht mehr triffst.
     b. Warum versuchst du es nicht einmal?

Der Wunsch oder die Bereitschaft, die Handlung auszuführen, kann als Frage erscheinen:

(12) a. Willst du mir mal den Hammer reichen?
     b. Wärest du bereit, für mich ein Empfehlungsschreiben zu verfassen?

Konventionalisierte indirekte Aufforderungen können auch durch Sätze ausgeführt werden, in denen eines dieser Elemente in ein anderes eingebettet ist und durch Sätze, in denen ein explizit direktives Verb in einen dieser Kontexte eingebettet ist:

(13) Würde es Ihnen schrecklich viel ausmachen, wenn ich Sie fragen würde, ob Sie vielleicht ein Empfehlungsschreiben für mich abfassen könnten?

Den Bezug von indirekten Sprechakten zu Sprechaktregeln zeigt die folgende Tabelle am Beispiel von Bitten und Versprechen auf (Searle 1979b/ 1982b:65, S = Sprecher, H = Hörer, h = Handlung):

Typen illokutionärer Akte	Direktive (Bitten)	Kommissive (Versprechen)
Einleitungsregeln	– H ist in der Lage, h zu tun. *Kannst du jetzt gehen? Du kannst jetzt gehen.*	– S ist in der Lage, h zu tun. H will, dass S h tut. *Kann ich das für dich machen? Das kann ich für dich machen.*
Regeln des propositionalen Gehalts	– S prädiziert von H den Vollzug einer künftigen Handlung h. *Wirst du jetzt gehen? Du wirst jetzt gehen.*	– S prädiziert von S den Vollzug einer künftigen Handlung h. *Soll ich dir das Geld jetzt geben? Ich werde dir das Geld jetzt geben.*
Regeln der Aufrichtigkeit	– S will, dass H h tut. *Ich will, dass du gehst.*	– S hat vor, h zu tun. *Ich habe vor, es für dich zu tun.*
Wesentliche Regeln	– Gilt als Versuch von S, H dazu zu bekommen, h zu tun.	– Gilt als Ss Übernahme der Verpflichtung, h zu tun.

Tabelle 3: Bezug indirekter Sprechakte auf Sprechaktregeln

Nun stellt sich die Frage, welche Gründe es für den indirekten Vollzug von Sprechakten gibt. Warum sagt der Sprecher nicht direkt, was er meint? Besonders bei direktiven Sprechakten liegen die Gründe dafür auf der Hand. Durch eine direkte Aufforderung wird dem Hörer weniger Handlungsspiel-

Gründe für indirekten Vollzug

raum gelassen, er wird in seiner Handlungsfreiheit stärker eingeschränkt als durch eine indirekte Aufforderung, die ihm scheinbar oder tatsächlich mehr Handlungsspielraum lässt. Eine indirekte Aufforderung wirkt daher meist höflicher, da sie zumindest den Anschein von Unverbindlichkeit erweckt und für den Adressaten weniger gesichtsbedrohend ist, weil er nicht zu einem Befehlsempfänger degradiert wird.

7.3 Sagen und Meinen: Konversationelle Implikaturen

Bei der Behandlung indirekter Sprechakte wurde bereits erwähnt, dass für ihre Interpretation auch gewisse allgemeine Prinzipien kooperativer Kommunikation eine Rolle spielen. Diese Prinzipien wurden von H.P. Grice (1975) ausgearbeitet. Sein Ziel ist es, zu erklären, wie nicht wörtlich ausgedrückte Bedeutungskomponenten zustande kommen. Betrachten wir dazu das folgende Beispiel:

(14) Ein Kapitän und sein Maat verstehen sich nicht gut. Der Maat ist ein schwerer Säufer und der Kapitän versucht, ihn so rasch wie möglich loszuwerden. Als der Maat wieder einmal sternhagelvoll ist, schreibt der Kapitän in das Logbuch:
Heute, 23. März, der Maat ist betrunken.
Während seiner nächsten Wache liest der Maat diese Eintragung. Er überlegt, was er dagegen tun kann, ohne sich selbst in Schwierigkeiten zu bringen. Er macht folgende Eintragung in das Logbuch:
Heute, 26. März, der Kapitän ist nicht betrunken.

Erschließen des Gemeinten

Obwohl der Maat nichts einträgt, was nicht den Tatsachen entspricht, entsteht der Eindruck, dass der Kapitän häufig betrunken ist. Wie kommen wir zu dieser Schlussfolgerung? Hier spielt ein gewisses Hintergrundwissen sowie eines der Prinzipien kooperativer Kommunikation eine Rolle. Als Hintergrundwissen kann gelten, dass in einem Logbuch nichts völlig Triviales, sondern nur relevante Ereignisse festgehalten werden. Die Eintragung des Maats muss also in irgendeiner Weise relevant sein. Dass der Kapitän nicht betrunken ist, ist jedoch nur bemerkenswert, wenn dies sonst nicht der Fall ist. Wir können also schließen, dass der Kapitän sonst oft nicht nüchtern ist. Solche nicht wörtlich ausgedrückten, doch aufgrund bestimmter Prinzipien der Konversation erschließbaren Bedeutungsinhalte bezeichnet Grice als konversationelle Implikaturen. Wir betrachten nun die Prinzipien, die die Grundlage für ihre Erschließung bilden.

7.3.1 Das Kooperationsprinzip und die Konversationsmaximen

Grice (1975/1979) nennt die Prinzipien kooperativer Kommunikation Konversationsmaximen. Ihre Basis ist ein allgemeines Kooperationsprinzip:

(P) Kooperationsprinzip

Gestalte deine Äußerung so, dass sie dem anerkannten Zweck dient, den du gerade zusammen mit deinem Kommunikationspartner verfolgst.

(MI)   Maximen der Quantität
    (1)   Mache deinen Gesprächsbeitrag so informativ wie (für die gegebe-
         nen Gesprächszwecke) möglich.
    (2)   Mache deinen Gesprächsbeitrag nicht informativer als nötig.

(MII) Maximen der Qualität
    (1)   Sage nichts, was du für falsch hältst.
    (2)   Sage nichts, wofür dir angemessene Gründe fehlen.

(MIII) Maxime der Relevanz
    (1)   Sei relevant.

(MIV) Maximen der Modalität
    (1)   Vermeide Unklarheit.
    (2)   Vermeide Mehrdeutigkeit.
    (3)   Vermeide Weitschweifigkeit.
    (4)   Vermeide Ungeordnetheit.

Wir unterstellen unseren Gesprächspartnern in der Regel, dass sie die Kon-   *Maximen und*
versationsmaximen oder zumindest das Kooperationsprinzip beachten. Kon-   *Implikaturen*
versationelle Implikaturen können sowohl durch eine Befolgung als auch
durch eine gezielte Missachtung der Konversationsmaximen entstehen.

Betrachten wir zunächst einige Beispiele, bei denen konversationelle Im-   *Befolgung der*
plikaturen durch eine Befolgung der Maximen entstehen: *Maxime*

(15) Einige Linguisten trinken gerne Sekt.

In (15) entsteht die konversationelle Implikatur, dass nicht alle Linguisten gerne Sekt trinken und zwar aufgrund der Maxime der Quantität „Mache deinen
Gesprächsbeitrag so informativ wie möglich". Wenn der Sprecher der Meinung wäre, dass alle Linguisten gerne Sekt trinken, hätte er gegen diese Maxime verstoßen, da er nicht informativ genug gewesen wäre.

Die Maxime der Modalität spielt in dem folgenden Beispiel eine Rolle:

(16) Hans ging ins Bett und zog sich die Schuhe aus.

Wenn man die Einhaltung der Maxime „Vermeide Ungeordnetheit" unter-
stellt, kommt man zu dem Schluss, dass die Ereignisse in der angegebenen
Reihenfolge und nicht etwa umgekehrt stattgefunden haben.

Oft kommen Implikaturen durch eine scheinbare Verletzung einer Konver-   *scheinbare*
sationsmaxime zustande. In dem folgenden Dialog scheint auf den ersten   *Verletzung*
Blick die Relevanzmaxime verletzt zu sein: *einer Maxime*

(17) A: Wo ist denn das Schnitzel?
       B: Der Hund sieht so zufrieden aus.

Da der Hörer jedoch davon ausgehen kann, dass die Relevanzmaxime eingehalten wurde, kommt er zu dem Schluss, dass B seine Antwort für relevant
hält und daher der Meinung ist, dass der Hund etwas mit dem Verschwinden
des Schnitzels zu tun haben könnte.

Eine gezielte Missachtung der Maximen (Grice spricht auch von Ausbeu-   *gezielte Missachtung*
tung der Maximen) liegt in den folgenden Beispielen vor.   *einer Maxime*

(18) a. Kinder sind Kinder.
       b. Entweder du machst es, oder du lässt es bleiben.

In (18) ist die Maxime der Quantität verletzt, da die Äußerungen notwendigerweise wahr sind und als Tautologien gelten können. Trotzdem ist es dem Hörer möglich, einen Sinn zu erschließen, wobei der Sinn sehr kontextabhängig sein kann. Wenn z.B. Kinder gerade stark lärmend spielen, kann (18a) eine Aufforderung sein, sich nicht darüber aufzuregen. In (18b) könnte der Sprecher ausdrücken, dass er jetzt genug von Diskussionen hat und sich nicht länger mit diesem Thema beschäftigen will.

offensichtlicher Verstoß gegen eine Maxime

Ein offensichtlicher Verstoß gegen die Maxime der Qualität liegt in der folgenden Äußerung vor.

(19) [Es regnet in Strömen und ist kalt und windig]: Schönes Wetter heute.

Mit der Äußerung wird in dem angegebenen Kontext offensichtlich gegen die Maxime der Qualität verstoßen. Der Hörer kann daraus schließen, dass der Sprecher das Gegenteil meint, dass die Äußerung also als Ironie aufzufassen ist.

Ein Verstoß gegen die Maxime der Relevanz liegt bei der Äußerung von B in folgendem Beispiel vor.

(20) A: Frau Meier ist eine alte Schreckschraube.
     B: Schönes Wetter heute.

A kann daraus schließen, dass B das Gespräch auf ein anderes Thema lenken will. Ein Grund dafür könnte z.B. sein, dass Frau Meier gerade hinter ihnen steht.

7.3.2 Die Eigenschaften von konversationellen Implikaturen

argumentativ rekonstruierbar

Konversationelle Implikaturen sind argumentativ rekonstruierbar, d.h. sie müssen durch ein Räsonnement erschlossen werden. Grice schlägt für die argumentative Rekonstruktion von konversationellen Implikaturen folgendes generelles Muster vor:

1. S hat gesagt, dass p.
2. Es gibt keinen Grund anzunehmen, dass er die Konversationsmaximen (zumindest das Kooperationsprinzip) nicht beachtet.
3. Er könnte nicht so handeln, ohne dass er denkt, dass q.
4. Er weiß (und weiß, dass ich weiß, dass er weiß), dass ich erkennen kann, dass die Annahme, dass er denkt, dass q, erforderlich ist.
5. Er hat nichts getan, um zu verhindern, dass ich denke, dass q.
6. Daher intendiert er (oder lässt zumindest zu), dass ich denke, dass q.
7. Und daher hat er mit p impliziert, dass q.

nicht-konventionell

Konversationelle Implikaturen sind nicht-konventionell, d.h. sie sind nicht Bestandteil der wörtlichen Bedeutung der verwendeten Ausdrücke. Dadurch unterscheiden sie sich von sog. konventionellen Implikaturen, die Bestandteil der wörtlichen Bedeutung bestimmter Ausdrücke sind. Beispielsweise drückt die Konjunktion *aber* einen Gegensatz aus, ein Moment der Unerwartetheit des gemeinsamen Bestehens der beiden mit dieser Konjunktion verknüpften Aussagen. Die wahrheitskonditionale Bedeutung von *aber* entspricht der von *und*. Die adversative Bedeutungskomponente gilt nach Grice als Implikatur, die zur wörtlichen Bedeutung von *aber* gehört.

Konversationelle Implikaturen sind annullierbar, d.h. man kann sie durch einen Zusatz streichen:

Einige Linguisten trinken gerne Sekt, möglicherweise sogar alle.

Durch diese Eigenschaft unterscheiden sich konversationelle Implikaturen von logischen Schlussfolgerungen (Implikationen, s. 6.3.2). Da letztere zur wörtlichen Bedeutung gehören, lassen sie sich nicht durch einen Zusatz streichen, ohne dass man sich in Widersprüche begibt.

Konversationelle Implikaturen sind nicht abtrennbar. Sie verschwinden nicht, wenn man das Gleiche mit anderen Worten ausdrückt. So bleibt in (14) die Implikatur erhalten, wenn statt *der Kapitän ist nicht betrunken* eingetragen wird, *der Kapitan ist nüchtern.*

Grice führt auch eine Unterscheidung von partikularen vs. generalisierten konversationellen Implikaturen ein. Partikulare Implikaturen sind konversationelle Implikaturen, die nur in bestimmten Kontexten entstehen und nur aus dem Kontext heraus erschlossen werden können. Im Gegensatz dazu sind generalisierte konversationelle Implikaturen vom Kontext weitgehend unabhängig. Ein Beispiel für eine vom Kontext unabhängige Implikatur gibt (15). Die Implikatur in (17) entsteht dagegen nur in dem angegebenen Kontext.

Das folgende Schema fasst noch einmal die verschiedenen Ebenen der Bedeutungen von Äußerung, wie sie Grice herausgearbeitet hat, zusammen.

annullierbar

nicht abtrennbar

generalisierte
vs. partikulare
Implikaturen

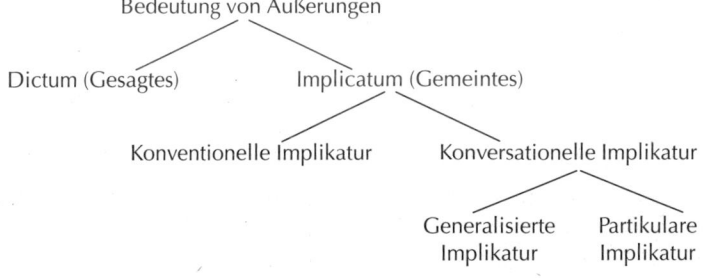

Abbildung 1: Die Bedeutung von Äußerungen nach Grice

✍ Übungen

1. Handelt es sich bei den folgenden Äußerungen um explizit performative? Begründen Sie Ihre Entscheidungen kurz:

    a. Sie werden hiermit zum zweiten Mal aufgefordert, die Rechnung zu bezahlen.

    b. Er behauptet, dass er nichts gesehen hat.

    c. Wir danken Ihnen für Ihre Mitarbeit.

    d. Ich denke, dass Sie das schaffen können.

    e. Ich verwarne Sie.

    f. Ich forderte ihn auf, mir das Geld zurückzugeben.

2. Entscheiden Sie, ob es sich bei den folgenden Äußerungen um Versprechen handeln kann. Wenn nicht, geben Sie an, welche Regel nicht eingehalten wird.

    a. Ich verspreche dir, dass morgen Dienstag ist.

    b. Ich verspreche Ihnen: beim nächsten Mal fliegen Sie raus!

    c. Morgen helfe ich bei deinem Umzug.

    d. [Chef zum Angestellten:] Sie können kündigen.

  e. Ich werde sie nie wieder belästigen.
  f. Dein Geld gebe ich dir nie wieder zurück.

3. Nennen Sie drei Beispiele für Äußerungen, die der Form nach Fragesätze sind, mit denen jedoch andere Sprechakte als Fragen vollzogen werden!

4.a Searle unterscheidet in seiner Klassifikation von Sprechakten u. a. direktive und kommissive Sprechakte. Wo liegen nach Searle die wichtigsten Unterschiede und Gemeinsamkeiten von direktiven und kommissiven Sprechakten?

4.b Wählen Sie aus den folgenden Verben diejenigen aus, die (i) kommissive und (ii) direktive Sprechakte bezeichnen:

feststellen einladen anordnen taufen bitten drohen versprechen warnen fragen danken schuldig sprechen erlauben

5. Vergleichen Sie die Sprechakte *drohen* und *warnen*. Arbeiten Sie Gemeinsamkeiten und Unterschiede heraus.

6. Analysieren Sie die beiden folgenden Sprechaktsequenzen mit Bezug auf das Konzept der indirekten Sprechakte!

[Ein Fahrgast in einem überfüllten Bus zu einem Mann, der gerade einen Sitzplatz ergattert hat:] Junger Mann, ich bin schwerbehindert.

Antwort 1: Das ist ein hartes Los.
Antwort 2: Oh, Entschuldigung. (Steht auf.)

7. Gegeben ist der Satz: *Auf dem Teich schwimmen zwei schwarze Schwäne*. Bestimmen Sie, in welcher Relation die folgenden Sätze zu diesem Satz stehen: logisch-semantische Schlussfolgerung, konversationelle Implikatur oder in keiner dieser Relationen.

  a. Auf dem Teich schwimmen nicht mehr als zwei schwarze Schwäne.
  b. Auf dem Teich schwimmen drei schwarze Schwäne
  c. Auf dem Teich schwimmt ein schwarzer Schwan.

8. Welcher der Sätze (a–c) ist eine konversationelle Implikatur zu dem folgenden Satz?

Achim kritisierte seinen Chef und wurde entlassen.

  a. Der Chef von Achim hat jemanden entlassen.
  b. Achim wurde entlassen, weil er seinen Chef kritisiert hat.
  c. Achim ist jetzt arbeitslos.

ᘯ *Tipps zum Weiterlesen*

Einen guten Überblick über die Kerngedanken der Sprechakttheorie geben Kap. 2 und 3 von Searles Buch über Sprechakte (1969/1971) sowie seine Aufsätze über die Klassifikation von Sprechakten und indirekte Sprechakte (Searle 1979a/1982a und 1979a/1982b). Weiterentwicklungen der Sprechakttheorie vermittelt Rolf (1997) in verständlicher Weise. Die Einführung in die Pragmatik von Levinson (1983/2000) ist mittlerweile ein Klassiker.

Literaturhinweise

Austin, John L. (1969): *How to do things with words*. Oxford: University Press. Dt. Bearbeitung (1972/²2002): *Zur Theorie der Sprechakte*. Stuttgart: Reclam.
Ehrhardt, Claus / Heringer, Hans-Jürgen (2011): *Pragmatik*. München/Paderborn: Fink.

Gazdar, Gerald (1979): *Pragmatics: Implicature, Presuppositions and Logical Form.* New York: Academic Press.

Grewendorf, Günther/Hamm, Fritz/W. Sternefeld, Wolfgang (2009): *Sprachliches Wissen.* 14. Auflage. Frankfurt a.M.: Suhrkamp. Kap. 7.

Grice, H.P. (1975): Logic and Conversation. In: Cole, P./Morgan, J. (Hgg.), *Speech Acts.* (Syntax and Semantics 3). New York: Academic Press. Dt. Übers. (1979) in Meggle, G. (Hg.): *Handlung, Kommunikation, Bedeutung.* Frankfurt a.M.: Suhrkamp 243–265.

Hindelang, Götz (2010): *Einführung in die Sprechakttheorie. Sprechakte, Äußerungsformen, Sprechaktsequenzen.* 5., neu bearb. und erw. Aufl. Berlin: de Gruyter. (Germanistische Arbeitshefte 27).

Katz, Jerry (1977): *Propositional Structure and Illocutionary Force.* New York: Crowell.

Levinson, Stephen (1983): *Pragmatics.* Cambridge: University Press (Repr. 1987, 1991). Dt.: *Pragmatik.* Übersetzt von Martina Wiese. Tübingen: Niemeyer (Konzepte der Sprache- und Literaturwissenschaft. Band 39) (3. Aufl. 2000).

Linke, Angelika/ Nussbaumer, Markus/Portmann, Paul R. (2004): *Studienbuch Linguistik.* 5. Auflage. Tübingen: Niemeyer.

Löbner, Sebastian (2003): *Semantik. Eine Einführung.* Berlin: de Gruyter.

Liedtke, Frank (2013): *Moderne Pragmatik.* Tübingen: Narr.

Meibauer, Jörg (2008): *Pragmatik. Eine Einführung.* 2., verbesserte Auflage. Tübingen: Stauffenburg (Stauffenburg Einführungen, 12).

Posner, Roland (1979): Gebrauch und Bedeutung der Satzverknüpfer in den natürlichen Sprachen. In: Grewendorf, Günther (Hg.): *Sprechakttheorie und Semantik.* Frankfurt a.M.: Suhrkamp, 345–385.

Rolf, Eckard (1997): *Illokutionäre Kräfte. Grundbegriffe der Illokutionslogik.* Opladen: Westdeutscher Verlag.

Searle, John R. (1969): *Speech acts. An Essay in the Philosophy of Language.* Cambridge: University Press. Deutsche Übersetzung (1971): *Sprechakte.* Frankfurt a.M.: Suhrkamp.

Searle, John R. (1979a): A taxonomy of illocutionary acts. In: ders.: *Expression and Meaning.* Cambridge: University Press, 1–29. Dt. Übers. (1982a) Eine Taxonomie illokutionärer Akte. In: ders., *Ausdruck und Bedeutung.* Frankfurt a.M.: Suhrkamp, 17–50.

Searle, John R. (1979b): Indirect speech acts. In: ders.: *Expression and Meaning.* Cambridge: University Press, 30–57. Deutsche. Übers. (1982b): Indirekte Sprechakte. In: ders., *Ausdruck und Bedeutung.* Frankfurt a.M.: Suhrkamp, 51–79.

Sökeland, Werner (1980): *Indirektheit von Sprechhandlungen.* Tübingen: Niemeyer.

Staffeldt, Sven (2009): *Einführung in die Sprechakttheorie. Ein Leitfaden für den akademischen Unterricht.* 2. Auflage. Tübingen: Stauffenburg (Stauffenburg Einführungen, 19).

Antworten zu den Übungen

1. Einleitung

Hochdeutsch ist eine zusammenfassende Bezeichnung für die ober- und mitteldeutschen Dialekte, zum anderen wird es auch synonym zu „Standarddeutsch" verwendet, da das Standarddeutsche in dieser Gegend (ostmitteldeutsch-ostoberdeutsch) entstanden ist.

2. Phonologie

1) Schrift: 5 Laute: /ʃ/, /r/, /ɪ/, /f/, /t/
    Stiel: 4 Laute: /ʃ/, /t/, /i:/, /l/
    Roh: 2 Laute: /r/, /o:/
    Schossen: 4 Laute: /ʃ/, /ɔ/, /s/, /n/
    Schnee: 3 Laute: /ʃ/, /n/, /e:/
    Z: 4 Laute: /t/, /s/, /ɛ/, /t/
    Sahne: 4 Laute: /z/, /ɑ:/, /n/, /ə/
    Waage: 4 Laute: /v/, /ɑ:/, /g/, /ə/
    Schwach: 4 Laute: /ʃ/, /v/, /a/, /x/

2) a) /p/ /b/ /m/   Artikulationsort: bilabial
   b) /k/ /ŋ/ /g/   Artikulationsort: velar
   c) /m/ /n/ /ŋ/   Artikulationsart: Nasal
   d) /s/ /z/ /t/   Artikulationsort: alveolar
   e) /ʃ/ /ç/ /f/   Artikulationsart: Frikativ

3) a) /b/   c) /z/
   b) /ŋ/   d) /t/

4) a) ja   [f] / [n]   f) nein [ʃ] und [v] / [k] und [l]
   b) ja   [o:] / [ɔ]   g) nein [g] / [b] und [l]
   c) ja   [ɔ] / [o:]   h) ja   [e:] / [ɛ:]
   d) ja   [h] / [m]   i) nein [f]
   e) nein [s]   j) ja   [ɑ:] / [a]

5) Bitte überprüfen Sie Ihre Ergebnisse anhand eines Aussprachewörterbuchs (Duden). Wenn sie sich nur in einem Laut unterscheiden, handelt es sich um Minimalpaare.

6) a) Artikulationsort: /b/ bilabial, /v/ labiodental,
      Artikulationsart: /b/ Plosiv, /v/ Frikativ.
   b) Artikulationsort: /m/ bilabial, /n/ alveolar.
   c) Artikulationsart: /l/ Lateral, /r/ Vibrant.
   d) Lippenrundung: /e:/ ungerundet, /ø:/ gerundet.
   e) Artikulationsart: /k/ Plosiv, /x/ Frikativ.

f) Zungenhöhe: /i:/ hoch, /e:/ mittel.
g) Stimmhaftigkeit: /b/ stimmhaft, /p/ stimmlos.
h) Vokallänge: /o:/ lang, /ɔ/ kurz,
    Gespanntheit: /o:/ gespannt, /ɔ/ ungespannt.
i) Artikulationsart: /s/ Plosiv, /t/ Frikativ.
j) Gespanntheit: /e:/ ist gespannt, /ɛ:/ ungespannt.

7) Straßenbahnhaltestelle: [ʃtrɑː.sn̩ˌbɑːn.hal.tə.ˈʃtɛ|ə]

Silbe	Onset	Nukleus	Koda
[ʃtrɑː]	[ʃtr]	[ɑː]	–
[sn̩]	[s]	[n̩]	–
[bɑːn]	[b]	[ɑː]	[n]
[hal]	[h]	[a]	[l]
[tə]	[t]	[ə]	–
[ʃtɛl]	[ʃt]	[ɛ]	[l̩]
[|ə]	[l̩]	[ə]	–

8) toben: [toːbən] → [toːbn̩] → [toːbm̩] → [toːm]
    Schwa-Tilgung, Assimilation, Elision

9) a) Tilgung von Schwa
    b) Assimilation (partielle, regressive Fernassilimation)
    c) Assimilation (partielle regressive Fernassimilation) („Umlaut")

3. Graphematik

1) <ch> → [ç] Reich, Milch, Chemie
    <ch> → [x] Dach, Kuchen
    <ch> → [k] Chor, Christ, Fuchs, Chamäleon
    <ch> → [tʃ] Couch, Chinchilla
    <ch> → [ʃ] Chef, Chiffre

2) <x> tritt nur auf, wenn der vorangehende Vokal kurz bzw. ungespannt ist. Das Graphem repräsentiert zwei Konsonanten und kann unter diesem Aspekt als Schärfungsschreibung gelten.

3) *See, (das) Knie, lieben, Papier*

4) *Boot, Aas, Zoologie, Vieh, stiehl,*

5) Das morphologische Prinzip ist in allen Fällen ausschlaggebend. Durch die Neuregelung der Doppel-s-Schreibung ist zudem die Schärfungsschreibung konsequenter als zuvor angewendet worden.

6) <ß> steht durchweg für [s], legt aber nicht die Qualität des vorangehenden Vokals fest, dieser kann auch lang bzw. peripher sein: z.B. *Maße* im Gegensatz zu *Masse*

7) <ck> steht anstelle von <kk> für eine Konsonantenverdopplung, die festlegt, dass der Konsonant ambisilbisch ist. In diesem Wort liegt jedoch kein Gelenkkonsonant vor: [paˈkeːt].

4. Morphologie

1) <er> ist Derivationsmorphem in *Glaser, Bohrer*, Flexionsmorphem in *besser, Lider, freier, Kinder, welcher*, kein Morphem in *Bruder, Finger, Wetter*.

2) Be$_{Präfix}$ glück$_{frei}$ ung$_{Derivationssuffix}$ en$_{Flexionssuffix}$
ver$_{Präfix}$ arm$_{frei}$ en$_{Flexionssuffix}$
Schwarz$_{frei}$ fahr$_{frei}$ er$_{Derivationssuffix}$ s$_{Flexionssuffix}$
Schlaf$_{frei}$ wand(e)l$_{frei}$ er$_{Derivationssuffix}$
ge$_{Zirkumfix(1)}$ trag$_{frei}$ en$_{Zirkumfix(2)}$

3) *süß-sauer*: Kopulativkompositum, *Mordspech*: Steigerungsbildung, *TÜV*: Kurzwortbildung, *Azubi*: Kurzwortbildung (multisegmental), *Abi*: Kurzwortbildung (unisegmental, Kopfwort), *Arabellion*: Wortkreuzung (aus *arabisch* und *Rebellion*), *U-Boot*: Kurzwortbildung, *aufgrund*: Zusammenrückung

4) Abkürzungen: DK = Determinativkompositum, Deriv. = Derivation, FE = Fugenelement, PV-Bild. = Partikelverbbildung, Lex. Konv. = Lexikalische Konversion, Synt. Konv. = Syntaktische Konversion

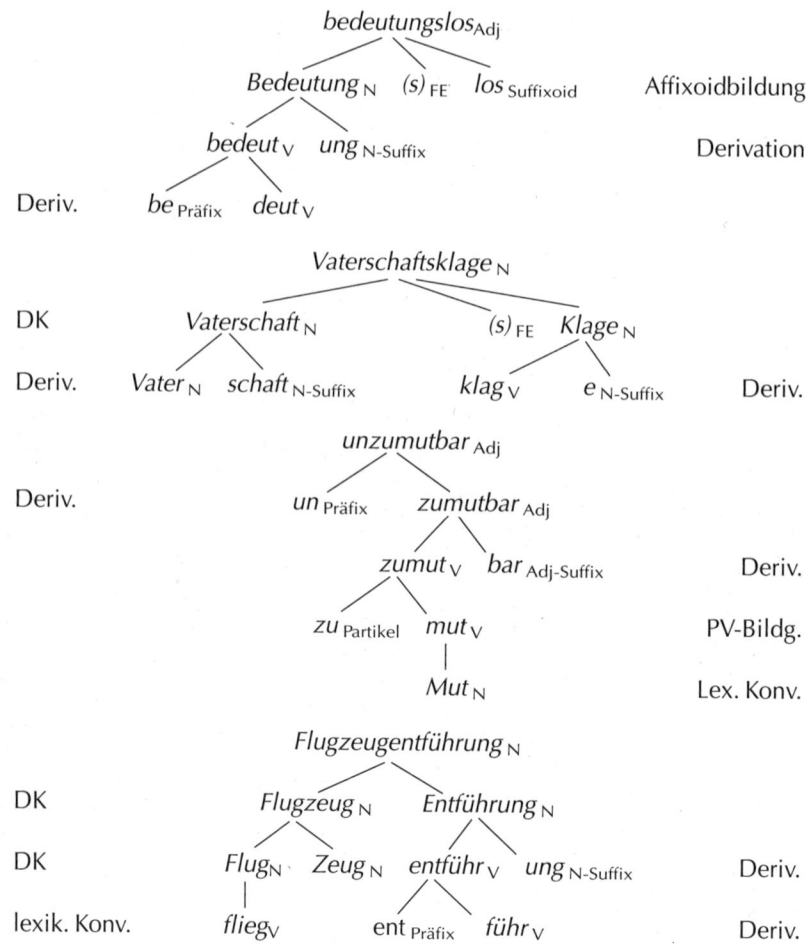

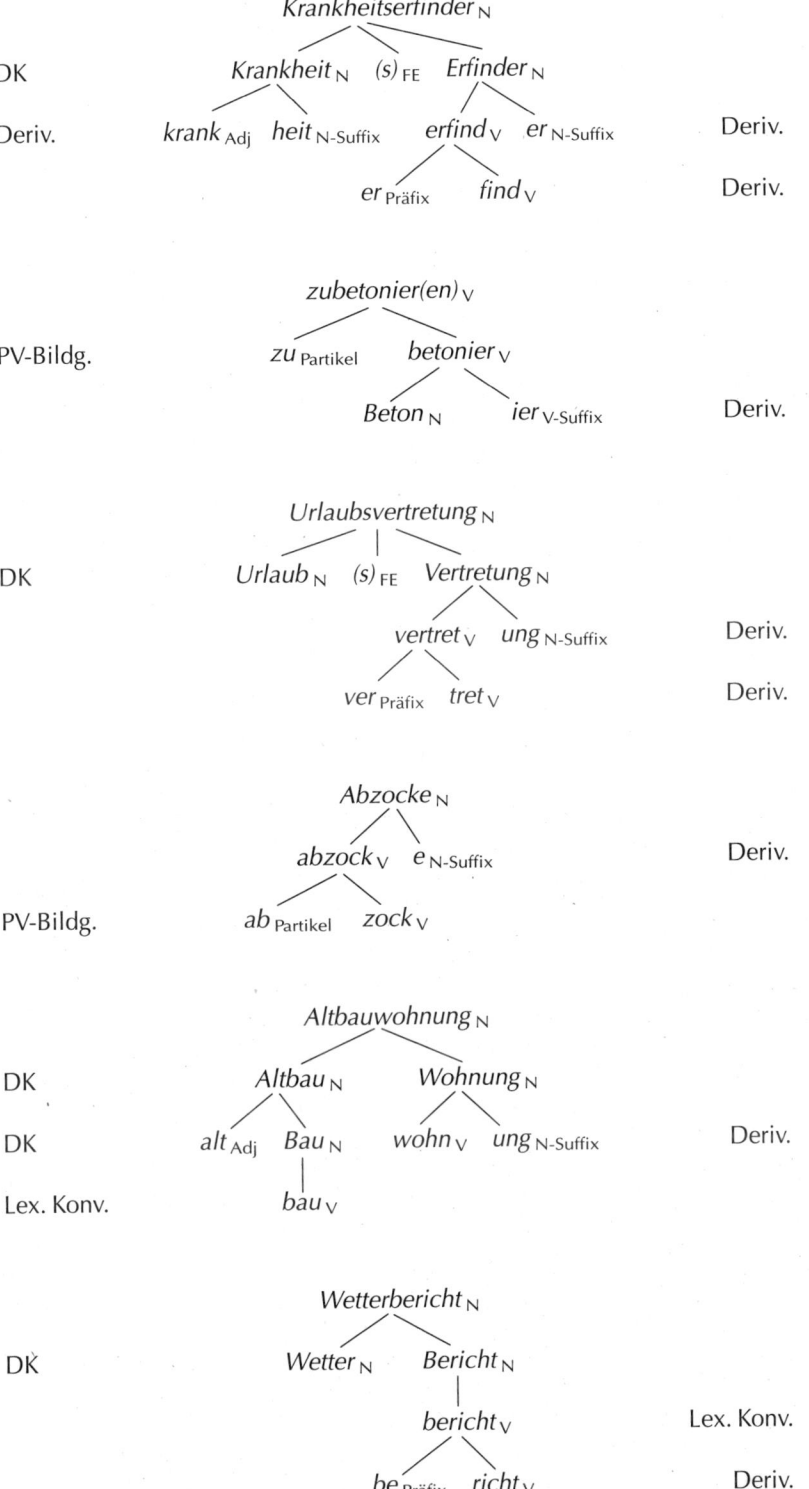

Krankheitserfinder_N

DK — Krankheit_N (s)_{FE} Erfinder_N

Deriv. — krank_{Adj} heit_{N-Suffix} erfind_V er_{N-Suffix} Deriv.

er_{Präfix} find_V Deriv.

zubetonier(en)_V

PV-Bildg. — zu_{Partikel} betonier_V

Beton_N ier_{V-Suffix} Deriv.

Urlaubsvertretung_N

DK — Urlaub_N (s)_{FE} Vertretung_N

vertret_V ung_{N-Suffix} Deriv.

ver_{Präfix} tret_V Deriv.

Abzocke_N

abzock_V e_{N-Suffix} Deriv.

PV-Bildg. — ab_{Partikel} zock_V

Altbauwohnung_N

DK — Altbau_N Wohnung_N

DK — alt_{Adj} Bau_N wohn_V ung_{N-Suffix} Deriv.

Lex. Konv. — bau_V

Wetterbericht_N

DK — Wetter_N Bericht_N

bericht_V Lex. Konv.

be_{Präfix} richt_V Deriv.

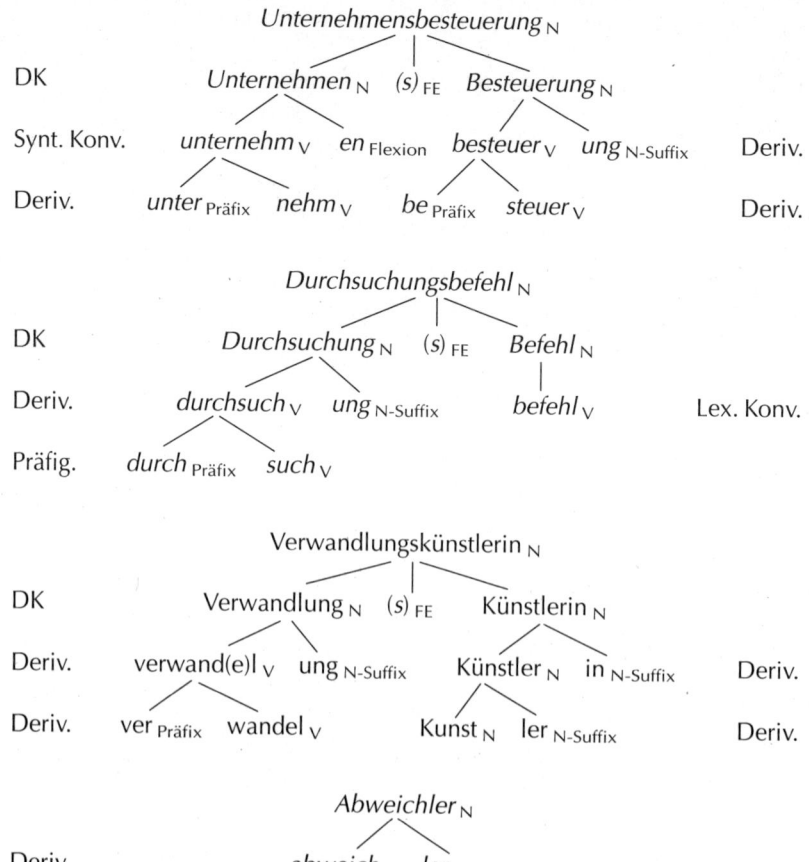

5. Syntax

1) seit   Präposition, Subjunktion/subordinierende Konjunktion
   Glück   Substantiv
   oder/Oder   Konjunktion/koordinierende Konjunktion, Substantiv
   grün/Grün   Adjektiv, Substantiv
   macht/Macht   Vollverb, Substantiv
   vorgestern   Adverb
   tragischerweise   Satzadverb
   zwischen   Präposition
   sein/Sein   Vollverb, Kopulaverb, Hilfsverb, Substantiv,
                Possessivpronomen
   Mord   Substantiv
   morden/Morden   Vollverb, Substantiv
   kein   Negationspronomen

ihr	Personalpronomen, Possessivpronomen
grausam	Adjektiv
damals	Adverb
gewiss	Adjektiv
selten	Adjektiv
out	Adjektiv
laut	Adjektiv, Präposition
weil	Subjunktion/subordinierende Konjunktion
überaus	Steigerungspartikel
ja	Modalpartikel, Antwortpartikel
morgen/Morgen	Adverb, Substantiv
darunter	Pronominaladverb
dem	Bestimmter Artikel, Demonstrativpronomen, Relativpronomen
schade	Adjektiv
gutaussehend	Adjektiv
wird	Vollverb, Kopulaverb, Hilfsverb
nur	Fokuspartikel
aua	Interjektion
mag	Vollverb, Modalverb

2) a) [Die <u>Polizei</u>]_{NP} fahndet [<u>heute</u>]_{AdvP} [<u>nach</u> den Tätern]_{PP}.

   b) [Die fünf <u>Ermordeten</u> [<u>dort</u>]_{AdvP}]_{NP} gehörten ja [einem kolumbianischen <u>Drogenkartell</u>] _{NP} an.

   c) Der Tatort liegt [<u>leider</u>] _{AdvP} [<u>in</u> einem Wohngebiet]_{PP}.

   d) [<u>Derjenige</u>, der das gemacht hat]_{NP} ist längst über die Grenze geflohen.

   e) Dem [von allen <u>gefürchteten</u>]_{AdjP} Menschenhändler konnten [sie]_{NP} wie immer nichts nachweisen.

   f) Der Fall versetzt [die ermittelnde Behörde]_{NP} [<u>in</u> [Furcht [<u>vor</u> [Racheakten [der [<u>örtlichen</u>]_{AdjP} Banden]_{NP}]_{NP}]_{PP}]_{NP}]_{PP}.

   g) [Die [<u>zur</u> Gegenüberstellung]_{PP} Geladenen]_{NP} sehen [den Verdächtigen <u>ähnlich</u>]_{AdjP}.

   h) [Die Aussicht, dabei gleich mehrere Drogenbosse zu überführen]_{NP} machte das FBI [<u>leichtsinnig</u>] _{AdjP}.

3) B

Seine Ehefrau	Akkusativobjekt
Er	Subjekt
Seiner Schwiegermutter	Dativobjekt
tödliches Rattengift	Subjekt
Auf die Beerdigung	Präpositionalobjekt
Er	Subjekt
Alle	Subjekt
um die fette Erbschaft	Präpositionalobjekt
Ihn	Akkusativobjekt
dass…	Subjekt(-Satz)

er — Subjekt (des dass-Satzes)
des grausamen Doppelmordes — Genitivobjekt (des dass-Satzes)

4) Wegen der hohen Polizeipräsenz — Adverbial
der Drogenkurier — Subjekt
in seinem Versteck. — Adverbial

In seinem Lieblingsrestaurant — Adverbial
der Mafiaboss — Subjekt
täglich — Adverbial
Pizza auf Kosten des Hauses — Akkusativobjekt (oder alternative Lesart: Pizza = Akkusativobjekt, auf Kosten des Hauses = Adverbial, wenn die beiden Phrasen getrennt sind).

Danach — Adverbial
er — Subjekt
mit seinem Hund — Adverbial
In seinem Revier — Adverbial

Nach vielen Jahren — Adverbial
ihn — Akkusativobjekt
dabei — Adverbial
endlich — Satzadverbial
die Polizei. — Subjekt

5) gewissenlosen — Adjektivattribut
aus Wien — PP-Attribut
durchtriebene — Adjektivattribut

mit der riesigen Nase — PP-Attribut
riesigen — Adjektivattribut

der Toilette — Genitivattribut
im Restaurant — PP-Attribut
mit der er…umbringen will — Attributsatz
von New York — PP-Attribut

6) *Die gemeinsamen Feinde   aller   großen   Familien   von   New York*

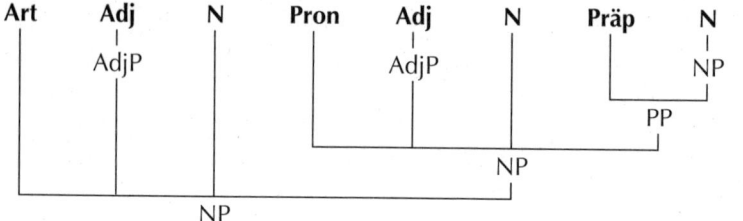

7) Aus Wut — Adverbial
aus Neapel — Attribut
von seinem Stammdealer — Attribut
von bester Qualität. — Prädikativ

Nach dem Mord   Adverbial
nach dem Weg nach Süden Objekt
nach Süden   Attribut
nach Mexiko.   Adverbial

8)

Vorfeld	LK	Mittelfeld	RK	Nachfeld

a) Der Boss ist, obwohl er niedergeschossen wurde, nicht gestorben.

Vorfeld	LK	Mittelfeld	RK	Nachfeld
Der Boss	ist,	obwohl er niederge-schossen wurde, nicht	gestorben.	–
–	*obwohl*	*er niedergeschossen*	*wurde*	–

b) Aus heiterem Himmel und ohne irgendeine Warnung schoss er.

Vorfeld	LK	Mittelfeld	RK	Nachfeld
Aus … Warnung	schoss	er.	–	–

c) Stirb!

Vorfeld	LK	Mittelfeld	RK	Nachfeld
–	Stirb!	–	–	–

d) Dass die illegalen Flüchtlinge unbeschadet über die Grenze kamen, glaubt niemand.

Vorfeld	LK	Mittelfeld	RK	Nachfeld
Dass … kamen	glaubt	niemand.	–	–
–	*dass*	*die illegalen Flücht-linge unbeschadet über die Grenze*	*kamen*	–

e) Die Cosa Nostra ist danach noch viel mächtiger gewesen als vorher.

Vorfeld	LK	Mittelfeld	RK	Nachfeld
Die Cosa Nostra	ist	danach noch viel mächtiger	gewesen	als vorher

6. Semantik

1) a) Inkompatibilität
   b) Hyponymie (*Rose* ist ein Hyponym zu *Blume*.)
   c) Synonymie
   d) Komplementarität
   e) Inkompatibilität
   f) Hyponymie (*Deklination* ist ein Hyponym zu *Flexion*)
   g) Antonymie

2) Ein Stuhl unterscheidet sich von anderen Sitzgelegenheiten durch weitere Merkmale. So hat im Gegensatz zum Hocker ein Stuhl eine Lehne, im Gegensatz zu Bank und Couch ist er für nur eine Person, im Gegensatz zu Sessel und Couch ist er nicht oder nur auf der Sitzfläche gepolstert.

3)

	Lebewesen	Mensch	Mann	Frau	Kind	Junge	Mädchen
[BELEBT]	+	+	+	+	+	+	+
[MENSCHLICH]	0	+	+	+	+	+	+
[ERWACHSEN]	0	0	+	+	-	-	-
[WEIBLICH]	0	0	-	+	0	-	+

4) Inkompatibilität ist ein Bedeutungsgegensatz. Inkompatible Ausdrücke können nicht auf die gleichen Referenten angewendet werden. Bei Antonymie handelt es sich um einen Gegensatz mit Zwischenstufen, bei Komplementarität fällt alles entweder unter A oder unter B. Inkompatibilität ist ein Hyperonym zu Antonymie und Komplementarität.

5) S1 impliziert S2, S3 impliziert S4, S8 impliziert S7. Zwischen den anderen Sätzen bestehen keine Implikationsbeziehungen.

6) S1 und S2 sind konträr: Sie schließen einander aus, können aber beide falsch sein. S3 und S4 sind äquivalent: Wenn einer wahr ist, muss der andere auch wahr sein. S5 und S6 sind Kontradiktionen: Wenn einer der beiden Sätze wahr ist, ist der andere falsch.

7. Pragmatik

1) a) explizit performativ
   b) nicht explizit performativ, eine andere Sprechhandlung wird wiedergegeben
   c) explizit performativ
   d) nicht explizit performativ, da das Verb *denken* keine Sprechhandlung bezeichnet
   e) explizit performativ
   f) nicht explizit performativ, da eine frühere Sprechhandlung wiedergegeben wird

2) a) Kein Versprechen, da die Proposition keine zukünftige Handlung des Hörers enthält.
   b) Kein Versprechen, da eine Einleitungsbedingung für Versprechen nicht erfüllt ist: Es kann nicht davon ausgegangen werden, dass der Hörer es vorzieht, hinausgeworfen zu werden.
   c) Ein Versprechen, wenn der Hörer auf die angebotene Hilfe Wert legt.
   d) Kein Versprechen (wenn man davon ausgeht, dass der Angestellte auf die Kündigung keinen Wert legt).
   e) Ein Versprechen, wenn der Hörer nicht belästigt werden will.
   f) Kein Versprechen, wenn der Hörer sein Geld zurückhaben will.

3. Beispiele:
   Kannst du mir kurz zuhören?
   Wer weiß das schon? (rhetorische Frage, eigentlich eine Aussage: niemand weiß das.)
   Warum kann man sich nie auf dich verlassen? (Vorwurf)

4) a) Eine Gemeinsamkeit der direktiven und kommissiven Sprechakte liegt in der Welt-auf-Wort-Ausrichtung. Unterschiede zeigen sich beim psychischen Zustand des Sprechers (bei Kommissiva liegt eine Absicht des Sprechers vor, bei Direktiva dagegen ein Wunsch des Sprechers). Ein weiterer Unterschied liegt im illokutionären Zweck, der bei Kommissiva darin liegt, den Sprecher auf eine Handlung festzulegen, bei Direktiva dagegen darin besteht, den Hörer zu einer Handlung zu bewegen.

   b) Kommissiv: *drohen, versprechen*
   Direktiv: *anordnen, bitten, warnen, fragen, erlauben*

5) Mit einer Warnung bezweckt man in der Regel, den Hörer von etwas abzuhalten, sie ist eine direktive Sprechhandlung. *Drohen* hat dagegen eine kommissive Komponente: Der Sprecher wird Konsequenzen ziehen (in einer bestimmten Weise handeln), wenn der Hörer sich in einer bestimmten Weise verhält.

6) Mit der Antwort 1 reagiert der Hörer auf die sekundäre Illokution, den wörtlich ausgedrückten Sprechakt einer Feststellung. Mit der Antwort 2 reagiert der Hörer auf die primäre Illokution, nämlich die Aufforderung, dem Schwerbehinderten einen Platz freizumachen.

7) (a) ist eine konversationelle Implikatur von Satz (1), die auf der Quantitätsmaxime basiert. Wenn der Sprecher der Meinung ist, dass mehr schwarze Schwäne als zwei auf dem Teich schwimmen, wäre seine Äußerung nicht informativ genug. Satz (b) steht in keiner Relation zu Satz (1). (c) ist eine logisch-semantische Schlussfolgerung von (1), da die Aussage, dass auf dem Teich zwei schwarze Schwäne schwimmen, in einer logisch-semantischen Betrachtungsweise die Aussage beinhaltet, dass auf dem Teich ein schwarzer Schwan schwimmt.

8) (a) ist eine logisch-semantische Schlussfolgerung aus dem Satz, (b) eine konversationelle Implikatur. Sie kann annulliert werden, z. B. durch einen Zusatz wie *aber damit will ich nicht sagen, dass seine Kritik am Chef der Grund für seine Entlassung war.* (c) kann in einem geeigneten Kontext eine konversationelle Implikatur sein, z. B. wenn die Frage diskutiert wird, ob Achim derzeit einen Job hat.

Glossar

Abtönungspartikel: s. Modalpartikel

Adjektiv: → deklinierbare → Wortart, die häufig auch → komparierbar ist

Adjektivphrase: Wortgruppe, die ein → Adjektiv als → Kopf enthält

Adjunkt: → valenzfreies → Satzglied oder andere frei hinzufügbare Elemente wie → Attribute

Adverb: unflektierbares → Wort, das im Gegensatz zu anderen unflektierbaren Wörtern alleine im → Vorfeld stehen kann und eine lokale, temporale, modale oder kausale Charakterisierung des im Satz bezeichneten Sachverhalts gibt

Adverbial: meist → valenzfreies → Satzglied, das eine lokale, temporale, modale oder kausale → Angabe zu dem im Satz bezeichneten Sachverhalt gibt oder eine Bewertung dieses Sachverhalts enthält

Adverbialsatz: → Nebensatz, der in seinem übergeordneten Satz die syntaktische Funktion eines → Adverbials ausübt

Adverbphrase: Wortgruppe, die ein → Adverb als → Kopf enthält

Affigierung: Anfügung eines → Affixes

Affix: gebundenes → Morphem, das der Bildung von → Wortformen (→ Flexion) oder von → Wortstämmen dient (→ Wortbildung)

Affixoid: Halbaffix, im Übergangsbereich zwischen freiem → Stamm und gebundenem → Morphem

Affrikate: Verbindung eines → Plosivs mit einem nachfolgenden homorganen → Frikativ

Agens: → thematische Rolle des Handelnden, Verursacher eines Geschehens

Akkusativ: → Kasus, der das direkte → Objekt und einige Typen von → Adverbialen kennzeichnet

Akkusativobjekt: → Satzglied, das eine → Ergänzung des Verbs im → Akkusativ darstellt

Akronym: → Kurzwort, das aus initialen Buchstaben besteht (z. B. DNS, WM)

Akt: s. Sprechakt

Aktant: s. Ergänzung

Aktiv: → Genus Verbi, s. auch Passiv

Aktivsatz: Satz, in dem das → Verb in der → Aktivform steht

Allomorph: eine von mehreren möglichen Realisierungsformen eines → Morphems

Allophon: die → Varianten eines → Phonems sind Allophone, z. B. ich- und ach-Laut

alveolar: die → Artikulationsstelle am Zahndamm hinter den oberen Schneidezähnen

Ambiguität: Mehrdeutigkeit von Wörtern und Sätzen

Ambiposition: unflektierbares → Wort, das einen → Kasus bei seiner → Ergänzung fordert und entweder vor oder nach dieser Ergänzung stehen kann

ambisilbischer Konsonant: → Gelenkkonsonant

analytische Verbform: Form eines → Verbs, wie bestimmte → Tempusformen und alle → Passivformen, die mit einem → Hilfsverb gebildet wird

Anfangsrand: → Onset der → Silbe

Angabe: → valenzunabhängiges → Satzglied

Ansatzrohr: der Resonanzraum zwischen der → Glottis und den Lippen, der den Rachenraum, den Mundraum und den Nasenraum umfasst

Antonymie: → semantische Relation des Gegensatzes zwischen graduierbaren → Wörtern (z. B. lang und kurz)

Antwortpartikel: unflektierbares → Wort, das als Antwort auf → Entscheidungsfragesätze stehen kann

Apokope: Wegfall eines Lauts am Wortende

Appellativa: Gattungsnamen (wie Baum, Stuhl)

Approximant: Halbvokal

Äquivalenz: gleiche → Bedeutung von Sätzen, → Paraphrase

arbiträr: zufällige, willkürliche Beziehung zwischen Inhalt und Ausdruck eines sprachlichen → Zeichens, die konventionell festgelegt ist (vgl. Baum, tree, arbre)

Argument: Mitspieler eines → Prädikats, der eine Leerstelle füllt (s. Valenz)

Argumentsatz: s. Komplementsatz

Artikel: → deklinierbare → Wortart, die zusammen mit einem → Nomen auftritt

Artikulation: die Sprechbewegungen, besonders die den Schall modifizierenden Bewegungen innerhalb des → Ansatzrohres

Artikulationsart: Schallmodifikation an einer bestimmten → Artikulationsstelle mit einem bestimmten → artikulierenden Organ, z. B. → Plosiv, → Frikativ, → Nasal, → Vokal

Artikulationsstelle: Stelle innerhalb des → Ansatzrohres, an der mit einem → artikulierenden Organ in einer bestimmten → Artikulationsart ein Laut gebildet wird, z. B. → alveolar, → palatal, → velar, → uvular

Artikulator: s. artikulierendes Organ

artikulierendes Organ: beweglicher Teil des → Ansatzrohres, mit dem an einer bestimmten → Artikulationsstelle in einer bestimmten → Artikulationsart ein Laut gebildet wird, z. B. Lippen, Zungenrücken oder Zäpfchen

Assertiva: Klasse von → Sprechakten, die eine Aussage über die Welt machen

Assimilation: totale oder partielle Angleichung der → Merkmale eines Lautes an einen Laut in der unmittelbaren oder weiteren Umgebung

asyndetisch: Verknüpfung ohne verbindende → Wortarten

Attribut: Teil eines → Satzglieds, der sich meist auf ein → Nomen bezieht und dieses näher charakterisiert

Attributsatz: → Nebensatz, der die syntaktische Funktion eines → Attributs ausübt

Augenblicksbildung: spontan gebildetes → Wort, das nicht → lexikalisiert ist

Ausdrucksseite: materielle, wahrnehmbare (lautliche bzw. schriftliche) Gestalt eines sprachlichen → Zeichens

Ausklammerung: Stellung nach der rechten → Satzklammer im → Nachfeld

Auslautverhärtung: phonologischer Prozess, durch den → stimmhafte → Obstruenten in der → Silbenkoda → stimmlos werden

Ausrufesatz: s. Exklamativsatz

Aussagenlogik: Teilgebiet der Logik, das die Verknüpfungen von einfachen, nicht analysierten Aussagen zu komplexen Aussagen untersucht

Aussagesatz: neutraler, häufigster → Satztyp, der durch → Verbzweitstellung und fallende → Intonation gekennzeichnet ist

Äußerung: Produktion von Lauten, Wörtern, Sätzen in einer konkreten Kommunikationssituation

Äußerungsakt: Produktion von Lauten, → Wörtern, Sätzen, Teil eines → Sprechakts

Äußerungssituation: die Umstände einer → Äußerung, wie Sprecher/in, Adressat, Zeit und Ort der Äußerung

Auxiliar: s. Hilfsverb

Basisebene: die Basisebene enthält → Konzepte mit einem mittleren Abstraktionsgrad (z.B. *Hund* vs. *Tier* und *Dackel*)

Basismorphem: stammfähiges → Morphem, das frei auftreten kann, auch → Grundmorphem oder → Wurzel genannt

Bedeutung: mit Ausdrücken verbundene mentale → Konzepte, die die Bezugnahme auf Gegenstände und Sachverhalte der Welt ermöglichen (s. Referenz)

Bedeutungsrelation: s. semantische Relation

Befehlssatz: s. Imperativsatz

Begriff: das mit einem Ausdruck verbundene → Konzept

Benefaktiv: → thematische Rolle des Nutznießers einer Handlung

Benefizient: s. Benefaktiv

bilabial: mit den beiden Lippen artikuliert

binär: Zweiteilung; → Merkmale sind häufig binär (z.B. +/-belebt). In Baumdiagrammen von Wörtern sind Verzweigungen meist binär.

Dativ: → Kasus, der meist den → Rezipienten oder den → Benefaktiv kennzeichnet

Dativobjekt: → Satzglied, das eine → Ergänzung des Verbs im → Dativ darstellt

Deixis: deiktische Ausdrücke nehmen Bezug auf Aspekte der Sprechsituation (z.B. *hier, jetzt, ich*)

Deklaration: Klasse von → Sprechakten, durch die eine Wirklichkeit geschaffen wird (z.B. kündigen, den Krieg erklären)

Deklarativsatz: s. Aussagesatz

Deklination: → Flexion nach → Kasus, → Numerus und

→ Genus (bei → Substantiven, → Adjektiven, → Artikeln und → Pronomen)

Denotation: Grundbedeutung eines Wortes, zu der zusätzliche, emotional eingefärbte Komponenten hinzukommen können (vgl. Konnotation)

Dependenz: Abhängigkeit eines Elements von einem anderen

Derivation: Ableitung von → Wortstämmen mithilfe eines → Affixes

Derivativ: → Affix, das ein → Wort ableitet (z.B. *-ung, -ig, ver-*)

Determinativ: s. Artikel

Determinativkompositum: Zusammensetzung von zwei auftretenden → Stämmen, in der der zweite Teil die zentrale Rolle spielt

Dialekt: regional begrenzte → Varietät einer Sprache

Diminution: Verkleinerungsform (z.B. *Männchen*)

Diphthong: eng miteinander verbundene → Vokale, die zusammen den → Nukleus einer → Silbe bilden

Direktiva: Klasse von → Sprechakten, die den Adressaten zu einer Handlung bewegen sollen

Disjunktion: logische Formel für Sätze, die mit dem → Junktor v (oder) verbunden sind

Diskurspartikel: s. Gesprächspartikel

Dissimilation: → phonologischer Prozess, durch den zwei benachbarte Laute verschiedener werden

Distribution: die Stellungsmöglichkeiten eines sprachlichen Elements

eingeleiteter Nebensatz: → Nebensatz, an dessen Anfang entweder eine subordinierende → Konjunktion, ein Relativpronomen/-adverb oder Fragepronomen/-adverb steht

Elision: Tilgung eines Lauts

Endrand: → Koda der → Silbe

Entlehnung: Übernahme eines sprachlichen Elements aus einer anderen Sprache

Entscheidungsfragesatz: → Fragesatz, der mit *ja* oder *nein* beantwortet werden kann und durch → Verberststellung und eine steigende → Intonationskurve gekennzeichnet ist

Epenthese: Einfügung eines Lauts

Ergänzung: → valenzgebundenes → Satzglied

Ergänzungsfragesatz: → Fragesatz, der ein Fragewort enthält, das meist am Satzanfang steht

Ergänzungssatz: s. Komplementsatz

Ersatzinfinitiv: → reiner Infinitiv (ohne *zu*), der bei → Modalverben im → Perfekt anstelle des → Partizips auftritt

Exklamativsatz: Satz, der einen Ausruf beinhaltet und meist einen ungewöhnlich starken Akzent enthält

Experiencer: → thematische Rolle des emotional oder kognitiv beteiligten → Mitspielers

Expletivum: Element, das eine → Valenzstelle des → Verbs rein formal füllt, ohne → Referenz, z.B. *es* bei Wetterverben wie *regnen*

Expressiva: Klasse von → Sprechakten, die dem Ausdruck von Gefühlen dient

Extension: Begriffsumfang, im Gegensatz zur → Intension

Extraposition: Stellung nach der rechten → Satzklammer, d.h. im → Nachfeld

Femininum: weibliches Geschlecht bei → Substantiven, → Adjektiven, → Artikeln und → Pronomen

Finalsatz: → Adverbialsatz, der das Ziel bzw. den Zweck des Geschehens im übergeordneten Satz angibt

finite Verbform: Form eines → Verbs, die → Person- und → Numerusmarkierungen trägt

Flexion: Beugung von → Wörtern, Bildung von → Wortformen, die bestimmte grammatische → Merkmale aufweisen, im Deutschen meist mithilfe von → Suffixen

Fokus: Teil des Satzes, der die wichtigste Information im Satz enthält und durch Akzentuierung hervorgehoben ist

Fokuspartikel: unflektierbares → Wort, das an verschiedenen Stellen im Satz auftreten kann und sich auf die fokussierte → Konstituente bezieht

formales Subjekt: inhaltsleeres → Subjekt, das weder erfragbar noch ersetzbar ist (z.B. *es regnet*)

Fortis: → stimmloser → Konsonant

Fragesatz: Satz, mit dem eine Frage gestellt werden kann. Die häufigsten Typen im Deutschen sind der → Ergänzungsfragesatz (enthält ein Fragewort) und der → Entscheidungsfragesatz, der mit *ja* oder *nein* beantwortet werden kann

Fragewort: → Pronomen oder → Adverb, das in → Ergänzungsfragen auftritt (z.B. *wer, was, wo, wann, warum*)

Fragetest: Test zur Ermittlung von → Konstituenten, bei dem geprüft wird, ob sich eine Folge von → Wörtern durch ein Fragewort erfragen lässt

Frege-Prinzip: → Kompositionalität

freier Relativsatz: → Relativsatz ohne Bezugselement im → Matrixsatz, der in einen → attributiven Relativsatz umformbar ist

Frikativ: Reibelaut, wird durch eine geräuschverursachende Engebildung im → Ansatzrohr gebildet

Fugenelement: an der Kompositionsfuge auftretende, bedeutungsleere Elemente (z.B. *Fuge-n-element*)

Futur: mit dem → Hilfsverb *werden* und dem → reinen Infinitiv gebildetes → Tempus, das Zukunftsbezug ausdrückt

Gelenkkonsonant: Konsonant, der zum → Endrand einer → Silbe und zum → Anfangsrand der nachfolgenden Silbe gehört

Genitiv: → Kasus, der im heutigen Deutschen selten bei → Objekten, doch sehr häufig bei → Attributen auftritt

Genitivobjekt: vom Aussterben bedrohtes → Satzglied, das eine → Ergänzung des Verbs im → Genitiv darstellt

Genus: das grammatische Geschlecht bei → Substantiven, → Adjektiven, → Artikeln und → Pronomen

Genus Verbi: → Aktiv- und → Passivformen von → Verben

Gesprächspartikel: unflektierbares → Wort, das → intonatorisch abgegrenzt außerhalb des Satzes steht und gesprächssteuernde Funktionen hat

Gliedsatz: → Nebensatz, der eine → Satzgliedfunktion ausübt

Gliedteilsatz: s. Attributsatz

Glottis: die Öffnung zwischen den Stimmlippen, die „Stimmritze"

Gradpartikel: s. Fokuspartikel

Grundmorphem: → stammfähiges → Morphem, das frei auftreten kann, auch → Basismorphem oder → Wurzel genannt

Halbmodalverb: modalverbähnliches → Verb, das sich mit → Vollverben im *zu*-Infinitiv verbindet

Haplologie: Tilgung einer → Silbe

Hauptsatz: selbstständiger Satz, der in keinen anderen Satz eingebettet ist und eine → Illokution ausdrückt

Hauptverb: s. Vollverb

Hilfsverb: → Verb, das zur Bildung von → Tempus-, → Passiv- und → Modusformen eingesetzt wird und nicht alleine in einem Satz auftreten kann

Hochdeutsch: 1. zusammenfassende Bezeichnung für die ober- und → mitteldeutschen Dialekte, 2. Synonym zu → Standardsprache

homorgan: am gleichen Artikulationsort gebildet

Homographie: Relation zwischen Ausdrücken, die verschiedene → Bedeutung haben, jedoch gleich geschrieben werden (*AUgust* vs. *AuGUST*)

Homonymie: Relation zwischen Ausdrücken, die verschiedene → Bedeutung haben, jedoch gleich lauten und gleich geschrieben werden (z.B. *Ton* in der Musik und als formbare Masse)

Homophonie: Relation zwischen Ausdrücken, die verschiedene → Bedeutungen haben, jedoch gleich klingen (z.B. *Weise* und *Waise*)

Hyperonym: Oberbegriff (*Tier* ist Hyperonym von *Rind*)

Hyponym: Unterbegriff (*Rind* ist Hyponym zu *Tier*)

Hypotaxe: Verhältnis der Unterordnung, z.B. zwischen einem übergeordneten Satz und einem → Nebensatz

Idiomatisierung: Idiomatisiert sind Ausdrücke, deren → Bedeutung sich nicht aus der Bedeutung ihrer Bestandteile erschließen lässt

illoktionärer Indikator: sprachliche Mittel, die eingesetzt werden, um die ausgeführte → Illokution zu verdeutlichen

Illokution: Handlung, die mit der → Äußerung eines Satzes ausgeführt wird, z.B. Versprechen, Aufforderung, Befehl, Behauptung, Glückwunsch etc.

illokutiver Akt: Teil eines → Sprechakts, s. Illokution

Imperativ: → Verbmodus, der vor allem in → Befehlssätzen auftritt, z.B. *Friss!*

Imperativsatz: Satz, der einen Befehl ausdrücken kann und meist ein → Verb in der Imperativform beinhaltet

Implikation: auch logisch-semantische → Schlussfolgerung genannt; → semantische Relation, bei der aus der Wahrheit des ersten Satzes die Wahrheit des zweiten Satzes folgt, d.h. man kann nicht S1 behaupten und S2 verneinen

Implikatur: implizite → Bedeutung (bzw. Andeutung), die sich in der Gesprächssituation ergeben können, → Konversationsmaximen

Indikativ: → Modusform des → Verbs, die hinsichtlich des Wirklichkeitsbezugs der Aussage neutral ist

indirekte Rede: Form der Redewiedergabe, bei der die wiedergegebene Äußerung nicht im ursprünglichen Wortlaut wiedergegeben wird

indirekter Fragesatz: → Nebensatz, der durch ein → Fragewort oder durch die → Konjunktion *ob* eingeleitet wird

infinite Verbform: Form eines → Verbs, die keine → Person- und keine Numerusmarkierungen (s. Numerus) trägt, dazu gehören → Infinitive und → Partizipien

infiniter Satz: s. satzwertige Infinitivphrase

Infinitiv: Form eines → Verbs, die keine → Person- und keine → Numerusmarkierungen trägt und im Gegensatz zu → Partizipien nicht → adjektivisch verwendet werden kann

Infinitivsatz: s. satzwertige Infinitivphrase

Inkompatibilität: → semantische Unverträglichkeit zwischen → Wörtern und Sätzen, mit den Spezialfällen → Antonymie und → Kontradiktion

Instrument: → thematische Rolle des Mittels, mit dem eine Handlung ausgeführt wird

Intension: Begriffsinhalt, im Gegensatz zur → Extension

Interjektion: Ausdruck, der rein expressive Funktion (*igitt, aua*) oder gesprächssteuernde Funktionen hat (*mmh, tja*)

Interpunktion: Zeichensetzung

Interrogativsatz: s. Fragesatz

Intonation: → Tonhöhenverlauf einer gesprochenen → Äußerung

IPA: → Akronym für „International Phonetic Association", auch für „International Phonetic Alphabet"

Isoglosse: Grenzlinie, die die Ausbreitung eines sprachlichen Phänomens anzeigt

Junktor: Operator, der elementare Sätze zu komplexen Aussagen verknüpft (& ,und', v ,oder')

Kasus: → Flexionskategorie, die bei → deklinierbaren → Wörtern auftritt. Die Kasus im Deutschen sind → Nominativ, → Akkusativ, → Dativ und → Genitiv

Kategorie, syntaktische: Elemente mit gleichen oder ähnlichen grammatischen Eigenschaften. Man unterscheidet → lexikalische Kategorien (→ Wortarten) und → Phrasenkategorien

Kausalsatz: → Adverbialsatz, der eine Ursache von dem Geschehen im übergeordneten Satz angibt

Kernsatz: Satz mit → Verbzweitstellung

Koda: → Endrand der → Silbe, Teil der Silbe nach dem → Nukleus

Kohyponymie: → semantische Relation zwischen → Wörtern mit gleichem → Hyperonym (z.B, *Eiche, Birke, Ahorn*)

Kommissiva: Klasse von → Sprechakten, durch die sich der Sprecher auf eine Handlung festlegt

Komparation: Vergleichsformen von → Adjektiven, die den → Komparativ und den → Superlativ umfassen

Komparativ: Vergleichsform des → Adjektivs, die (relativ zu den verglichenen Elementen) einen höheren Grad einer Eigenschaft bezeichnet

Kompetenz: Fähigkeit des Menschen, Äußerungen in einer Sprache zu produzieren und zu verstehen

Komplement: s. Ergänzung

Komplementsatz: → Nebensatz, der eine → Valenzstelle des → Verbs im übergeordneten Satz füllt

komplexer Satz: Satz, der aus mehreren → Teilsätzen besteht

Komposition: Zusammensetzung von → Stämmen zu einem neuen → Wort

Kompositionalität: die → Bedeutung eines Satzes ergibt sich aus der Bedeutung der → Wörter und der Art ihrer Zusammensetzung, gilt nicht bei → Idiomatisierung

Kompositum: komplexes → Wort, das aus mindestens zwei → Stämmen zusammengesetzt ist (z.B. *Haustür*)

Konditionalsatz: → Adverbialsatz, der eine Bedingung zu dem Geschehen im übergeordneten Satz angibt

Konfix: nicht frei auftretender, basisfähiger → Stamm (z.B. *log* in *log-isch*)

Kongruenz: regelhafte Übereinstimmung zwischen Wörtern in bestimmten grammatischen → Merkmalen wie → Person und → Numerus bei der Subjekt-Verb-Kongruenz

Konjugation: → Flexion bei Verben, nach → Person, → Numerus, → Tempus, → Modus und → Genus Verbi

Konjunktion: 1. unflektierbares Wort, das verknüpfende Funktion hat, 2. in der → Aussagenlogik Verknüpfung von Sätzen mithilfe des → Junktors & (und)

Konjunktionalsatz: durch eine subordinierende → Konjunktion eingeleiteter → Nebensatz

Konjunktiv: → Modus des → Verbs, die in der → indirekten Rede oder bei kontrafaktischen Sachverhalten auftritt

Konjunktiv I: → Konjunktivform, die vom Präsensstamm der → Verben gebildet wird und vor allem in der → indirekten Rede auftritt

Konjunktiv II: → Konjunktivform, die vom Präteritumstamm der → Verben gebildet wird und in der → indirekten Rede oder zur Bezeichnung kontrafaktischer Sachverhalte auftritt

Konnotation: emotional gefärbte, oft negative Wertungen, die in einer Wortbedeutung enthalten sind (z.B. *Säufer, Fresse*)

Konsekutivsatz: → Adverbialsatz, der die Folge des Geschehens im übergeordneten Satz angibt

Konsonant: „Mitlaut", der über weniger Schallfülle verfügt als ein → Vokal, da der Schallstrom behindert wird

Konstituente: mithilfe von Tests identifizierbarer Bestandteil eines Satzes, der aus einem oder mehreren Wörtern bestehen kann und sich mithilfe von → Konstituententests ermitteln lässt

Konstituentensatz: → Nebensatz, der eine → Konstituente seines übergeordneten Satzes darstellt

Konstituententests: Tests zur Ermittlung von → Konstituenten. Die wichtigsten Tests sind der → Fragetest, → Pronominalisierungstest, → Verschiebetest, → Vorfeldtest

Kontradiktion: 1. → komplexer Satz, der immer falsch ist, 2. semantische Relation zwischen Sätzen, bei denen sich aus der Wahrheit des einen die Falschheit des anderen ergibt und umgekehrt

Kontrarität: → semantische Relation zwischen Sätzen, die beide falsch sein können, aber nicht beide wahr sein können

Konversationsmaxime: Regeln kooperativer Kommunikation, die die Basis für → Implikaturen sein können

Konversion: → Wortartänderung eines → Wortstamms oder einer → Wortform

Konzept (vgl. Begriff): mit einem Ausdruck verbundene Vorstellung

Konzessivsatz: → Adverbialsatz, der einen Umstand angibt, der normalerweise dazu führen würde, dass der Sachverhalt im übergeordneten Satz nicht eintritt

Kooperationsprinzip: allen Kommunikationsteilnehmern unterstellte Kooperativität, dass sie die Gesprächsbeiträge dem Zweck des Gesprächs anpassen

Kopf: Element einer Phrase, das stellvertretend für diese → Phrase stehen kann und eine zentrale Rolle in ihr spielt

Kopf-rechts-Prinzip: das am weitesten rechts auftretende Element in einem → Wortstamm bestimmt dessen grammatischen Eigenschaften (→ Wortart, → Flexionsklasse)

Kopulativkompositum: → Kompositum, dessen Glieder gleichrangig sind (z.B. *schwarzweiß, Baden-Württemberg*)

Kopulaverb: relativ inhaltsleeres → Verb, das zusammen mit einem → Prädikativ auftreten muss, das den semantischen Gehalt des → Prädikats bestimmt

Koreferenz: mehrere Ausdrücke nehmen Bezug auf ein und denselben → Referenten (z.B. *der Sieger von Austerlitz* und *der Verlierer von Waterloo*, die sich auf Napoleon beziehen)

Korrelat: → Proform, die auf einen → Gliedsatz im → Nachfeld vorausverweist

Kurzwort: kürzere → Variante eines → Worts, meist mit der gleichen → Bedeutung (z.B. *Bafög, Uni*)

labiodental: mit den Lippen am Zahndamm gebildet

Larynx: Kehlkopf

Lateral: → Konsonant mit seitlicher Engebildung im Mundraum, im Deutschen [l]

Lautverschiebung: die hochdeutsche Lautverschiebung differenziert das Althochdeutsche von den übrigen germanischen Dialekten

Lenis: → stimmhafter → Konsonant

Lexem: das → Wort als Eintrag in einem → Lexikon, ohne Berücksichtigung seiner verschiedenen → Flexionsformen

lexikalische Kategorie: s. Wortart

Lexikalisierung: Prozess, durch den ein → Wort zu einem festen Bestandteil des → Lexikons wird

Lexikon: Wortschatz einer Sprache

Linksversetzung: Herausstellung eines → Satzglieds nach links, das durch eine → Proform wiederaufgenommen wird

lokutiver Akt: Produktion von Lauten, → Wörtern, Sätzen, Teil eines → Sprechakts

Maskulinum: männliches Geschlecht bei → Substantiven, → Adjektiven, → Artikeln und → Pronomen

Matrixsatz: Satz, in den ein anderer Satz eingebettet ist

Merkmal: definierende Eigenschaft einer sprachlichen Einheit, die sie von anderen Einheiten unterscheidet, in der → Semantik und → Phonologie häufig → binär (+/-)

Metapher: Übertragung eines Ausdrucks auf einen anderen Bereich aufgrund einer wahrgenommenen Ähnlichkeit (z.B. *Tischbein*)

Metathese: Umstellung von Lauten

Metonymie: Übertragung eines Ausdrucks auf einen anderes Bezugsobjekt aufgrund eines engen sachlichen Zusammenhangs (z.B. Autor für Werk: *er hat Goethe gelesen*)

Minimalpaar: zwei Wörter, die sich nur in einem Laut oder in der geschriebenen Sprache in einem Buchstaben unterscheiden

Minimalpaartest: Methode zur Identifizierung von → Phonemen

Mitspieler: s. Ergänzung

Mitteldeutsch: Dialekte, in denen die hochdeutsche → Lautverschiebung in unterschiedlichen Graden durchgeführt ist

Mittelfeld: Position zwischen der linken und der rechten → Satzklammer

Modalpartikel: unflektierbares Wort, das nur im → Mittelfeld des deutschen Satzes auftritt und die Sprechereinstellung kennzeichnet

Modalsatz: → Adverbialsatz, der die Art und Weise des Geschehens im übergeordneten Satz angibt, z.B. Instrumentalsatz oder Vergleichssatz

Modalverb: hilfsverbähnliches → Verb, das sich mit → Vollverben im → reinen Infinitiv verbindet

Modus: grammatisches → Merkmal von → Verben, das den Wirklichkeitsbezug der Aussage bestimmt, s. Indikativ, Konjunktiv, Imperativ

Morph: kleinste bedeutungstragende Einheit

Morphem: kleinste bedeutungstragende abstrakte Einheit, realisiert durch ein → Morph oder mehrere (Allo-)Morphe

Morphologie: Teil der Grammatik, der sich mit der internen Struktur von → Wörtern befasst

Nachfeld: Position nach der rechten → Satzklammer

Nasal: Laut, bei dem durch ein gesenktes Gaumensegel und einen oralen Verschluss der Luftstrom durch die Nase entweicht

Nebensatz: Satz, der in einen übergeordneten Satz eingebettet ist

Negation: Verneinung, meist mit der → Partikel *nicht*

Negationspartikel: unflektierbares → Wort, das die → Negation ausdrückt und keiner anderen → Wortart zugerechnet werden kann (*nicht*)

Neologismus: neues → Wort

Neutralisierung: die Aufhebung eines ansonsten → phonologisch relevanten Unterschiedes unter bestimmten Bedingungen, z. B. → bei Auslautverhärtung

Neutrum: weder männliches noch weibliches, sondern neutrales („sächliches") Geschlecht, bei → Substantiven, → Adjektiven, → Artikeln und → Pronomen

Niederdeutsch: auch Plattdeutsch genannt, Dialekte im nördlichen deutschen Sprachraum, in denen die zweite → Lautverschiebung nicht stattgefunden hat

Nomen: → deklinierbares → Wort, das ein festes → Genus aufweist, auch → Substantiv genannt

Nominalphrase: → Wortgruppe, die ein → Nomen als → Kopf enthält

Nominativ: → Kasus, in dem das → Subjekt oder das → Subjektsprädikativ steht

Nukleus: obligatorischer Teil einer → Silbe, der eine größere Schallfülle aufweist als der → Anfangsrand und der → Endrand der Silbe

Numerus: „Zahl" (→ Singular, → Plural) bei → deklinierbaren Wortarten und Verben

Oberdeutsch: Dialekte im südlichen deutschen Sprachraum, in denen die hochdeutsche Lautverschiebung vollständig durchgeführt ist

Objekt: → Satzglied, das vom → Verb regiert wird, d. h. in seiner Form vom Verb bestimmt wird

Objektsatz: → Nebensatz, der in seinem übergeordneten Satz die syntaktische Funktion des → Objekts ausübt

Objektsprädikativ: → Prädikativ, das sich auf ein → Objekt bezieht

Obstruent: → Konsonant, bei dem der Schallstrom stark behindert wird, → Plosiv, → Frikativ, → Affrikate, im Gegensatz zu → Sonant

Onset: → Anfangsrand der → Silbe

Optativsatz: s. Wunschsatz

Oszillogramm: Aufzeichnung des Schallstroms, die den Schalldruck wiedergibt

palatal: am harten Gaumen artikuliert

Paradigma: alle → Flexionsformen eines → Worts bilden ein Paradigma

Paraphrase: Satz, der bedeutungsgleich mit einem anderen ist

Parataxe: Nebenordnung von Sätzen, entweder mithilfe von koordinierenden → Konjunktionen oder ohne verknüpfendes Element

Parenthese: in einen Satz eingefügte Elemente, die durch Kommas oder Gedankenstriche abgetrennt und in der gesprochenen Sprache durch Pausen markiert werden

Partikel: unflektierbares → Wort, das weder verknüpfende Funktion hat noch einen → Kasus regiert

Partikelverb: trennbares → Verb

Partizip: Form des → Verbs, die auch → adjektivisch verwendet werden kann und entweder vom Präsensstamm (*lesend*) oder vom Perfektstamm eines Verbs gebildet ist (*gelesen*)

Partizip II: Form des → Verbs, die auch → adjektivisch verwendet werden kann und vom Perfektstamm eines Verbs gebildet ist (*er hat gelesen*)

Passiv: → Genus Verbi, bei dem das → Agens aus seiner Subjektposition entfernt wird. Wird im Deutschen durch → Hilfsverben und das → Partizip II ausgedrückt

Passivsatz: Satz, in dem das → Verb im → Passiv steht

Patiens: → thematische Rolle, die den von der Handlung betroffenen → Mitspieler bezeichnet, der einer Orts- oder Zustandsveränderung unterliegen kann

Perfekt: mit den → Hilfsverben *sein* und *haben* und dem → Partizip II gebildetes → Tempus, das Vergangenheitsbezug herstellt

perlokutiver Akt: beim Adressaten erzielte Wirkung eines → Sprechakts

Permutationstest: s. Verschiebetest

Person: grammatisches → Merkmal von → Verben, das den Sprecher, den Angesprochenen oder einen Dritten kennzeichnet

Pharynx: Rachen

Phon: Laut

Phonem: kleinste bedeutungsunterscheidende Einheit der gesprochenen Sprache

Phonetik: Wissenschaft, die die → Artikulation, die Schalleigenschaften und die Wahrnehmung von Lauten untersucht

Phonologie: Teildisziplin der Linguistik, die die Lautstruktur von Sprachen untersucht

Phonotaktik: sprachspezifische Regeln für die Kombination von Lauten

Phrase: → Wortgruppe, die mithilfe der → Konstituententests ermittelt werden kann

Phrasenkategorien: → Wortgruppen, die über gleiche oder ähnliche grammatische Eigenschaften verfügen, gehören zur gleichen Phrasenkategorie

Phraseologismus: feststehende Wendung, die häufig → idiomatisiert ist (z. B. *ins Gras beißen*)

Plosiv: Laut, bei dem ein totaler Verschluss des → Ansatzrohrs stattfindet

Plural: „Mehrzahl", grammatisches Merkmal von → deklinierbaren Wortarten und → Verben

Plusquamperfekt: mit den Präteritumformen der → Hilfsverben *sein* und *haben* und dem → Partizip II → analytisch gebildetes → Tempus, das Vergangenheitsbezug herstellt

Polysemie: Mehrdeutigkeit (z. B. bei *Birne*)

Positiv: im Gegensatz zu → Komparativ und → Superlativ unmarkierte Form eines → Adjektivs

postalveolar: hinter dem Zahndamm (Alveolen) gebildet

Postposition: unflektierbares → Wort, das einen → Kasus bei seiner → Ergänzung fordert und nach dieser Ergänzung steht

Prädikat: in der → Semantik allgemein eine Aussage über einen → Referenten, in der Syntax die verbalen Teile eines Satzes, die die Aussage beinhalten. Bei → Kopulaverben gehört auch das → Prädikativ zum Prädikat.

Prädikatenlogik: Zweig der Logik, der die innere Struktur von → Aussagesätzen beschreibt

Prädikationsakt: Teil des → propositionalen Akts, Aussage über einen → Referenten

Prädikativ: Eigenschaft, die einem → Satzglied durch ein eigenständiges, nicht verbales → Satzglied zugeschrieben wird, tritt in Verbindung mit → Kopulaverben auf (Subjektsprädikativ) oder bei einigen Verben mit Bezug auf das → Objekt (Objektsprädikativ) oder völlig unabhängig vom Verb (freies Prädikativ)

Prädikativsatz: → Nebensatz, der in seinem übergeordneten Satz die syntaktische Funktion des → Prädikativs ausübt

Präfigierung: Hinzufügung eines → Präfixes

Präfix: vorangestelltes → Affix

Präfixverb: → Verb, das ein nicht trennbares → Präfix enthält

Präposition: unflektierbares → Wort, das einen → Kasus bei seiner → Ergänzung fordert

Präpositionalobjekt: → Satzglied, das eine vom → Verb geforderte, weitgehend inhaltsleere → Präposition beinhaltet

Präpositionalphrase: Wortgruppe, die ein → Pronomen als → Kopf enthält

Präsens: unmarkiertes, vielfältig verwendbares → Tempus, das sich auf Gegenwärtiges beziehen kann

Präsupposition: Redevoraussetzung, die bei → Negation eines Satzes erhalten bleibt

Präteritum: → synthetisch gebildetes → Tempus, das Vergangenheitsbezug herstellt

Proform: relativ inhaltsleeres → Wort, das anstelle von → semantisch gehaltvolleren → Wörtern und → Wortgruppen stehen kann

Prokope: Tilgung eines Lauts am Wortanfang

Pronomen: → deklinierbares Wort, das anstelle eines → Artikels oder als relativ inhaltsleere → Nominalphrase mit Verweischarakter steht

Pronominalisierungstest: Test zur Ermittlung von → Konstituenten, bei dem geprüft wird, ob sich eine Folge von → Wörtern durch eine → Proform erfragen lässt

Proposition: in einem Satz enthaltene Sachverhaltsbeschreibung

propositionaler Akt: → Äußerung einer → Proposition, Teilakt eines → Sprechakts

Prototyp: typischster Vertreter einer Kategorie (z.B. ist ein Spatz und nicht ein Pinguin ein typischer Vertreter der Kategorie Vogel)

Referent: Bezugsobjekt eines Ausdrucks

Referenz: Bezug von sprachlichen Ausdrücken auf Größen der außersprachlichen Realität

Referenzakt: Teil des → propositionalen Akts, bei dem auf einen → Referenten (Gegenstand der Welt) Bezug genommen wird

Reflexivpronomen: rückbezügliches → Pronomen, das eingesetzt werden muss, wenn ein → Satzglied die gleiche → Referenz hat wie ein anderes in demselben Satz

Reim: → Nukleus und → Koda einer → Silbe bilden den Reim

reiner Infinitiv: ohne die Infinitivpartikel *zu* gebildete → infinite Verbform, die kein → Partizip ist

Rektion: Eigenschaft eines übergeordneten Elements, die grammatische Form eines abhängigen Elements zu bestimmen, z.B. die Festlegung der → Kasus von → Objekten durch das → Verb

Relation, semantische: Beziehung, die zwischen → Bedeutungen von Wörtern und Sätzen besteht

Relativsatz: durch ein Relativpronomen oder Relativadverb eingeleiteter → Nebensatz

Repräsentativa: s. Assertiva

Resumptivum: wiederaufnehmende → Proform bei → Linksversetzung

Rezipient: → thematische Rolle des Empfängers

Rezipientenpassiv: → Passivform, bei der das → Dativobjekt zum → Subjekt angehoben wird

Rheinischer Fächer: → Isoglossen, die sich im mitteldeutschen Raum zum Rhein hin auffächern und die unterschiedlichen Grade der Durchführung der zweiten → Lautverschiebung anzeigen

Rhema: neue Information in einem Satz, im Gegensatz zum → Thema

Satzadverb: → Adverb, das eine Bewertung des im Satz bezeichneten Sachverhalts beinhaltet

Satzakzent: stärkster Akzent im Satz

Satzgefüge: → komplexer Satz, bei dem die verschiedenen → Teilsätze nicht gleichrangig sind, s. Hypotaxe

Satzglied: → Konstituente, die erfragbar, pronominalisierbar, verschiebbar ist und alleine im → Vorfeld stehen kann

Satzgliedfunktion: syntaktische Funktion eines → Satzglieds, s. Subjekt, Objekt, Adverbial, Prädikativ

Satzklammer: die Satzklammer entsteht durch die Distanzstellung der verbalen Teile mit dem → finiten Verb als linke Klammer und den übrigen → Verben als rechte Klammer. In eingeleiteten → Nebensätzen bildet das subordinierende Element die linke Klammer.

Satzmodus: → Satztyp, der durch bestimmte grammatische → Merkmale wie → Verbstellung, Fragewörter, → Intonation und → Partikeln gekennzeichnet ist

Satzreihung: → komplexer Satz, der aus mehreren gleichrangigen Sätzen besteht, s. Parataxe

Satztyp: Satztypen werden gekennzeichnet durch die → Verbstellung, Fragewörter, → Intonation und → Partikeln

satzwertige Infinitivphrase: → Nebensatz mit einem → Verb im *zu*-Infinitiv

Schlussfolgerung: aufgrund der wörtlichen → Bedeutung oder aufgrund der → Äußerungssituation und der → Konversationsmaximen gezogener Schluss, s. Implikation und Implikatur

Schwa-Laut: Zentralvokal

Segment: kleinste isolierbare Einheit

Selektion: Eigenschaft von Ausdrücken, bestimmte inhaltliche und formale Eigenschaften von Ausdrücken in ihrer Umgebung festzulegen

Selektionsbeschränkung: semantische Anforderungen eines Verbs an seine → Argumente

Sem: kleinste → semantische Einheit (vgl. Merkmal)

Semantik: Teildisziplin der Linguistik, die sich mit den → Bedeutungen sprachlicher Ausdrücke beschäftigt

semantische Rolle: s. thematische Rolle

semantische Relation: s. Relation, semantische

Silbe: bei langsamen Sprechen durch Pausen abgrenzbare Lautfolge

Silbengelenk: → Gelenkkonsonant

Silbenkoda: → Endrand einer → Silbe, die → Konsonanten nach dem → Nukleus

Silbifizierung: Zuordnung von Lauten zu → Silben

Singular: „Einzahl", grammatisches → Merkmal von → deklinierbaren → Wortarten und → Verben

Sinnrelation: s. semantische Relation

Sonant: Laut, bei dem der Schallstrom wenig behindert wird, im Gegensatz zum → Obstruent

Sonorität: Klangfülle

Sonoritätshierarchie: Anordnung der Laute nach ihrer Klangfülle (Sonorität)

Spannsatz: Satz mit → Verbendstellung

Sprechakt: auch → Sprechhandlung genannt, umfasst verschiedene Teilakte: einen → Äußerungsakt (Produktion von Lauten, Wörtern, Sätzen), einen → propositionalen Akt (die enthaltene Situationsbeschreibung), einen → illokutiven Akt (die eigentlich intendierte Handlung, z. B. Bitte, Versprechen) und einen → perlokutiven Akt (die beim Adressaten erzielte Wirkung)

Sprechhandlung: s. Sprechakt

Stamm: den Stamm eines → Worts erhält man, wenn man die → Flexionsendungen abtrennt

Standardsprache: → Varietät, die der überregionalen Verständigung dient, durch das Bildungssystem vermittelt wird und stark normiert ist

Steigerungsbildung: → Wortbildungstyp mit ähnlicher Bedeutung wie ein → Superlativ, mit Doppelakzent (z. B. *saudumm, Affenhitze*)

Steigerungspartikel: unflektierbares → Wort, das meist mit → Adjektiven auftritt und den Grad der Eigenschaft benennt

stimmhaft: → Merkmal von Lauten, bei denen die Stimmlippen durch Schwingung beteiligt sind

stimmlos: → Merkmal von Lauten, bei denen die Stimmlippen nicht schwingen

Stimulus: → thematische Rolle, die den → Mitspieler bezeichnet, der bestimmte Gefühle oder Gedanken bei dem → Experiencer auslöst

Stirnsatz: Satz mit → Verberststellung

Subjekt: → Satzglied, das eine → Ergänzung des Verbs im → Nominativ darstellt und mit dem → finiten Verb in → Person und → Numerus übereinstimmt

Subjektsatz: → Nebensatz, der in seinem übergeordneten Satz die syntaktische Funktion des → Subjekts ausübt

Subjektsprädikativ: bildet zusammen mit einem → Kopulaverb das → Prädikat, kann in verschiedenen Formen auftreten

Subjunktion: subordinierende → Konjunktion, die → Nebensätze einleitet

Subkategorisierung: Eigenschaft von → Verben, eine bestimmte Zahl und Art von → Komplementen in ihrer Umgebung zu verlangen, s. auch Valenz

subordinierter Satz: s. Nebensatz

Substantiv: → deklinierbare → Wortart, die ein festes → Genus aufweist, auch → Nomen genannt

Suffigierung: Hinzufügung eines → Suffixes

Suffix: nachgestelltes → Affix

Superlativ: Steigerungsform des → Adjektivs, die den höchsten Grad einer Eigenschaft bezeichnet, z. B. *bester, größter*

Suppletion: teilweise oder vollständige Veränderung eines → Stammes in einem → Flexionsparadigma, z. B. *geh – ging – gang*

Syllabifizierung: Zuordnung von Lauten zu → Silben

syndetisch: Verknüpfung mithilfe von verbindenden → Wörtern wie z. B. koordinierenden → Konjunktionen

Synkope: Tilgung eines Lauts in der Wortmitte

Synonymie: Bedeutungsgleichheit

syntaktische Funktion: Rolle, die ein Wort oder eine Phrase in einem Satz spielt, s. Satzgliedfunktion, Attribut

Syntax: Teildisziplin der → Linguistik, die die Struktur von Sätzen, den „Satzbau" untersucht

synthetische Verbform: Form eines → Verbs, die kein → Hilfsverb erfordert, wie z. B. die Formen im → Präsens und → Präteritum → Aktiv

Tautologie: Satz, der immer wahr ist

Teilsatz: → Haupt- oder → Nebensatz, Einheit, die einen eigenen → Verbalkomplex enthält

Temporalsatz: → Adverbialsatz, der eine zeitliche → Angabe zu dem Geschehen im übergeordneten Satz angibt

Tempus: Zeitform des → Verbs, die entweder → analytisch oder → synthetisch gebildet werden kann

Thema: 1. aus dem Kontext oder der Situation bekannte Information, im Gegensatz zum → Rhema, 2. → Patiens

thematische Rolle: Rolle, die die Art der Beteiligung am Geschehen charakterisiert, z. B. → Agens, → Patiens, → Rezipient etc.

Tonhöhenverlauf: Änderung der Stimmtonhöhe, dient der Kennzeichnung von → Satztypen

Tonsprache: Sprache, in der der → Tonhöhenverlauf → Wörter unterscheiden kann

Topikalisierung: Bewegung einer → Konstituente in das → Vorfeld

Topikalisierungstest: s. Vorfeldtest

Transkription: Lautschrift

Transposition: Umsetzung eines → Worts in eine andere → Wortart

Umlaut: → phonologischer Prozess der → Assimilation eines Vokals an einen nachfolgenden Laut

uneingeleiteter Nebensatz: → Nebensatz, der durch kein subordinierendes Element eingeleitet wird, sondern die Form eines selbstständigen Satzes mit Verbzweitstellung oder → Verberststellung aufweist

Univerbierung: Prozess, durch den mehrere → Wörter zu einem werden

unpersönliches Passiv: Form des → Passivs, bei dem kein → Subjekt vorhanden ist

uvular: am Zäpfchen gebildet

Valenz: Eigenschaft von → Verben, → Adjektiven und → Substantiven, eine bestimmte Art von Leerstellen zu eröffnen, die durch → Ergänzungen gefüllt werden

Variante: alternative Ausdrucksmöglichkeiten, wie *Brötchen, Semmel, Schrippe* oder *wat* und *was,* in der → Phonologie die verschiedenen → Allophone eines → Phonems

Varietät: Ausprägung einer Sprache, wie Dialekt, Jugendsprache, Fachsprache

velar: am weichen Gaumen (velum) gebildet

Verb: → konjugierbares → Wort (s. Konjugation)

Verbalkomplex: die → verbalen Teile eines Satzes

Verbalphrase: für das Deutsche kontroverse Wortgruppe, die ein → Verb als → Kopf enthält

Verbendstellung: Stellung des → finiten → Verbs am Satzende

Verberststellung: Stellung des → finiten Verbs am Satzanfang

Verbletztstellung: s. Verbendstellung

Verbmodus: grammatisches → Merkmal von → Verben, das den Wirklichkeitsbezug der Aussage bestimmt, s. Indikativ, Konjunktiv, Imperativ

Verbpartikel: trennbarer Teil eines → Partikelverbs

Verbstellung: Position des → finiten Verbs im Satz, im Deutschen entweder → Verberststellung, → Verbzweitstellung oder → Verbendstellung

Verbzusatz: trennbarer Teil eines → Partikelverbs

Verbzweitstellung: Stellung des → finiten Verbs nach einer → Konstituente

Verschiebetest: Test zur Ermittlung von → Konstituenten, bei dem geprüft wird, ob sich eine Folge von → Wörtern zusammen verschieben lässt

Vokal: Laut mit großer Schallfülle, bei dem der Schallstrom nur im Mundraum geformt wird, im Gegensatz zum → Konsonant

Vokaltrapez: schematische Darstellung des Mundraums, in der jeweils die höchste Zungenposition bei der → Artikulation der einzelnen → Vokale angezeigt wird

Vollverb: → Verb, das über eine volle eigene → Semantik verfügt und alleine das → Prädikat in einem Satz bilden kann

Vorfeld: Position vor der linken → Satzklammer

Vorfeldtest: Test zur Ermittlung von → Konstituenten, bei dem geprüft wird, ob sich eine Folge von → Wörtern zusammen ins → Vorfeld verschieben lässt

Vorgangspassiv: mit Hilfe von *werden* gebildete Form des → Passivs

Wahrheitsbedingung: Bedingungen, unter denen ein Satz wahr ist

Wahrheitswert: Wahrheit oder Falschheit eines Satzes

Weglasstest: Test zur Ermittlung obligatorischer → Ergänzungen

Wort: sprachliches → Zeichen, das intuitiv gut erfassbar, aber schwer zu definieren ist. Wird in der Schreibung durch Spatien (Leerzeichen) abgetrennt.

Wortakzent: am stärksten hervorgehobene → Silbe innerhalb eines → Worts

Wortart: Gruppe von → Wörtern, die über gleiche oder ähnliche grammatische Eigenschaften verfügen, s. Substantiv, Adjektiv, Pronomen, Artikel, Verb, Adverb, Präposition, Konjunktion, Partikel

Wortbildung: Bildung von → Wörtern auf der Basis von schon existierenden Einheiten

Wortfeld: Menge von → Wörtern der gleichen → Wortart dar, die → semantisch eng verwandt sind

Wortform: → Wort mit einer → Flexionsendung, auch grammatisches Wort genannt

Wortgruppe: s. Phrase

Wortkreuzung: Bildung eines → Worts aus Teilen von zwei Wörtern, meist mit dem Anfang des einen und dem Ende des anderen Worts (z.B. *Infotainment, Arabellion*)

Wortschöpfung: Bildung neuer → Wörter ohne Rückgriff auf schon vorhandene → Morpheme, z.B. bei der Bildung von Markennamen (z.B. *Kodak, Twix*)

Wortstamm: → Wort ohne → Flexionsendung, kann einfach oder komplex (zusammengesetzt) sein

Wunschsatz: Satz, der einen kontrafaktischen Sachverhalt bezeichnet, den der Sprecher sich herbeiwünscht

Wurzel: nicht weiter analysierbarer → Stamm, auch → Basismorphem oder → Grundmorphem genannt

Zeichen: steht für etwas, hat eine Ausdruckseite (bei sprachlichen Zeichen eine lautliche und geschriebene Gestalt) und eine Inhaltsseite (ein damit verbundenes → Konzept)

Zirkumfigierung: Anfügung eines → Zirkumfixes

Zirkumfix: → Affix, das aus einem voran- und einem nachgestellten Teil besteht (z.B. in *Ge-red-e, ge-lach-t*)

Zirkumposition: unflektierbares → Wort, das einen → Kasus bei seiner Ergänzung fordert und aus mehreren Teilen besteht, von denen einer vor und einer nach der Ergänzung steht (z.B. *um…herum*)

Zungenhöhe: Merkmal von → Vokalen

Zungenlage: Merkmal von → Vokalen

Zusammenrückung: Prozess, durch den ursprünglich separat nebeneinander auftretende Wörter in einer syntaktischen Struktur zu einem → Wort werden (z.B. *Tunichtgut*)

Zustandspassiv: mithilfe von *sein* gebildete → Passivform, bei der ein → Akkusativobjekt zum → Subjekt angehoben wird

Bibliographie und Links

Einführungen in die germanistische Linguistik

Adamzik, Kirsten (2010): *Sprache: Wege zum Verstehen.* 3. Auflage. Tübingen/Basel: Francke.

Bergmann, Rolf/Pauly, Peter/Stricker, Stefanie (2010): *Einführung in die deutsche Sprachwissenschaft.* 5., überarb. u. erw. Auflage. Heidelberg: Winter.

Brandt, Patrick/Dietrich, Rolf Albert/Schön, Georg (2006): *Sprachwissenschaft. Ein roter Faden für das Studium.* 2. Auflage. Köln/Weimar/Wien: Böhlau.

Busch, Albert/Stenschke, Oliver (2008): *Germanistische Linguistik. Eine Einführung.* 2., durchg. und verb. Auflage. Tübingen: Narr.

Clément, Danièle (2000): *Linguistisches Grundwissen. Eine Einführung für zukünftige Deutschlehrer.* 2. Auflage. Wiesbaden: Westdeutscher Verlag (VW-Studium, 173, Linguistik).

Ernst, Peter (2011): *Germanistische Sprachwissenschaft. Eine Einführung in die synchrone Sprachwissenschaft des Deutschen.* 2. Auflage. Wien: WUV. (UTB Linguistik 2541).

Graefen, Gabriele/Liedke, Martina (2008): *Germanistische Sprachwissenschaft. Deutsch als Erst-, Zweit- oder Fremdsprache.* Tübingen/Basel: Francke.

Grewendorf, Günther/Hamm, Fritz/Sternefeld, Wolfgang (1999): *Sprachliches Wissen. Eine Einführung in moderne Theorien der grammatischen Beschreibung.* 11. Auflage. Frankfurt a. M.: Suhrkamp.

Kessel, Katja/Reimann, Sandra (2012): *Basiswissen deutsche Gegenwartssprache.* 4., durchges. Auflage. Tübingen/Basel: Francke.

Kocsány, Piroska (2010): *Grundkurs Linguistik. Ein Arbeitsbuch für Anfänger.* München/Paderborn: Fink.

Linke, Angelika/Nussbaumer, Markus/Portmann, Paul R. (2004): *Studienbuch Linguistik. Ergänzt um ein Kapitel „Phonetik/Phonologie" von Urs Willi.* 5. erw. Auflage. Tübingen: Niemeyer (Germanistische Linguistik 121).

Lüdeling, Anke (2009): *Grundkurs Sprachwissenschaft.* Stuttgart: Klett. (Uni-Wissen: Germanistik).

Lühr, Rosemarie (2000): *Neuhochdeutsch. Eine Einführung in die Sprachwissenschaft.* 6. Auflage. München/Paderborn: Fink.

Meibauer, Jörg et al. (2007): *Einführung in die germanistische Linguistik.* 2., akt. Auflage. Stuttgart/Weimar: Metzler.

Müller, Horst M. (2009): *Arbeitsbuch Linguistik: Eine Einführung in die Sprachwissenschaft.* 2. Auflage. Stuttgart: UTB.

Pelz, Heidrun (2007): *Linguistik. Eine Einführung.* 10. Auflage. Hamburg: Hoffmann und Campe.

Vater, Heinz (2002): *Einführung in die Sprachwissenschaft.* 4. Auflage. Stuttgart: UTB.

Volmert, Johannes (Hg.) (2005): *Grundkurs Sprachwissenschaft. Eine Einführung in die Sprachwissenschaft für Lehramtsstudiengänge.* 5. korr. u. erg. Auflage. München/Paderborn: Fink. (Uni-Taschenbücher 1879).

Sprachwissenschaftliche Arbeitstechniken

Albert, Ruth/Marx, Nicole (2010): *Empirisches Arbeiten in Linguistik und Sprachlehrforschung: Anleitung zu quantitativen Studien von der Planungsphase bis zum Forschungsbericht.* Tübingen: Narr.

Meindl, Claudia (2011): *Methodik für Linguisten. Eine Einführung in Statistik und Versuchsplanung.* Tübingen: Narr.

Rothstein, Björn (2011): *Wissenschaftliches Arbeiten für Linguisten.* Tübingen: Narr.

Stephany, Ursula/Froitzheim, Claudia (2009): *Arbeitstechniken Sprachwissenschaft. Vorbereitung und Erstellung einer wissenschaftlichen Arbeit.* München/Paderborn: Fink.

Allgemeine Einführungen in die Germanistik

Drügh, Heinz et al. (Hg.) (2012): *Germanistik. Sprachwissenschaft, Literaturwissenschaft, Schlüsselkompetenzen.* Stuttgart/Weimar: Metzler.

Dürscheid, Christa/Kircher, Hartmut/Sowinski, Bernhard (1995): *Germanistik: eine Einführung.* 2. Auflage. Köln/Weimar/Wien: Böhlau.

Sprachwissenschaftliche Lexika

Abraham, Werner (1988): *Terminologie zur neueren Linguistik.* 2 Bde. 2. Auflage. Tübingen: Niemeyer.

Althaus, Hans Peter/Henne, Helmut/Wiegand, Herbert Ernst (Hg.) (1980): *Lexikon der Germanistischen Linguistik.* 2. Auflage. Tübingen: Niemeyer.

Asher, Ronald E./Simpson, J. M. Y. (Hg.) (1994): *The Encyclopedia of Language and Linguistics.* 10 Bände. Oxford/New York.: Pergamon.

Bright, William (Hg.) (1992): *International Encyclopedia of Linguistics.* 4 Bände. New York/Oxford: Oxford University Press.

Bußmann, Hadumod (2008): *Lexikon der Sprachwissenschaft.* 4., durchg. und bibliographisch erg. Auflage. Stuttgart: Kröner.

Collinge, Neville E. (Hg.) (1990): *An Encyclopedia of Language.* London/New York: Routledge.

Conrad, Rudi (1988): *Lexikon sprachwissenschaftlicher*

Termini. 2. Auflage. Leipzig: Bibliographisches Institut.

Crystal, David (1993): *Die Cambridge-Enzyklopädie der Sprache*. Übers. und bearb. der dt. Ausg. von Stefan Röhrich, Ariane Böckler und Manfred Jansen. Frankfurt a.M.: Campus.

Crystal, David (2000): *The Penguin Dictionary of Language*. 2. Auflage. London: Penguin.

Fleischer, Wolfgang/Helbig, Gerhard/Lerchner, Gotthard (Hgg.) (2002): *Kleine Enzyklopädie deutsche Sprache*. Frankfurt a.M.: Lang.

Glück, Helmut (Hg.) (2010): *Metzler Lexikon Sprache*. 4. Auflage. Stuttgart/Weimar: Metzler.

Kürschner, Wilfried (2008): *Grammatisches Kompendium. Systematisches Verzeichnis grammatischer Grundbegriffe*. 6. Auflage. Tübingen/Basel: Francke.

Lewandowski, Theodor (1994): *Linguistisches Wörterbuch*. 3 Bde. 6. Auflage. Heidelberg: Quelle & Meyer.

Malmkjaer, Kirsten (Hg.) (2004): *The Linguistics Encyclopedia*. 2. Auflage. London: Routledge.

Grammatiken der deutschen Gegenwartssprache

Boettcher, Wolfgang (2009): *Grammatik verstehen*. 3 Bde. Tübingen: Niemeyer.

Duden. *Die Grammatik*. (2009): hrsg. von der Dudenredaktion. 8., überarbeitete Auflage. Mannheim: Dudenverlag.

Eisenberg, Peter (2013): *Grundriss der deutschen Grammatik*. Bd. 1: Das Wort, Bd. 2: Der Satz. 4. akt. und überarb. Auflage. Stuttgart/Weimar: Metzler.

Engel, Ulrich (2004): *Deutsche Grammatik*. Neubearbeitung. München: Iudicium.

Helbig, Gerhard/Buscha, Joachim (2007): *Deutsche Grammatik. Ein Handbuch für den Ausländerunterricht*. Berlin: Langenscheidt.

Hentschel, Elke/Weydt, Harald (2013): *Handbuch der deutschen Grammatik*. 4., vollständig überarb. Auflage. Berlin: de Gruyter.

Heidolph, Karl-Erich/Flämig, Walter/Motsch, Wolfgang (Hg.) (1981): *Grundzüge einer deutschen Grammatik*. Berlin: Akademie-Verlag.

Hoffmann, Ludger (2013): *Deutsche Grammatik. Grundlagen für die Lehrerausbildung, Schule, Deutsch als Zweitsprache und Deutsch als Fremdsprache*. Berlin: Erich Schmidt.

Weinrich, Harald (2007): *Textgrammatik der deutschen Sprache*. 4., revidierte Auflage. Hildesheim: Olms.

Zifonun, Gisela/Hoffmann, Ludger/Strecker, Bruno (1997): *Grammatik der deutschen Sprache*. 3 Bde. Berlin: de Gruyter (Schriften des Instituts für Deutsche Sprache 7).

GRAMMIS [= grammatisches Informationssystem des Instituts für deutsche Sprache Mannheim (IDS)] http://hypermedia.ids-mannheim.de/pls/public/sysgram.ansicht

Wörterbücher/Atlanten der deutschen Gegenwartssprache

Ammon, Ulrich (2004): *Variantenwörterbuch des Deutschen*. Berlin: de Gruyter.

Brockhaus-Wahrig: *Deutsches Wörterbuch* (1980–1984). Hg. von Gerhard Wahrig, Hildegard Krämer und Harald Zimmermann. 6 Bde. Wiesbaden: Brockhaus.

Duden. Das große Wörterbuch der deutschen Sprache in zehn Bänden (1999). Hg. vom Wissenschaftlichen Rat der Dudenredaktion. 3., völlig neu bearb. und erw. Auflage. Mannheim: Dudenverlag.

Duden Deutsches Universalwörterbuch (2011). Hg. von der Dudenredaktion. 7. Auflage. Mannheim: Dudenverlag.

Dudenredaktion/Trendbüro (Hg.) (2009): *DUDEN – Das neue Wörterbuch der Szenesprachen*. Mannheim: Dudenverlag.

Grimm, Jacob/Grimm, Wilhelm (1999): *Deutsches Wörterbuch*. 33 Bände. München: dtv. (1854–1971. 16 Bände. Leipzig).

König, Werner (1989): *Atlas zur Aussprache des Schriftdeutschen in der Bundesrepublik Deutschland*. 2 Bde. Ismaning: Hueber.

König, Werner (2011): *dtv-Atlas zur deutschen Sprache. Tafeln und Texte*. 17. Auflage. München: dtv.

Kluge, Friedrich (2011): *Etymologisches Wörterbuch der deutschen Sprache*. 25. Auflage. Berlin: de Gruyter.

Paul, Hermann (2002): *Deutsches Wörterbuch*. 10. Auflage. CD-ROM-Ausgabe (2006), durchges. u. einger. v. Helmut Rehbock. Tübingen: Niemeyer.

Wahrig-Burfeind, Renate (Hg.) (2011): *Deutsches Wörterbuch*. 9. Auflage. Gütersloh/München: Wissen-Media-Verlag.

Atlas zur Aussprache des deutschen Gebrauchsstandards http://prowiki.ids-mannheim.de/bin/view/AADG/ (AADG): (Karten zur Aussprache in verschiedenen Regionen Deutschlands)

http://dwb.uni-trier.de/de/ Grimms Deutsches Wörterbuch online

http://www.duden.de/ Universalwörterbuch mit direkter Sucheingabe

Bibliographien

Bibliographie Linguistischer Literatur (= BLL) (1976ff.). Bibliographie zur allgemeinen Linguistik und zur anglistischen, germanistischen und romanistischen Linguistik. Bearbeitet von Elke Suchan, Renner-Westermann, Heike u.a. Frankfurt a.M.: Klostermann. [Onlineversion der BLL ist die BLLDB: http://www.blldb-online.de]

Bibliographie Linguistique / Linguistic Bibliography (BL) (1980ff.). Hg. von Sijmen Tol und Hella Olbertz. Leiden: Brill. [Online: http://www.linguisticbibliography.com/]

Currents Contents Linguistik (= CLL). Inhaltsverzeichnisse linguistischer Fachzeitschriften. 1976ff. Frankfurt a.M. [Online: http://www.ub.uni-frank furt.de/ssg/ ling_contents_en.html]

Eisenberg, Peter/Gusovius, Alexander (1988): *Bibliographie zur deutschen Grammatik 1984–1994*. Tübingen: Stauffenburg.

Frosch, Helmut/Schneider, Roman/Strecker, Bruno/Eisenberg, Peter (2004): *Bibliographie zur deutschen Grammatik*. 1994–2002. Tübingen: Stauffenburg.

Frosch, Helmut/Schneider, Roman/Strecker, Bruno (Hg.) (2008): *Bibliographie zur deutschen Grammatik*. 2003–2007. Tübingen: Stauffenburg.

Germanistik (1960ff.). Internationales Referatenorgan mit bibliographischen Hinweisen. Hg. von Wilfried Barner, Ulla Fix, Klaus Grubmüller, Helmut Henne, Johannes Janota, Christine Lubkoll, Barbara Naumann und Wilhelm Vosskamp.

Linguistics Abstracts. (LA). 1985ff. London. [Online: http://www.linguisticsabstracts.com/]

Linguistics and Language Behavior Abstracts. (LLBA). 1966ff. San Diego: Calif. [Online: http://lib.utexas. edu/indexes/titles.php?id=235]

Grammatische Bibliografie von GRAMMIS (= grammatisches Informationssystem des Instituts für deutsche Sprache Mannheim) http://hypermedia.ids-mann heim.de/call/public/bib.ansicht?v_app= g [ständig aktualisierte, vollständige Bibliografie aller Veröffentlichungen zur deutschen Grammatik]

http://www.ids-mannheim.de/quellen/biblio.html [= Liste von Spezialbibliographien zu allen Arbeitsfeldern der germanistischen Linguistik]

http://www.woerterbuch-portal.de [= Informationsportal zur Lexikographie]

http://www.erlangerliste.de/ressourc/lex.html [= umfangreiche Bibliografie zur Sprache]

http://www.degruyter.com/view/db/germanistik [= Germanistik Online Datenbank]

Sprachwissenschaftliche Gesellschaften und Institutionen

Deutsche Gesellschaft für Sprachwissenschaft (DGfS): http://www.dgfs-home.de/

Gesellschaft für Angewandte Linguistik (GAL): http:// www. gal-ev.de/

Institut für Deutsche Sprache (IDS): http://www.ids-mannheim.de/

Gesellschaft für Deutsche Sprache (GfdS): http:// www.gfds.de

Korpora

http://www.dwds.de/ (DWDS: umfangreiche Korpussammlung, frei recherchierbar)

http://www.ids-mannheim.de/cosmas2/ (umfangreiche Korpussammlung, nach einer Registrierung frei recherchierbar)

http://dgd.ids-mannheim.de (Korpora des Archivs für Gesprochenes Deutsch (=AGD))

http://childes.psy.cmu.edu (Childes: Korpora zum Spracherwerb von Kindern in einer Reihe von Sprachen)

Weitere Internetadressen

Hauptseite des IDS: www.ids-mannheim.de
Gesprächsforschung: http://www.gespraechsforschung. de
Dialektologie: http://multimedia.ids-mannheim.de/hoer- mal/web/
Wortbildung: http://www.wortwarte.de/
Jugendsprache: http://szenesprachenwiki.de/
Sprache in den Medien und Linguistik allgemein: http:// www.mediensprache.net

Register

Abkürzung 69
Abstraktum 76
ach-Laut 26
Adjektiv 52, 54, 76
Adjektivphrase 84, 86
Adjektivsuffix 61–62
Adposition 81
Adverbial 93
Adverbialsatz 103–104
Adverbphrase 84, 87
Adverbsuffix 61
Affigierung 54
Affix 60
– unproduktives 61
Affixoid 65
Affrikat 26
Affrikate 21
Afrikaans 13
Akkusativobjekt 91
Akronym 70
Akt
– illokutiver 130
– lokutiver 130
– perlokutiver 130
– phatischer 130
– phonetischer 130
– propositionaler 131
– rhetischer 130
Akzent 33
Allograph 40
Allomorph 49
Allophon 25
Alphabetschrift 37
Althochdeutsch 13
alveolar 20
Ambiguität, lexikali-
sche 112
Ambiposition 81
Ambisilbizität 42
Amtliches Regelwerk 41
Amtssprache 13
Anfangsrand 27
Anomalie, semanti-
sche 115
Antonymie 112
Antwortpartikel 83
Apokope 32
Appellativum 76
Approximant 21
Äquivalenz 124
Arbitrarität 11
Argument 122

Artikel 77
– bestimmter 52
Artikulation 20
Artikulationsart 20
Artikulationsorgan 18
Artikulationsort 20
Artikulationsstelle 20
Artikulator 18
Assimilation 30
– progressive 30
– regressive 30
Attribut 85
Attributsatz 96, 104
Augenblicksbildung 55
Ausdrucksbedeutung 120
Auslautverhärtung 29, 31
Aussagesatz 97
Äußerung 120, 141
– konstative 129–130
Äußerungsakt 131
Äußerungsbedeutung 120
Äußerungssituation 109
Autonomiehypothese 36

Basisebene 118
Basismorphem 50
Baumdiagramm 56, 87
Bedeutung 141
– kontextabhängige 120
– wörtliche 120, 122
Befehlssatz 97
Begriff 108
Benrather Linie 14
Bezeichnendes 11
Bezeichnetes 11
Beziehung
– paradigmatische 11
– syntagmatische 11
bilabial 20
Binnengroßschreibung 60
Buchstabe 19
Bühler, Karl 12

Chomsky, Noam 12
Computerlinguistik 9

Dativobjekt 91
de Saussure, Ferdinand 10
Dehnung 42
Dehnungs-h 43
Dehnungszeichen 42
Deixis 109, 128, 131

Deklaration 134
Deklination 51, 75
Denotat 109
Denotation 109–110
Dependenzgrammatik 95
Dependenzhypothese 36
Derivation 55, 60
Derivationsaffix 61
deskriptiv 10
Determinativkomposi-
tum 56, 58
Diachronie 10
Dialekt 14, 16
Diglossie 16
Digraph 39
Diminution 62
Diphthong 24, 26
Direktiva 134
Disjunktion 124
Dissimilation 31
Distribution 26, 74
Doppelkonsonant 29, 41

Eigenname 76, 109
Elision 32
Endrand 27
Englisch 13, 28
Entlehnung 54
Entscheidungsfrage-
satz 97–98
Epenthese 32
Ergänzung 95
Ersatzinfinitiv 78
Exklamativsatz 98
Expressiva 134
Extension 108

Fachsprache 14
Fernassimilation 31
Flexion 48, 51, 53, 75
– gemischte 52
– schwache 52
– starke 52
Fokuspartikel 83
Fortis 22
Fragesatz 97
– indirekter 101
Fragetest 87
Frege-Prinzip 120
freie Angabe 95
Friesisch 13
Frikativ 21, 28

Fugenelement 59
Funktionalismus 12
Futur I 78
Futur II 78

Gelenkkonsonant 29, 42
Genitivobjekt 92
Genus 51, 75
Genus verbi 51
Gespanntheit 24
Getrenntschreibung 60
Gliedsatz 102, 105
Gliedteil 95
glottal 20
Glottisverschlusslaut 21
Gradpartikel 82
Grammatik, generative 12
Graphem 39
Graphematik 36
Grapheminventar 39
Grundmorphem 50

Halbaffix 65
Halbmodalverb 79
Halbvokal 21
Haplologie 31
Hauptsatz 99–100
Hauptsätze 99
Hilfsverb 78
Hochdeutsch 14–15
Homographie 113
Homonymie 113
Homophonie 113
Hyperonym 115
Hyponym 111, 115
Hyponymie 110–111
Hypotaxe 100

ich-Laut 26
Idiomatisierung 55, 121
Illokution 131, 133
– primäre 135
– sekundäre 135
Imperativsatz 91, 98
Implikation 122,
124–125, 141
Implikatur 128
– generalisierte 141
– konventionelle 140
– konversationel-
le 139–140
– partikulare 141

Indikator, illokutionärer 133
Infinitiv 52
– reiner 79
– satzwertiger 102
Inhaltsseite 11
Inkompatibilität 110, 112
Intension 108
Intensivpartikeln 83
Interjektion 83
Inversion 32
Isoglosse 15

Jugendsprache 14
Junktor 124

Kasus 51
Kategorie 119
Kausaladverbial 93
Klammerung 57
Klassifizierung 12
klinische Linguistik 9
Ko-hyponym 111
Koda 27, 31
Kommissiva 134
Komparation 52
Komparativ 52, 76
Kompetenz 12
Komplement 95
Komplementarität 112, 115
Komponenten-analyse 110, 114
Komposition 55
Kompositionalität 120
Kompositum 55
– exozentrisches 58
– idiomatisiertes 60
Konditionalsatz 101
Konfix 50
Kongruenz 85
Konjugation 51, 75
Konjunktion 81, 124
– koordinierende 81
– subordinierende 82, 97, 99
Konjunktionaladverb 80
Konjunktionalsatz 101
Konjunktiv 78
Konnotation 110–111
Konsonant 20, 22
– ambisilbischer 28, 42
Konsonantenverdopplung 42
Konstituente 87, 105
– unmittelbare 56
Konstituentenstruktur 87
Konstituententest 87

Kontaktassimilation 30
kontextabhängige Bedeutung 128
Kontradiktion 125
Kontrarität 126
Konversationsmaxime 138
Konversion 55
– lexikalische 66
– syntaktische 67
Konzept 11, 108–109
Konzessivsatz 101
Kopf-rechts-Prinzip 61, 63–64
Kopulativkompositum 57
Kopulaverb 79, 94
Kurzvokal 41

labiodental 20
langage 10
langue 10
laryngal 20
Lateral 21
Lautschrift 20
Lautverschiebung
– dochdeutsche 14
– hochdeutsche 13
Leerstelle 122
Lenis 22
Lexem 48
Lexikon 54
Logogramm 36
Lokaladverbial 93

Matrixsatz 100, 105
Mehrdeutigkeit 112
Mehrgraph 41
Merkmal 26
– distinktives 26
Merkmalssemantik 110, 114, 116–117, 119
Metapher 113
Metathese 32
Metonymie 113
Minimalpaar 39
Minimalpaartest 25
Mitteldeutsch 14
Mittelfeld 96
Modaladverbial 93
Modalität 79
– deontische 78
– epistemische 79
Modalpartikel 82, 133
Modalverb 78
Modus 51
Morph 49
Morphem 49
– freies 50
– gebundenes 50

–, grammatisches 50
– lexikalisches 50

Nachfeld 96
Nasal 21, 28, 30
– silbischer 32
Nebensatz 99–100, 105
– eingeleiteter 101
– uneingeleiteter 101
– weiterführender 104
Negation 124
Neologismus 55
Neurolinguistik 9
Neutralisierung 31
Niederdeutsch 14
Niederländisch 13
Nomen 52
Nominalphrase 84–85
Nominalsuffix 61–62
Normierung 16
Nukleus 27
Nullallomorph 49
Numerus 51

Oberdeutsch 14
Objekt 91
Objektsatz 102–103
Objektsprädikativ 94
Obstruent 22, 31
Ökonomieprinzip 44
Onomatopoetika 11
Onset 27
Onset-Maximierung 28
Opposition 11
Organ, artikulierendes 20
Organon-Modell 12
Orthographie 36

palatal 20
Paradigma 52
Paraphrase 124
Parataxe 100
parole 10
Partikel 82
Partikelverb 68
Partikelverbbildung 68
Partizip 52
Partizip II 54
Passiv 78
Perfekt 54, 78
Performanz 12
Perlokution 131
Person 51
Phon 19
Phonem 25–26
Phonetik 18
– akustische 18
– artikulatorische 18
– auditive (perzeptive) 18

Phonographem 37
Phonologie 18
– suprasegmentale 27
Phonotaktik 28
Phrase, Kopf 84
Phrasen 84
Phrasentypen 84
Phraseologismus 121
Plosiv 20, 28
Plural 49
Plusquamperfekt 78
Polysemie 113
Positiv 52
Possessivkompositum 58
postalveolar 20
Postposition 81
Prädikat 122
– atomares 123
Prädikatenlogik 122
Prädikationsakt 131
Prädikativ 94
– freies 94
Prädikativsatz 103
Präfigierung 60, 63
Präfix 50, 63, 68
– ent- 64
– un- 63
Prager Schule 12
Präposition 81
Präpositionalobjekt 92
Präpositionalphrase 84–85
präskriptiv 10
Präteritum 53
Prinzip
– ästhetisches 44
– etymologisches 44
– grammatisches 44
– morphologisches 43
– phonologisches 43
– silbisches 44
Proform 86
Prokope 32
Pronomen 77
Pronominaladverb 80
Pronominalisierungstest 87
Proposition 122
Prototyp 116
Prototypensemantik 110, 116, 119
Prozess, phonologischer 25
Psycholinguistik 9

Referent 109
Referenz 109
Referenzakt 131
Referenzidentität 111

Regel
– konstitutive 131
– regulative 131
– wesentliche 132
Regiolekte 16
Register 14
Reim 27
Relation
– semantische 110, 124
– symmetrische 125
– transitive 125
Relativsatz 101
Repräsentativa 134
Rezipientenpassiv 78
Rheinischer Fächer 15
Rolle
– illokutionäre 134
– semantische 123

Satz 120
– analytischer 123
– komplexer 99
– kontingenter 123
– kontradiktorischer 123
– synthetischer 123
– tautologischer 123
– übergeordneter 100
– untergeordneter 100
Satzadverb 80
Satzgefüge 100
Satzglied 89
Satzklammer 96
Satzsemantik 108
Satztyp 97
Schärfungsschreibung 41
Schlussfolgerung, logisch-
  semantische 122, 125
Schreibgeminate 41
Schreibung, Prinzipien 43
Schriftsystem
– logographisches 36
– phonographisches 37
Schwa-Laut 24, 27, 32
Schwa-Tilgung 32
Segment 19
Segmentierung 12
Selektionsbeschrän-
  kung 115
Semiotisches Dreieck 108
Signifikant 11
Signifikat 11
Silbe 27
– optimale 28
– unmarkierte 28
Silbengelenk 28, 42

Silbenkern 27
Silbenkoda 31
Silbenschrift 37
Silbenstruktur 28
Silbifizierung 28
Sinn, kommunikati-
  ver 120
Sonant 22
Sonorität 28
Sonoritätshierarchie 28
Soziolinguistik 9
Spannung 24
Sprache
– agglutinierende 51
– flektierende 51
– germanische 13
– isolierende 51
Sprachtyp 51
Sprachwissenschaft, ange-
  wandte 9
Sprechakt
– indirekter 135
– Teilakte 130
Sprechaktregel 137
Sprechaktregeln 131
Sprechakttheo-
  rie 128–129, 131, 133,
  135, 137
Stamm 48
Standarddeutsch 15
Standardsprache 16
Steigerungsbildung 65
Steigerungselement 66
Steigerungspartikel 83
Stellungsfeld 96
Stimmhaftigkeit 20
Stoffsubstantiv 76
Strukturalismus 10
Strukturelle Ambigui-
  tät 88
Subjektsatz 102–103
Substantiv 52, 75
Suffigierung 60
Suffix 50
– -bar 62
– -chen 62
– -ei/-erei 62
– -er 61
– -heit/-keit/-igkeit 62
– -in 62
– -lein 62
– -ung 62
Superlativ 52, 76
Suppletion 54
Syllabifizierung 28

Synchronie 10
Synkope 32
Synonym 110, 115
Synonymie 110

Temporaladverbial 93
Tempus 51
– analytisches 78
Tilgung 32
Ton 33
Tonhöhenverlauf 33
Tonsprache 33
Transposition, grammati-
  sche 67
Trigraph 39

Umgangssprache 16
Umlaut 30, 49
Univerbierung 71
Universalgrammatik 13
uvular 20

Valenz 95, 122
Variante
– freie 25
– kombinatorische 25
Variation 14
– diaphasische 14
– diastratische 14
– diatopische 14
Varietät 14
velar 20
Verb
– schwaches 54
– starkes 54, 67
Verbalphrase 84, 86
Verbalsuffix 61
Verbendstellung 97, 99,
  101
Verberststellung 98, 101
Verbform
– analytische 78
– finit 52
– finite 52, 99
– infinite 52
– synthetische 78
Verbpartikel 68
Verbstellung 97
Verbstellungstypen 96
Verbzusatz 68
Verbzweitsatz, eingebette-
  ter 101
Verbzweitstellung 98
Verschiebetest 87
Vibrant 21

Vokal 20, 22, 28
– gerundeter 23
– gespannter 24
– ungerundeter 23
– ungespannter 24
– zentraler 24
Vokaltrapez 23
Vollverb 77
Vorfeld 96
Vorfeldtest 88
Vorgangspassiv 78

Wahrheitsbedingung 122
Wahrheitswert 124
Wendung, idiomatisier-
  te 121
Westgermanisch 13
Wort 47
– deklinierbares 51, 75
– flektierbares 75
– grammatisches 48
– konjugierbares 51, 75,
  77
– unflektierbares 79
Wortakzent 33, 58, 68
Wortbildung 48, 54
Wortfeld 115
Wortform 48, 51, 53
Wortgruppen 84
Wortkreuzung 70
Wortschatz 54
Wortschöpfung 54
Wortsemantik 108,
  110–111, 113, 115,
  117, 119
Wortstamm 48
Wortstellung 96
Wurzel 50

Zeichen 11
Zeichenbegriff, bilatera-
  ler 108
Zentralvokal 24
Zirkumfigierung 54, 60,
  64
Zirkumfix 50
– Ge–(e) 64
Zirkumposition 81
zu-Infinitiv 79
Zungenhöhe 23
Zungenlage 23
Zusammenrückung 71
Zustandspassiv 78
Zweck, illokutionärer
  133